爱尔莎·特里奥莱
/ 与 /
莉莉·布里克

著 / [法] 让-诺埃尔·里奥
（Jean-Noël Liaut）
译 / 治 棋

Simplified Chinese Copyright © 2018 by SDX Joint Publishing Company.
All Rights Reserved.
本作品简体中文版权由生活·读书·新知三联书店所有。
未经许可，不得翻印。

Original title: *Elsa Triolet et Lili Brik* by Jean-Noël Liaut
© Editions Robert Laffont, S.A., Paris, 2015
Current Chinese translation rights arranged through Divas International, Paris
迪法国际版权代理（www.divas-book.com）

图书在版编目（CIP）数据

叛逆姐妹：爱尔莎·特里奥莱与莉莉·布里克／（法）让-诺埃尔·里奥著；治棋译．—北京：生活·读书·新知三联书店，2018.8
（She系列）
ISBN 978-7-108-06108-9

Ⅰ．①叛…　Ⅱ．①让…②治…　Ⅲ．①爱尔莎·特里奥莱-传记 ②莉莉·布里克-传记　Ⅳ．① K835.125.6

中国版本图书馆 CIP 数据核字（2017）第 231111 号

特约编辑	关丽峡
责任编辑	王振峰
装帧设计	张　红　朱丽娜
责任校对	张　睿
责任印制	卢　岳
出版发行	生活·讀書·新知 三联书店
	（北京市东城区美术馆东街 22 号 100010）
网　　址	www.sdxjpc.com
图　　字	01-2017-6688
经　　销	新华书店
印　　刷	河北鹏润印刷有限公司
版　　次	2018 年 8 月北京第 1 版
	2018 年 8 月北京第 1 次印刷
开　　本	787 毫米 × 1092 毫米　1/32　印张 11.5
字　　数	191 千字　图 13 幅
印　　数	0,001-8,000 册
定　　价	39.00 元

（印装查询：01064002715；邮购查询：01084010542）

被三大才子簇拥着的莉莉·布里克。
左起：以她为灵感女神和一生挚爱的诗人弗拉基米尔·马雅可夫斯基；小说家鲍里斯·帕斯捷尔纳克，他因《日瓦戈医生》一书获得诺贝尔文学奖；导演谢尔盖·爱森斯坦，其《战舰波将金号》被一个国际评委会评为有史以来的最佳影片

© 档案街/BCA通讯社

前排左起为爱尔莎·特里奥莱,身旁为莉莉·布里克,1925 年摄于布里克夫妇位于莫斯科的公寓,这里集中了苏联先锋派的所有成员。
马雅可夫斯基(后排左一)和奥西普·布里克(后排左二)立于照片左侧。站在奥西普身旁的就是鲍里斯·帕斯捷尔纳克(后排左三)

© 私人收藏 / 沙尔梅档案资料 / 布里吉曼图片社

1916年,马雅可夫斯基所绘莉莉肖像

私人收藏 ©Interfoto 图片社

莉莉·布里克跟尼金斯基在俄罗斯芭蕾舞团时的一位舞伴学过舞。马雅可夫斯基在写作其电影《缚于胶片》的剧本时就从她对舞蹈的爱好中汲取过灵感。他讲述的故事是,一位由莉莉扮演的芭蕾舞女演员如何从海报上飞身而下,去找寻她的追求者,后者由诗人自己出演

©D. 奥克斯曼,1916 年;俄罗斯摄影之家 / 布里吉曼图片社

1924年，罗钦可完成了他最著名的莉莉合成摄影作品。那是为古塞兹达特做的一张海报，画面上的她正在兴高采烈地喊着"书"。2005年，这幅在苏联宣传文化中翻印最多的图像给弗朗兹·费迪南摇滚乐队带来了灵感，让他们做成了专辑封面

© 俄通社-塔斯社／档案街

罗钦可以莉莉为主题为马雅可夫斯基的诗集《关于这个》拍摄的封面

© 俄通社-塔斯社／档案街

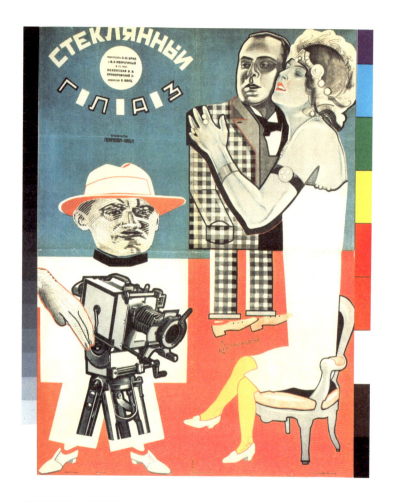

彼得洛维奇·普鲁萨科夫 1929 年创作的石版画。
由莉莉执导的《玻璃眼》电影海报。她在这部影片中不无幽默地对常规意义上的故事片，也就是主要在资本主义国家放映的那种影片进行了批判

藏于莫斯科的俄罗斯图书馆，©FinArtimages 美术图片社/Leemage 图像

正在剪辑影片的莉莉。她穿着一件男式衬衣,戴着一条领带,剪短的不对称发式加剧了她整个外形的现代感

© 俄通社－塔斯社 / 档案街

由吉塞尔·弗洛伊德于1939年拍摄的爱尔莎·特里奥莱肖像,这一年她和路易·阿拉贡结婚。此时她刚刚发表第一部法文小说《晚上好,特雷丝》,没有获得任何成就

© 蓬皮杜中心,国家现代艺术博物馆—工业创造中心,国家博物馆联合会 - 大皇宫 / 由 G. 弗洛伊德拍摄,G. 梅盖尔迪钦复制

由阿拉贡夫妇的朋友亨利·卡蒂埃·布列松于 1945 年拍摄的二人合影。这一年的 7 月,爱尔莎以《第一个破洞花了二百法郎》获得了龚古尔奖,她也是该奖项自 1903 年创立以来第一位获奖的女性

© H. 卡蒂埃·布列松 / 马格南图片社

由阿拉贡于 1953 年斯大林去世时向好友毕加索订购的肖像画。这幅画像曾被阿拉贡用作由其主编的《法兰西文学》的封面,并由此引发一场颇具轰动效应的新闻

© 私人收藏 / 布里吉曼图片社,2015 毕加索系列

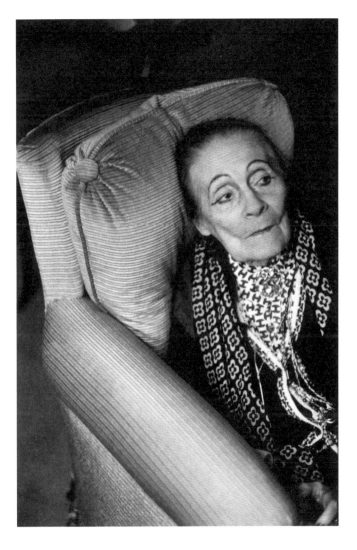

1976年，就在莉莉自杀前两年，亨利·卡蒂埃·布列松为她拍摄了这幅照片

©M. 弗兰克 / 马格南图片社

叛逆姐妹莉莉·布里克与爱尔莎·特里奥莱

致达德·卡巴尼,以我全部的挚爱

我想对您说,这个女人别有一种俄罗斯风味。

——陀思妥耶夫斯基,《白痴》

活着就要让你的敌人感到恐惧,但是不要老去!

——爱尔莎·特里奥莱1951年9月2日
致莉莉·布里克的信

目录

书中人物 …… 1

序言 …… 5

上编 …… 101

下篇 …… 183

跋 …… 345

参考书目 …… 348

书中人物

雅科夫·阿格拉诺夫（1893—1938）：契卡和苏联政治警察内务人民委员会的重要成员，苏联政治警察；马雅可夫斯基自杀时用的就是他送的手枪。

安娜·阿赫玛托娃（1889—1966）：女诗人，也是莉莉"最要好的敌人"。

路易·阿拉贡：（1897—1982）：作家，继安德烈·特里奥莱之后成为爱尔莎的第二任丈夫。

若埃·布斯凯（1897—1950）：作家，阿拉贡的朋友。

莉莉·布里克（1891—1978）：灵感女神与交际花，但同时也是那个时代造就的作家、翻译家、电影艺术家、演员、雕塑家、出版经纪人、编辑。

奥西普·布里克（1888—1945）：作家与文学评论家。莉莉的第一任丈夫。

阿尔贝·加缪（1913—1960）：作家，阿拉贡的抵抗运动的伙伴。

马克·沙杜纳（1895—1975）：作家，爱尔莎的情人。

马克·夏加尔（1887—1985）：画家，阿拉贡的朋友。

维克托·什克洛夫斯基（1893—1984）：作家。他爱上了爱尔莎，在他的《动物园，或不谈爱情的信札，或第三个爱洛伊斯》一书中发表了爱尔莎的来信，并给马克西姆·高尔基看了这些信。高尔基后来见到了爱尔莎，鼓励她尝试写作。

迪米特里·肖斯塔科维奇（1906—1975）：作曲家，马雅可夫斯基和莉莉的朋友。

南希·丘纳德（1894—1965）：作家、编辑、著名美女。在阿拉贡的内心与想象中是唯一可与爱尔莎匹敌的女性。

莉迪亚·德莱克托斯卡娅（1910—1998）：马蒂斯的模特与守护天使，阿拉贡的朋友。

伊利亚·爱伦堡（1891—1967）：作家与战时记者，卡甘姐妹的朋友。

谢尔盖·爱森斯坦（1898—1948）：电影艺术家，马雅可夫斯基和莉莉的朋友。

马克西姆·高尔基（1868—1936）：作家，爱尔莎的文学导师。

塔蒂亚娜·亚科夫列夫（1906—1991）：在马雅可夫斯基内心与作品中唯一能与莉莉匹敌的女性。

罗曼·雅各布森（1896—1982）：语言学家，爱尔莎的追求者。

瓦西里·卡塔尼扬（1902—1980）：作家，莉莉的第二任丈夫。

列夫·库里肖夫（1899—1970）：电影艺术家，莉莉的情人。

弗拉基米尔·马雅可夫斯基（1893—1930）：诗人与剧作家。莉莉既是他的女顾问又是他毕生所爱。

卡西米尔·马列维奇（1878—1935）：画家，马雅可夫斯基和莉莉的朋友。马列维奇患上癌症以后，他的学生们希望得到莉莉的帮助，但他未能离开本国到外国治疗。

克拉拉·马尔罗（1897—1982）：作家，安德烈·马尔罗（1921—1947）之妻，爱尔莎的朋友。

弗谢沃洛德·梅耶荷德（1874—1940）：戏剧导演。莉莉跟他以及他的妻子、演员季娜伊达·赖赫非常亲近。

保罗·莫朗（1888—1976）：作家与外交家，在《我要烧掉莫斯科》一书中对马雅可夫斯基和莉莉大加奚落。

巴勃罗·聂鲁达（1904—1973）：诗人、外交家，阿拉贡和莉莉的朋友。

谢尔盖·帕拉杰诺夫（1924—1990）：电影艺术家，莉莉的保护对象。

鲍里斯·帕斯捷尔纳克（1890—1960）：作家，也是莉莉的朋友。1958年，在国外发表《日瓦戈医生》并获颁诺贝尔文学奖后，很多人都不再理睬他，但莉莉却给了他热情的支持。

巴勃罗·毕加索（1881—1973）：画家，阿拉贡的朋友。1953年3月的斯大林画像"事件"成为路易和爱尔莎生活中的划时代的事件。

玛雅·普丽赛茨卡娅（1925—2015）：这位舞蹈家生于1925年，被视为20世纪最伟大的芭蕾舞演员，也是莉莉的朋友和保护对象。

维塔利·普里马科夫（1897—1937）：红军将领，莉莉的男伴。

亚历山大·罗钦可（1891—1956）：画家、雕塑家、摄影师。他演绎莉莉的拼贴画至今一直被当成标杆而被人引用。

爱尔莎·特里奥莱（1896—1970）：作家，第一位获得龚古尔奖的女性。

序 言

当一位年轻小姐命中注定要做女主角的时候,即使方圆左近有四十户人家从中作梗,也拦她不住。事情的发展,定会给她送来一位男主角。①

——简·奥斯汀,《诺桑觉寺》

这几行文字,也可以说是为设定卡甘姐妹——爱尔莎·特里奥莱和莉莉·布里克的人生道路而写的。这对莫斯科美人是典型的灵感女神,只不过一个更偏重写作,另一个更长于社交,她们与20世纪最伟大的两位诗人组成了具有绝妙高度的四重唱:路易·阿拉贡和弗拉基米尔·马雅可夫斯基正是

---

① Jane Austen, *Northanger Abbey*, 10/18, 1980, p. 14.

命运送给她们的两位男主角,简·奥斯汀女士的预言就此得以实现。

莉莉·布里克从来就不是一个恪守中庸之道的女人,总是对过激行为推波助澜,大加鼓励。她宁做烈焰,不当温泉;宁愿疾言厉色,也不愿温文尔雅;宁选才华横溢,也不喜百般机巧。作为俄国先锋派的核心人物,卡甘夫妇的这位长女以从不走眼的识人之术激励并聚集着各路人才:马雅可夫斯基自不必说,此外还有小说家鲍里斯·帕斯捷尔纳克——未来的诺贝尔奖得主、《日瓦戈医生》的作者,画家亚历山大·罗钦可和卡西米尔·马列维奇,还有作曲家迪米特里·肖斯塔科维奇、电影艺术家谢尔盖·爱森斯坦和舞蹈家玛雅·普丽赛茨卡娅。在莉莉看来,世间之事再大,无非就是地动山摇和欲火中烧。她的脉搏永远都在急速跳动。她沉浸于个人的价值观之中,感觉近乎陶醉。妹妹爱尔莎则对这位每天只想活得更风云激荡的大姐又嫉妒又着迷,不得不全力应战,以活出自我,摆脱莉莉的阴影。马克西姆·高尔基成了她的文学导师,鼓励她开始写作。当时爱尔莎还是一个门外汉,直到在法国抵抗运动中声名鹊起,随即于1945年成为获得龚古尔奖的第一位女性,她才明白,她终于取代了她那位只能扮演启发者和女顾问角色的姐姐。这场竞争仍然不该让我们忽略她们对彼此的深情和至死方休的相互支持。正是这样的深情把她们团结到了一起,她们长达几十年的大量信件往来也证实了这一点。

爱尔莎和莉莉生性好奇而反叛,面对再严酷的现实也绝少有束手待毙的时候,她们随时准备为了自己的艺术理想而献出一切。她们令人们接受了一种节奏、一种独创性,以及至今仍值得我们为之击节叫好的口号式用语。她们为人慷慨,同时始终贪恋个人利益,永远不会因外境所惑而改变信念,不会因动辄发怒而陷于盲动,如果有人胆敢质疑她们所捍卫的价值观,卡甘姐妹总有办法让来自外力的挑衅最终顺应她们内心的意志。她们依然并始终会放出长线,以钓到一条新结识的神奇大鱼,而且直到晚年仍屡试不爽,于是两人都成了传说中的"苏丹皇太后"。

这部传记的写作计划是我2011年坐在热尔省莱克图尔镇的"蓝猪餐厅"平台(这里既是书店又是餐厅,同时兼作艺廊)和我的朋友玛尔蒂娜·弗兰克谈话时萌生的。就在莉莉·布里克自杀之前两年,玛尔蒂娜和她的先生亨利·卡蒂埃·布列松分别在苏联和巴黎为莉莉拍过照片,玛尔蒂娜对所拍人物复杂个性的印象让我立刻产生了想对此进一步一探究竟的愿望。

碰巧，这对姐妹很久以前就引发了我的好奇心。我在2005年写成的《谨致野蛮问候》一文中就曾明确表示过这种好奇，当时就觉得是时候为她们出一本书了。在爱尔莎·特里奥莱死后还曾为阿拉贡拍过照片，玛尔蒂娜也向我讲述过这位不知所措的鳏夫，他也是那张亲密合影中的主角之一。这对令人钦佩的俄国姐妹始终祸福与共，从来不知悔过为何物，就算出现分歧两人也不以为意。可是，一旦需要维护某位遭到嘲弄的天才，或者为某位身后遭受不公正玷污的死者平反时，她们甚至会比任何一个北极探险家都显示出更大的力量。在那些人人冷漠的时日里，她们这种拔刀相助的情义是那么令人振奋，而她们极少被人抓到破绽的想象力则让这种本领如虎添翼。在爱尔莎和莉莉手中，一棵平平常常的圣诞树也能变成一件表现未来艺术的杰作。在这个尔虞我诈的世界里，她们有着无可争辩的独创性。她们的朋友皮埃尔·贝尔热这样概括道："卡甘姐妹集教养、美貌、才华与聪慧于一身。一言以蔽之，她们所向无敌。"[1]

这种双重归类向我们提出了下面的问题：阿拉贡夫妇这样一对擅吃会玩之人，怎么能在那么长的时间里，以那么戏剧

---

[1] Pierre Bergé, *Les jours s'en vont je demeure*, Gallimard, 《Folio》, 2004, p.104.

化的方式坚持理想,而且不变初心呢?这些传奇人物以自由的名义奋斗终生,而他们所倾力支持的领导人却把自由轻易踩在了脚下。诚然,他们坚信,俄国社会需要从上到下推倒重建,法西斯主义必须不惜代价坚决打倒,但是,在以更多浪漫情怀而不是政治眼光看待革命的兴奋过去之后,他们所能做的只有谴责,他们的祖国发生了一系列暴行,身为犹太人的莉莉尤其深受反犹之苦,只是这样的谴责为时已晚,而且有心无力。

《叛逆姐妹》呈现给我们的是一幅壁画,背景是布满窃听器的莫斯科式公寓房、鲜花围绕的郊外别墅、一座巴黎风格的公馆和一间巴黎大区常见的"磨坊",有多位诗人、一位红军将领、一位名叫阿尔贝·加缪的抵抗运动成员、一位"首席芭蕾舞演员"以及一个可恶的电影艺术家跻身其间,也是一出在巴赫的萨拉班德舞曲伴奏声中拉开大幕的悲喜剧。1970年12月12日夜幕降临时,大提琴家姆斯蒂斯拉夫·罗斯托罗波维奇在爱尔莎·特里奥莱墓前拉响了这首舞曲。

Première Partie 上篇

一

1915年,莉莉·布里克遇到了弗拉基米尔·马雅可夫斯基,那年她刚满二十四岁。她是一头长着红棕头发,每个男人都会心怀仰慕地、目不转睛地盯着看的迷人小兽,一个在"白银时代"①成长起来的俄罗斯姑娘,一个贪图尝试新体验、渴望随时抒发激情的肉感女人。顺便说一句,那时她已结婚三年。直到这时,莉莉的世界还没有因各种暴行而扭曲,对未来依然充满信心。在她看来,这个让大部分同胞都感到压抑和逼仄的时代丝毫无法与个人的伤感和烦恼同日而语。只有文学、艺术、爱情和自己的心才能真正让她感兴趣,她打算把所有的精力和想象力都贡献给这份令她兴奋的人生规划。莉莉认为她的名字

---

① 对俄罗斯20世纪前二十年文化生活的表述。

已经预先注定了她作为灵感女神的命运。她要为此感谢父亲，她的父亲对歌德仰慕有加，仿照莉莉·舍内曼的名字为女儿起了名。舍内曼曾为那位德国作家的不少著名诗句带来灵感，并曾一度与之订婚，以女顾问的身份跻身名人之列。时至今日，莉莉·布里克以"苏联的比阿特丽丝"而闻名，这个称呼仿照的是比阿特丽丝·波尔蒂纳里之名，但丁曾为她写过好几十首诗歌；而莉莉则与弗拉基米尔·马雅可夫斯基的作品和人生再难分开。很多人都把马雅可夫斯基视为20世纪最伟大的俄罗斯诗人，所以她要感谢父母的远不止为她取了个灵感女神之名那么简单。

莉莉于1891年11月11日出生于莫斯科①，生长在一个教养极好的犹太家庭。她的父亲尤里·亚历山德洛维奇·卡甘时年二十六岁，是一名律师。他总是用尽一切办法试图捍卫犹太客户的权利，他们总是受到社会各阶层的欺负和羞辱。当时的俄罗斯，屠杀犹太人的现象十分普遍，这样的大屠杀经常会持续好几天时间，令犹太人恐惧到了极点。沙皇亚历山大三世把父亲的遇刺归罪于犹太人，对屠杀和抢劫犹太人持鼓励态度。犹太人都知道那句针对他们的不祥谚语："三分之

---

① 根据我们的格里高利历而不是儒略历来记述，目的就是要让读者看起来更简单。

一的犹太人将被改变信仰，三分之一将要移居国外，还有三分之一将会失去生命。"但只要能拥有舒适的生活环境，莉莉和她妹妹爱尔莎①就绝不会为此感到痛苦，爱尔莎出生于1896年9月12日。只需回忆一下克拉丽丝·李斯佩克托②的命运——死于1977年，比莉莉早一年，就能想象出卡甘一家以怎样的幸运逃过了最悲惨的一劫。克拉丽丝的母亲是一位来自乌克兰的犹太女性，在一次大屠杀中遭到了强奸。她染上了梅毒，并因此瘫痪，过早离开了人世。而画家柴姆·苏丁的遭遇又该让我们作何感想？他永远不想再提起那些暴行。他出生于1894年，比莉莉晚三年，比爱尔莎早两年。大屠杀在全国到处肆虐的时候他只有八岁。他的全部作品都充斥着儿时所见的那些难以描述的残暴场面。最后再说说爱尔莎的密友、另一位画家马克·夏加尔，他也曾饱受针对犹太人施加的迫害之苦，他的罪名是被怀疑在第一次世界大战期间做过间谍。

当一个出身贵族家庭的俄罗斯男孩因为得知爱尔莎是犹太人而拒绝跟她一起玩耍时，还是小姑娘的她对这一普遍化的反犹太主义只能感受到一种遥远的回响。至于刻薄到极点

---

① 婚前的名字叫作埃拉（Ella）。她只是后来才改用了爱尔莎这个名字。莉莉也是如此，她原本名叫莉莉亚。
② 克拉丽丝·李斯佩克托（Clarice Lispector，1920–1977），她的作品由妇女出版社出版过法语版，她的书信集则由瑞薇琪出版社出版。

的莉莉，则要等到斯大林时代才能感到威胁。尽管生活在这样一个无神论家庭，日子过得无忧无虑，但因为父母对她们毫无隐瞒，姐妹俩还是鲜明地意识到了等待她们的将是怎样的命运。她们了解所有针对犹太人的歧视性措施，比如政府和大学的"录取名额限制"，也知道大屠杀有多可怕。这种意识对她们投身共产主义事业起到了某种作用，在她们心目中，共产主义具备了人类不可或缺的三项美德：自由、平等、博爱，沙皇统治下的种种不公正远不能与它同日而语。

在尽全力保护其同宗教友的同时，尤里还精于作家和艺术家的合同业务，而且还兼任奥地利使馆的法律顾问。帝都维也纳巡访莫斯科的精英代表团总会被迎入卡甘家位于马罗塞日卡街道的公寓，由尤里的妻子埃琳娜出面接待，她是一位才华横溢的钢琴家，十九岁就生下了第一个女儿。来宾们每次都会在他们家的客厅就座，厅里赫然摆放着两架三角钢琴，莉莉和爱尔莎就是在这样一种以音乐、诗歌、绘画，同时也以政治为主要话题的环境中长大的。她们接受的是自由发表见解与思想辩论的熏陶，时常与大人展开讨论，这样的事例足够新鲜，总会让人对她们刮目相看。"'注意！我们都是库尔兰人！'莉莉·布里克说道，'这可是件非常不一般的事。'……看过儒勒·凡尔纳的《利沃尼惨案》，就会对这些富裕阶层的库尔兰人有一个大致了解了。他们……能讲欧洲其他国家的语言，很有教养。"① 拉脱维亚濒临波罗的海——玛格丽特·尤瑟纳尔曾在这里写下她最出色的小说之一——《一弹解千愁》，这里的库尔兰公爵就是库尔兰精英品质的杰出代表，莉莉把他抬出来确实不无道理，而来自同一地区的电影艺术家谢尔盖·爱森斯坦则是另一个不容忽视的典型人物。

卡甘一家四口讲三种语言——俄语、德语和法语，都很流利。他们经常出国小住，家里雇着好几个用人，还有一处郊外别墅，一到夏天，就可以逃离莫斯科住到乡下。两个小姑娘都有外号，一个叫作"莉丽奇卡"或者"小狐狸"，另一个叫作"野草莓"，她们一直受到父母的鼓舞与激励。当时，很少有跟她们同龄的俄国人能够去巴黎、柏林、威尼斯乃至拜罗伊特，并在那里的音乐节感受瓦格纳作品的魅力。每当提到这段时光，莉莉就会陷入对那种温馨的优越生活的种种回忆。她在1960年12月20日的日记中这样写道："我还记得我小的时候，他们会在我生日那天清出一条雪橇小路。而且，在我的生日礼物中，总会有一枚二十戈比的钱币放在桌子上，用来付给赶着雪橇拉我上学的马车夫。"② 一年以后，她写信告

---

① Lili Brik-Elsa Triolet, *Correspondance 1921-1970*, Gallimard, 2000, p. 8.
② *Ibidem*, p. 821.

诉爱尔莎，室外的温度已经达到零下二十五度，在她的莫斯科公寓里，她在三角钢琴上的罐子里插上了粉红色的风信子，花的香味会让她想起父母亲和他们的青壮年时期。爱尔莎也有同样的感受，德军占领期间，她在自己最流行的小说《白马》中也向这种鲜花献上了一份敬意。"格架上、独脚小圆桌上、细木镶嵌的写字台上，几乎到处都匀称地摆放着玻璃罐，里面生长着风信子……一股清新而柔和的香气，与壁炉里的木柴燃烧出的气味混在一起。"①

在另一封信中，莉莉郑重描述了她缩在雪橇里时是怎样受到一种控制不住的想象力的驱使的。"我每天都会路过伊林斯基小教堂，"她在 1964 年 10 月 30 日这样讲述道，"这里可以看到，那些可恶的土耳其人如何用他们的弯刀屠杀信奉天主教的孩子。你还记得吗？我小的时候，这种场面总会让我吓得要死。"② 当时的两姐妹更像是《战争与和平》中那个无忧无虑而又生活优越的莫斯科少女娜塔莎·罗斯托娃，而不似大部分与她们同龄的少女，因为举国上下刚刚完全摆脱《1839年的俄国》所描述的状态。阿斯托尔夫·库斯汀在这篇著名的随笔中向惊愕的读者展示了一个落后的国家，那里肆虐着恐怖

---

① Elsa Triolet, *Le Cheval blanc*, Le Livre de poche, 1963, p. 119.
② Lili Brik-Elsa Triolet, *Correspondance*, op. cit., p. 1123.

与暴力，不仅针对犹太人，而且针对全国人民，尽管农奴制已经于1861年被废除（时间正好是"小狐狸"出生之前三十年）。

直到青春期来临，莉莉一直是姐妹俩中的太阳元素和支配者，虽不是每次但经常以她的优势压妹妹一头。她热烈、急躁、狂热、好奇，一旦走向极端，拉起架势，什么都挡不住她，一切都不在话下。爱尔莎曾借《白马》女主人公之一玛丽娜公主之口说过"夏备雪橇，冬备马车"，这话来说莉莉再合适不过。爱尔莎安静、内向，所有心里话都写进私人日记，试图避免让这个光芒四射的姐姐所掀起的浪花溅到自己身上，对姐姐既心存嫉妒，同时又完全被她的灿烂所吸引。

大部分人对于审美与文学的敏感性都嫌不足，但莉莉自少女时代对这两者的敏感性就达到了罕见的锐利程度。就连她的父母也为此着迷，对她的心血来潮听之任之。莉莉知道自己不仅有智慧，有教养，而且也很有魅力，这些就跟爱尔莎一样。卡甘姐妹的美貌是出了名的……但我们不得不指出，光看照片，完全看不出她们的美貌实际留给人们的印象会有多深刻，哪里会想到刚刚十三四岁的她们居然能激起人们那么强烈的激情。她们的相貌没有任何突出之处。就像她们从小到大遭遇到的情形一样，这些肖像照让人一点儿也捕捉不到她们的魅力、性感、举手投足时的优雅、肢体微微抖动时的迷人，以及婉转的音色和富于神秘感的眼神,而这一切在人们对美貌的普遍认识中是那么不可或缺。不管怎么说,她们的所有同时代人都不可避免地对这一切在意有加,而我们也只好认可这种众心所向的热衷。奥斯卡·王尔德曾经断言:"美貌是不容置疑的,它能把任何拥有它的人变成王子。"必要时,也可以变成公主。

浪漫、任性的莉莉时刻贪婪阅读各种诗集并熟记于胸。受此鼓舞,她对传统的、资产阶级的处世之道心存逆反,只相信自己当下的直觉。"循规蹈矩"的生活在她看来根本不值一提,丝毫不认为自己所垂范的是一个人人都挂着微笑、扮演温顺妻子、恭迎着银行家与商人的庞大家族。更何况,当时的大众心态已经把大部分家庭的贤妻良母视为奴隶。不是有这样一句俄罗斯谚语吗:"男人越是打老婆,煲汤越是有滋味。"决绝的莉莉做任何事都不隐瞒,说任何话都不撒谎,总是愉快并公开地承认自己的冲动和欲望。

醉心于男性恭维的莉莉从上中学就开始卖弄风情。可惜,卡甘夫妇的这位长女把她年轻时的日记全都毁了。不过我们很清楚,她在旅行途中、在父母客厅、在观众席或在朋友家邂逅的那些仰慕者一直在持续不断地前赴后继:有军官,有戏剧导演,也有画家。他们的名字已经永远找不到了,好在还有很多人不在此列,包括歌剧演员费多尔·夏里亚宾、火车上遇见的修道士拉斯普廷、她未来的丈夫奥西普·布里克（她十四岁就认识他了），还有她的一个叔叔——他非这个侄女不娶，谁都拦不住。所有人都被这个小巧的红头发女人迷住了，她就像一股龙卷风一般横扫着一切，运用起自己的魅力来就如同别人用诱饵钓鱼或狩猎那么娴熟。据说她的一位仰慕者很可能曾经威胁要用一颗子弹打爆自己的脑袋，就因为她很可能拒绝了他的一个吻……无论真假，类似插曲足以拍出一部三流电视剧，不过也让我们看到了莉莉头上有着怎样的光环。

父母对莉莉完成学业的渴望予以鼓励，在他们的支持下，读完中学后她又学了一段数学专科，随后上了莫斯科的建筑学校。在沙皇统治的最后几年，俄罗斯有多少她的同时代人能有这样的机会？最后，她又到慕尼黑学了雕塑，在那里如鱼得水，因为她的德语说得和她的母语一样好。但莉莉做什么事都没有长性，无法做到专精一科，因为"爱情"已经成为她生活中的一件大事，简单的调情和偷吻已经不能满足她的好奇心，她很想从理论过渡到实践。就这样，她把自己的童贞献给了一个钢琴教师，怀了他的孩子，堕了一次胎，这次手术让她从此再也不能生育。这一年是1911年，莉莉二十岁。她的父母计划干预，但我们不知道尤里和埃琳娜·卡甘彼此之间是怎么商量的。听到这个消息他们会做何反应？他们会不会为给她那么多行动自由而自责？最后莉莉被开除了，好让她对肚子里的孩子有个了断。从外地回来以后，她就决定嫁给奥西普·布里克，后者已经爱了她很长时间。在她的追求者当中，他并不是最有魅力的——厚厚的圆眼镜后面，那对近视眼目光呆滞，但他无疑是最聪明的。

奥西普1888年1月16日出生于莫斯科，差不多比莉莉大四岁，十七岁就迷上了她。他们是在1905年大革命开展得如火如荼时相识的，她对这场革命始终记忆犹新。流血星期日的枪杀事件和"波将金"号战列舰的叛乱，启发他们的朋友谢尔盖·爱森斯坦拍出了他最优秀的电影之一——《战舰波将金号》，这部电影成了莉莉最中意的宝库，因为她平生最大的敌人就是平庸。更何况，在1905年的罢工和暴乱中，莉莉曾把不少煽动性传单带回家里，紧接着又把这些传单走到哪儿发到哪儿，要是因为私藏传单而被警察抓住，那她们家可就倒大霉了。对她来说，与奥西普的结识就相当于她围绕自己的名字所编织的一个传奇。

卡甘家与布里克家很久以前就互相认识，奥西普的父母属于城里犹太资产阶级中的有钱人。婚礼于1912年3月26日举行。卡甘夫妇看到自己难以驯服的女儿终于有了归宿而松了口气，但布里克夫妇却不同意这桩联姻。在他们看来，莉莉太不安分，不适合嫁给他们的儿子。关于这个年轻妇人的风言风语有很多，布里克夫妇主要嫌她以前的生活太乱。奥西普掂量得出自己的运气有几斤几两，毕竟，跟那些一见到同类就扎堆聊天的长舌妇相比，莉莉完全属于另一个极端，而人家在所有追求者当中最后选中的是他。他很爱莉莉，对她的生活无所不知，包括她的那次怀孕和她对自由的渴望，他既是莉莉的丈夫，也是她最知心的朋友。奥西普深知莉莉渴望"明媒正娶"，尽管性对他来说远没有那么重要，他依然能承受莉莉的性欲，因为物有所值。

妻子深深地激励着他，两人在文学上绝对情投意合，对她的大事小情，他从来不会厌烦，这份淡定实属难能可贵。一般人宁愿蝇营狗苟也不愿光明正大，而这对饱读诗书的佳偶却有着异于常人的操守规范。他们既不随大溜，也无所畏惧，更没有奴性。他们从不互相背叛，永远无条件地信任对方，这才是最重要的夫妻之道。莉莉在奥西普身上看到的是一个最没有自我的伴侣，让脾气古怪的她颇感称心。学完法律之后，他的博士论文专门论述了妓女们的法律地位，他经常出入她们拉客的场所，成了莫斯科街头妓女的好朋友，警察前脚抓了她们，他后脚就开始无偿为她们辩护。这么说吧，他具备一切理解莉莉的基础，无论面对什么样的风雨，他们都能同舟共济。

姐姐结婚的时候，爱尔莎只有十五岁，她始终相信，莉莉才是父母的最爱，特别是对母亲而言。毕业于莫斯科音乐学院、最后却选择隐身丈夫背后的母亲埃琳娜，或许在如此大胆、如此独立、永远无法忽略自我感受的莉莉身上，看到的是自己本该成为的样子，从而有意无意地把完成自己未竟梦想的希望寄托在了她的身上。只怕连她自己都永远想不出答案。总的来说，莉莉的强大魅力就是对爱尔莎一种不折不扣的精神折磨。

爱尔莎嫉妒莉莉，但不讨厌她，一点儿也不。正相反，能得到她的辉耀和赞同，她会激动得喘不过气来，以至于对她亦步亦趋。爱尔莎也选择学习建筑学，并且同样对数学兴趣浓厚。对她来说，莉莉始终是一个无法企及的目标；直到1957年，也就是爱尔莎六十一岁那年，她的知名度恐怕已经到了姐姐从没达到的高度，但她仍然会为莉莉令人陶醉的魅力着迷。"她向后甩着满脑袋的红头发，咧开涂了口红的大嘴，露出光鲜结实的牙齿，圆圆的栗色眼睛放着亮光，脸上的表情丰富得过于强烈，这样的她不论年轻还是老迈，也不论肤色美艳还是满脸皱纹，所过之处无不引来路人的回望。"[1]面对这样的莉莉，让人还怎么活？

---

[1] Elsa Triolet, *Maïakovski, vers et proses*, Les Éditeurs français réunis, 1957, p. 38.

从很小的时候起，两人就为讨得欢喜，尤其是赢得偏爱——埃琳娜和尤里、保姆和奶妈、卡甘家的来宾、儿时的朋友以及男孩子们的欢喜——而争斗。然而，筑成爱尔莎的个性、让她永远摒弃淡漠与被动的，不正是这样的竞争吗？她俩的关系既互相较劲又推心置腹，那是一种感情深厚的、模棱两可的、骚动不安的关系，内涵十分丰富。莉莉培养了妹妹对智慧与自由的向往，与此同时，又把自己的奋斗目标定得高高的；反过来，她的选择迫使爱尔莎赢得了自己的领地，漂亮地达成了自己的目标。对爱尔莎来说，莉莉既是合作伙伴又是竞争对手，但正如魏尔伦书中所写："既不完全是前一种，也不完全是后一种。"莉莉其实就是上天赐给爱尔莎帮她构建身份的人。她们的关系让人想起了色原学说，爱尔莎必须准确分辨出不同颜色之间的细微差别，以保证调出来的颜色既不太深也不太浅——她最终是通过选择离家出走来获得这种平衡的。

与此同时，爱尔莎自少女时代起也开始有了自己的追求者——他们当中最著名的就是未来的语言学家罗曼·雅各布森，他把自己的初吻给了爱尔莎。爱尔莎也学着莉莉的样子，看起了俄罗斯最伟大作家的作品，同时也看外国作家的书，并对每一件衣服的优雅程度开始变得格外上心。此时的"野草莓"早已把自己想象为一名建筑师，但真正让她感到兴奋的，是1911年她十五岁那年，在朋友哈维斯姐妹家认识的年轻诗人弗拉基米尔·马雅可夫斯基。他人很好，而且打扮得无可挑剔——花领结、大礼帽、圆头手杖。他讲话的时候嗓音低沉，几年之后，就是这种嗓音迷住了全国上下的老老少少。那张富于阳刚之美的冷峻面庞给年轻的爱尔莎留下如此深刻的印象，让她忍不住揪紧身上的项链，就像抓住一根救命稻草。项链被扯断了，她赶紧蹲到地上想把珠子捡起来，马雅可夫斯基立即凑过来伸出援手。后者把爱尔莎送回家的时候，她已经坠入了情网。

起初，卡甘夫妇被这位自己局促也令人不安的巨人那种掩饰不住的强烈感情搞得十分狼狈，但最终还是接受了他，这并非埃琳娜的本意，因而他们的转变也显得意味深长。在那段时兴由监护人陪伴少女出行的时间里，他们的两个女儿不是照样在莫斯科独来独往吗？但有莉莉怀孕的前车之鉴，他们显然不会对小女儿更加宽容。学过美术的马雅可夫斯基此刻靠画插图谋生，他每次来看她时，跟谁都不打招呼，径直走进爱尔莎的房间，为的就是能在里面静下心来画画。当时，莉莉和丈夫住在圣彼得堡，爱尔莎也就不用有任何顾忌。埃琳娜比尤里还要担心，并不赞成让马雅可夫斯基和她的小"野草莓"走到一起，但"野草莓"已经被马雅可夫斯基念给她的那些铿锵有力的诗句搞得意乱情迷，对他已经无法割舍。他们究竟是什么时候开始相爱的？没人知道，但他们的关系维持了四年时间，每天晚上或几乎每天晚上，上完建筑课的她都会在夜幕降临时到咖啡馆找他。马雅可夫斯基把她介绍给自己的朋友，其中就包括作家维克托·什克洛夫斯基，后者爱上了爱尔莎，只是她的眼里只有马雅可夫斯基，总是把他写的诗拿给她遇到的每一个人。她的父母对莫斯科的艺术与文学精英并不陌生，在女儿的号召下，也开始把他的名字传播到那些最具影响力的交际圈。爱尔莎对他俩的爱情充满信心，感觉自己终于做好准备，可以把马雅可夫斯基介绍给莉莉了，她一刻也没有设想过，做出这样的决定会给她带来怎样的后果。

二

会见安排在卡甘家位于马拉霍瓦的郊外别墅，离莫斯科不远，时间是1915年7月15日。爱尔莎永远也忘不了这一天。姐妹俩还在戴孝，因为尤里重病了一段时间后于一个月前去世了，在德国和斯堪的纳维亚求治过的医生都没能把他救活。父亲的去世让爱尔莎变得十分脆弱，想到马雅可夫斯基很可能会找埃琳娜向自己求婚，爱尔莎勉强打起了精神。尽管他四处留情，但她仍然很爱他，坚持认为他的罕见才华值得自己做出某些牺牲。当时布里克夫妇住在彼得格勒①，因为奥西普作为法学家在这里工作。那天晚上，他们也参加了会见。想到要见的是一个让母亲那么发愁的男孩，莉莉并不觉得有多兴奋，

---

① 圣彼得堡于1914—1924年曾被重新命名为彼得格勒，后又于1924—1991年被称为列宁格勒，之后回归原名。

而且她对诗歌的看法如此绝对，不可能把这个陌生人想象成什么好人，她甚至还私下请求爱尔莎，不要让他们受那份洋罪，听他高声朗读他的歪诗。

至少，这种说法应该算是正式版本。多年以后，莉莉的记忆力不时就会捉弄她一下，她本人对这一点也不是每次都那么肯定。那么，她当真不知道有这样一位大有前途的才俊吗？根据某些消息来源，她甚至有可能在莫斯科的文学和艺术圈子里听到过他读的诗，只是因为隐没在大众中，没能跟他说上话。这个假设为这次"传奇"会面提供了一种完全不一样的视角。据此，我们可以想象，终于能够结识这位成长中的天才，卡甘夫妇的那位长女内心深处不知道有多高兴，何况还是一个这么出色的男人，简直太妙了。不过，那天晚上，在爱尔莎的催促下，马雅可夫斯基还是同意把他的新作《穿裤子的云》呈现给大家：

> 我的灵魂中没有一茎白发，
>
> 它里面也没有老人的温情和憔悴！
>
> 我以喉咙的力量撼动了世界，
>
> 走上前来——奇伟英俊，
>
> 二十二岁……
>
> 假如你们愿意，

我可以变成无可指摘的温情的人，

不是男人，而是——穿裤子的云！ ①

　　他一张嘴背诵诗歌，莉莉就感觉脚下的土地开始沉陷。她从没听过类似的诗句，被诗中那种从未感受过的才华和他雄辩的阳刚之气所扰动，眼睛再也无法从他身上移开。吸引总是相互的，此时，生性不够世故的马雅可夫斯基把爱尔莎晾在一边，彻底忽略了她的存在。他和莉莉围着茶炉喝着茶，彼此吸引，对外部世界漠不关心。金头发、蓝眼睛的"野草莓"激烈不足，谦逊有余，她只是莉莉一份颜色更浅的副本和草稿；莉莉则是一头红发，深色的眸子射出的是短剑一般锋利的目光。无异于拿玛丽·罗兰珊颜色淡雅的肖像画与马克·罗斯科油画中的浓烈红色相比较，战事未起，胜负已定。同样是这天晚上，当马雅可夫斯基决定把《穿裤子的云》献给莉莉时，爱尔莎又该作何感想？她跟他认识四年了，无论到哪儿都四处维护他的作品，她比任何人都更爱他，却从来没有收到过类似的礼物。莉莉只用两个小时的时间就成了这首诗歌的受献者，那是整部文学史中最著名的诗作之一。

---

① Voir Vladimir Maïakovski, *À pleine voix. Anthologie poétique 1915-1930*, traduction de Christian David, Gallimard, 2005.

沉睡在莉莉体内的诗神被愉快地摇醒了，至于马雅可夫斯基，则意识到自己遇到了命中注定的那个女人。彼此的那种感觉再明显不过了。马雅可夫斯基刹那之间就想明白了，莉莉永远都不会有任何阴沉、狭隘、拘束和屈从的时候。像他一样，她也是一个性急、好奇、反叛的家伙。他感觉得出，这个从来不知退缩与中庸为何物的女人完全能与自己爱走极端的个性合得上拍。他知道自己随时都会爆发，总是控制不住，经常听任坏脾气的摆布。最后，精神上的这份吸引又被加入了生理上的强烈欲望。一夜之间，莉莉就成了马雅可夫斯基的意中人。一切进展神速，因为一到 8 月，马雅可夫斯基就开始和莉莉一起单独去外地旅行了。三人和谐共处成了常态。更何况，经过共同协商，布里克夫妇从结婚两年后的 1914 年春天就开始分居生活。奥西普与马雅可夫斯基一见面就开始彼此欣赏，这份英雄相惜的感情直到诗人自杀前都没有改变。奥西普完全能够理解把莉莉与《穿裤子的云》的作者联系起来的那份激情，看见这个男人，就让人想起他曾经怎样不无自豪地介绍他的妻子："我太太，拜伦大人的情妇……"

在一个月的时间里接连失去了父亲和年轻时的爱人，爱尔莎的景况如何呢？莉莉既有灰姑娘的玲珑小脚，也有坚信自己药效的那个巫婆的刚毅。莉莉既能吐钻石又能吐玫瑰，而爱尔莎自己只能吃癞蛤蟆。莉莉从不相信什么姐妹之间的忠诚——在她看来,这种感情太过布尔乔亚,她一点儿没有负罪感,因为命运就是这么安排的。谈不上什么虐待狂的问题,也并非想证明自己的诱惑力就一定比爱尔莎强多少,类似这样的斤斤计较不是出自莉莉的性格。"小狐狸"跟乔叟在《坎特伯雷故事集》中描写的那只"一肚子坏水儿的狡猾狐狸"毫不相干。这一点"野草莓"虽然清楚,但骨灰的味道并不因此而稍有减弱。她们会吵架吗?没人知道,人们情愿看到的是那个虽然受伤,但面对这段无视她的爱情仍能高贵地选择服从的爱尔莎。不管怎么说,爱尔莎还是原谅了姐姐的横刀夺爱。换了别人,肯定会因为这样的卑劣行径而永远责备于她,一辈子怀恨在心。背信弃义变成了君子协定,很少有哪对姐妹能维系卡甘姐妹这样的关系。不过在走到这一步之前,爱尔莎真该从俄罗斯彻底消失,远远地躲开莉莉极具杀伤力的强大魅力。

1915年绝对是文学史上的高产年。就在马雅可夫斯基把《穿裤子的云》献给莉莉的同时,弗吉尼亚·伍尔夫发表了她的第一部小说《远航》,弗兰兹·卡夫卡则写出了《变形记》。编辑们还打算推出约瑟夫·康拉德的《胜利》、福特·马多克斯·福特的《好兵》、D.H.劳伦斯的《彩虹》,还有爱尔莎未来的导师马克西姆·高尔基的《在人间》。在俄罗斯,"白银时代"如火如荼。十年时间,公众先后欣赏到了谢尔盖·加吉列夫芭蕾舞团的舞蹈、斯特拉文斯基与普罗科菲耶夫的音乐,以及鲍里斯·格利戈里耶夫的油画,后者曾经描绘过多位文化精英,其中就包括莉莉曾经的追求者、歌剧演员夏里亚宾,后来成为莉莉密友之一的戏剧导演弗谢沃洛德·梅耶荷德,以及作曲家谢尔盖·拉赫玛尼诺夫——1914 年,他的交响曲《钟声》曾经大获成功。

莉莉由着自己的性子不停地往返于彼得格勒和莫斯科之间,她看到、读到并听到了一切,她的好奇心不仅永无止境,而且不分国界。因为精通德语和法语,她甚至可以在最早的译稿出版之前先行看到国外才俊们的作品。无论是物质上还是精神上,当时很少有哪个女人能有这么多的自由和手段投身于艺术舞台。不过,她的情况远非个例,因为"白银时代"不乏一流的女性形象:女诗人安娜·阿赫玛托娃和玛琳娜·茨维塔耶娃(对于茨维塔耶娃 1912 年的诗作《魔灯》,莉莉没有办法不动情,因为它唤起的是她对儿时莫斯科的温软回忆),画家季娜伊达·谢列布里亚科娃①、奥尔加·德拉-沃斯-卡尔多芙斯卡雅、亚历山德拉·埃克斯特,还有开办流行文学沙

---

① 她是亚历山大·谢列布里亚科夫和叶卡捷琳娜·谢列布里亚科娃的母亲。她这一儿一女都是著名装饰画家,1917 年革命后流亡到了法国。

龙的格鲁吉亚公主萨洛米·安德洛尼科娃,鲍里斯·格利戈里耶夫曾经为她画过一幅著名肖像。还要再提一句,1916年,莉莉也曾让他画过像。很多年后,她这样回忆道:"那是一幅巨画,画中的我隐身在草丛中,背景是一抹夕阳。沃洛佳(马雅可夫斯基)把它叫作'生长中的莉莉'。"① 可惜,她后来把画转卖给了画家伊萨克·布罗德斯基,如今,这幅画已经找不到了。

马雅可夫斯基1893年7月7日出生于一个"草根"家庭(莉莉比他大将近两岁),父亲只是一名护林员。见识了莉莉的精明与高雅以后,他深深为之叹服。这位少妇身上的一切都吸引着他,但首先是她准确无误的判断力。1963年2月8日,莉莉给爱尔莎写信时谈道:"沃洛佳说我'鉴赏力超绝'②。"他一开始就很善于依靠莉莉准确的判断力,并十分放心地把自己未来的作品交到她的手上。他们分享着精神与肉体的快乐,但莉莉充分意识到,自己只不过是艺术生活的一个旁观者,所以尤其欣赏马雅可夫斯基的创作能力。她十分确定,他将成为他们这代人中最伟大的诗人,因此做好了一切准备,尽心竭力地为他的职业生涯效劳。作为灵感女神,她有这样的义务。

---

① Propos recueillis par Carlo Benedetti dans *Avec Maïakovski*, Éditions du Sorbier, 1980.
② Lili Brik-Elsa Triolet, *Correspondance*, op. cit., p. 1044.

当时，马雅可夫斯基已经成为未来主义运动最活跃的代表之一。未来主义运动是由诗人马里内蒂于1909年在意大利发起的，多亏了马雅可夫斯基和他的朋友、画家戴维·布利克等人，他才找到了自己的发展轨迹。他的未来主义成员们想要摧毁艺术与技术、美观与实用之间的界限。他们赞美着"机械艺术"崇拜、由痴迷汽车达成的速度崇拜、所有的新技术崇拜（包括摄影与电影），以及工业建筑崇拜。在他们看来，一切都无外乎能量、动力和生命力。他们的主张与政治关系密切，因为他们鼓吹暴力，旨在摧毁旧秩序及其所引发的种种不平等。此外，马雅可夫斯基还属于社会民主工党中的布尔什维克派。他十五岁就加入了该党，曾在示威活动中多次被捕，最初几首诗就是在莫斯科的布特尔卡监狱写下的。这座监狱给他留下了可怕的记忆，有很多作家在这里一关就是几十年，我们只举出伊凡·索尔仁尼琴和谢尔盖·特列季亚科夫就够了。《穿裤子的云》被视为典型的未来主义诗歌，我们可以设想，对他来说，莉莉就是一个完美的未来主义女顾问，而绝不是那种被前几代人"捧得很高"并且隔得很远就能闻香而识的清纯少女。眼泪和盐瓶绝不是她的武器，她不会要求任何保证，也绝不指望任何人的救赎。她有着激情澎湃、求知欲旺盛的生活态度，这种生活态度被她推进到极致，为她插上了勇气的翅膀。面对这样的勇气，一个未来主义者只能俯首称臣。

布里克夫妇与马雅可夫斯基的"临时妥协"从一开始就让人想起了著名的布鲁姆斯伯里团体所做出的选择。这个小团体同样是在这段时间活跃在英格兰，拥有同样的文学与艺术激情，对社会传统同样嗤之以鼻，同样过着拒绝伪善的私生活。布里克夫妇在彼得格勒的公寓成了马雅可夫斯基的总部，后者成了公寓女主人的正式情郎和女主人之夫最要好的朋友。整个第一次世界大战期间，莉莉在此开办的沙龙完全面向青年诗人，其中就包括鲍里斯·帕斯捷尔纳克，来者无一不是马雅可夫斯基带来的朋友。每次重聚，马雅可夫斯基都会要求朋友们即兴吟诗，献给款待他们的女主人。他本人也把1915年秋天最新写成的杰作《脊柱横笛》送给了她。不言而喻，布里克夫妇和在场来宾成了这首诗的第一批听众。

> *就让你藏身于幽暗的深洞*
> *就让你把自己远嫁到海外，*
> *我要在伦敦的浓雾中给你一个热吻*
> *吻你那街灯般闪烁的唇*[①]……

[①] Vladimir Maïakovski, *À pleine voix, op. cit.*

莉莉从此成为马雅可夫斯基的生活磁心,拥有固定收入的奥西普则决心资助这位年轻的诗人。"真正出版《穿裤子的云》和《脊柱横笛》的应该是奥西普,"1963年2月9日,莉莉在给爱尔莎的信中这样回忆道,"他每首诗付给马雅可夫斯基五十个戈比……还负责维持他的生计。"① 马雅可夫斯基的日子过得顺风顺水。他不是刚刚在几个月的时间里接连遇到了一生中的挚爱以及一位好友兼赞助人吗?更有甚者,另外一位仰慕者——其实不是别人,就是马克西姆·高尔基——也在1915年9月应征入伍时前来助他一臂之力。这位伟人通过他的人脉在彼得格勒找到了他们,并作为文件起草者加入了这个小团体,就连奥西普也被动员了进来。这样,本就住在这里的莉莉就可以经常拜访他们了。马雅可夫斯基也可以全身心地投入他的艺术创作,同时再不离开布里克夫妇一步。所以,1915年底的节日就成了他们在一片欢腾中与逆来顺受的爱尔莎共同度过的最初几个节日。永远不乏想象力的莉莉居然想把枞树倒过来挂到天花板上,好把平淡无奇的圣诞树变成植物吊灯,做成未来主义艺术品。这位美丽的布里克夫人知道,她已经汇集了体验心跳奇遇的所有成分:默契而聪明的丈夫、

---

① Lili Brik-Elsa Triolet, *Correspondance*, op. cit., pp. 1045-1046.

已经被很多人看作文学活神的诗人情郎,以及萌芽中的沙龙,她在这里可以接待同代人中最有前途的才俊。唯一的当务之急是要永远摒弃构成普通人本质的卑微感,而命运似乎给了她这样的特权。

从莫斯科赶来过节的爱尔莎也很惹眼。圣西尔维斯特节前夜,有两位作家的眼睛一刻也没有离开过她,一位是曾经追求过她的维克托·什克洛夫斯基,另一位是瓦西里·卡缅斯基,都是跟马雅可夫斯基在一起时认识的。第二位甚至向她求过婚,被她毫不犹豫地拒绝了。换了别人,面对这样的恭维很可能会受宠若惊,但爱尔莎太过清醒,才不会吃他这一套。她始终爱着马雅可夫斯基,并且知道得很清楚,马雅可夫斯基的高度他的同伴难以企及。此刻就满足于获得一个安慰奖还为时尚早。总的来说,她的日子过得远不如姐姐那么刺激,而且今后很多年都会维持这样的平淡无奇。莉莉胜利了,她在心爱的两个男人簇拥下迎来了1916年。两人爱她的方式虽然不同,却彼此互补。爱尔莎还要再一次苦苦等待。此情此景不正让她想起了契诃夫的戏剧《三姐妹》开场那一幕吗?剧情起始于伊林娜在父亲死后一年所举办的欢乐庆典,而此时,普罗佐洛夫三姐妹的生活进入了一个新的阶段。那个相当于爱尔莎的剧中人玛莎不是也渴望在从小长大的莫斯科守着一个值得深爱的男人，活得光彩照人吗？在与剧中人维尔希宁如出一辙的马雅可夫斯基面前，什克洛夫斯基和卡缅斯基不就相当于剧中那个了无情趣的教员库雷京吗？十分庆幸的是，现实与剧情的对照可以就此打住了，因为爱尔莎不会在惆怅与绝望中一蹶不振，她知道她"为什么活着，为什么受苦"，会用自己的才干与威望发出呐喊。

这段时间，尤里·卡甘的死让他的遗孀和小女儿在金钱上陷入了困境。她们被迫搬家，住到了一处更小的房子里。母亲收入微薄，爱尔莎决定在继续学习建筑学的同时到一家工厂打工，以贴补家用，她要到1918年6月才能完成学业。她是1916年12月进的这家厂子，只待了很短的时间就离开了，因为很难学以致用，但这段转瞬即逝的经历对于卡甘家的衰落却显得意味深长。曾经矗立过两架三角钢琴的客厅，那些用人、雪橇，那十几枝一到冬天就摆满所有家具的风信子，还有那些应邀在两个令人赞叹的小姑娘面前露上一手的俄罗斯和维也纳艺术家，如今踪迹何在？爱尔莎曾写信给马雅可夫斯基，告诉他自己想要自杀，但马雅可夫斯基仍拒绝了她对他的爱意，硬生生让她的生活回到了原来的轨迹，确信这样才是对她最好的救赎。对她来说，从珍珠项链断裂那段浪漫插曲一路走来，如今的他只不过就是一个"沃洛佳叔叔"。

这个时候，一想起去布里克家，爱尔莎就难受得喘不过气来，哪怕这位诗人因为需要全力应付莉莉出于嫉妒而追求的性受虐乐趣而恳请她前来帮他一把。"尽快过来吧……你现在似乎成了我所思念的饱含爱意与温情的唯一一个人儿"①，1916年12月19日，他在给她的信中这样写道。不是已经毫无希望了吗？她还能再把他重新夺回吗？爱尔莎立刻和母亲坐上了开往彼得格勒的火车。到了以后她才明白，自己不过是马雅可夫斯基乖僻性格的受害者。他的占有欲极强，而且脾气暴躁，总想切断情妇与外界的联系，只是莉莉不会听命于任何人，即便是他亦如是，而且莉莉会彻底击垮任何一个妄图限制她自由的人。爱尔莎之所以匆匆赶来，是因为马雅可夫斯基暗示性地说他要自杀——自杀的阴影不停地笼罩在这伙人的头上。她只是他棋盘上的一粒棋子。马雅可夫斯基和莉莉闹得格外凶，雨点般倾泻着对对方的指责。她觉得自己被疯狂爱恋姐姐的诗人当成了人质。这样的当绝对不能再上了。一旦离开彼得格勒，她一定要远远地躲开这对情绪失控的情侣。

如果说，1916年是在叫喊与眼泪中度过的，那么，1917年对于爱尔莎则意味着希望。这一年，她在莫斯科认识了一

---

① Cité dans Lilly Marcou, *Elsa Triolet*, Plon, 1994, p. 38.

位法国军官安德烈·特里奥莱。见第一面时,此人没有任何让她中意之处:他从不看书,只对女人和马感兴趣,当然顺序不一定对。但他有可资炫耀的地方——穿着军装,住在法国,家里还在利摩日开着一家瓷器厂。特里奥莱爱上了迷人的"野草莓",在这个俗人眼里,她的谈吐总是那么新鲜,让他觉得既妙趣横生又出乎意料。那么爱尔莎对他的感情又到哪一步了呢?她回绝了什克洛夫斯基和卡缅斯基,他们俩都是知识分子,好歹跟她还能有不少共同语言,可她却在跟他们见面不久后就接受了这个人的求婚。特里奥莱虽然可爱,却没什么文化。之所以做出这样的选择,就在于她要远走他乡。嫁给特里奥莱,她就可以离开这个国家住到法国,躲开莉莉和马雅可夫斯基;同时躲开埃琳娜,母亲对她的冷漠无异于雪上加霜。特里奥莱,也就是她的"彼得洛维奇",对于她的意义更多的是一种防御模式,而不是一个丈夫;与其说是一个心爱之人,不如说是一本外国护照。

三

随着1917年"二月革命"的到来,卡甘姐妹的历史翻开了新的篇章,此时离1916年12月那次剧烈的感情危机只隔了短短数月。也许莉莉、爱尔莎和马雅可夫斯基优先考虑的是他们的感情线和感官满足,但他们并没有因此而忘记世界前进的脚步和布尔什维克为结束沙皇统治而进行的斗争,爱情与政治并驾齐驱。他们以一贯的热情不假思索地跃入了国家史册突然翻开的一页。将近一个世纪以前,普希金曾以忧虑而明快的笔触这样写道:"上帝保佑我们不要看到俄罗斯的暴动,无谓而又残忍的暴动。"但我们这三位朋友却正好相反,就想看到俄罗斯的暴动,在他们眼里,这场暴动给他们带来了所有的希望和救民于水火的兴奋。对他们来说,这样的时刻令人欣喜,无论就自己内心还是就整个民族而言,都蕴含着无尽的可能性和成就感。参与其中既是一种责任,也是一种特权。

1917年的冬天至少为大革命的动荡提供了十分理想的温床:俄国人在第一次世界大战中屡战屡败,国力消耗得近乎山穷水尽,拉斯普廷的邪门死亡让他的君主多少有些颜面扫地,人民饱受严寒与饥饿的煎熬……举国上下,所有男人都被动员当兵,所有马匹都被征用服役。农业生产即使说不上完全停顿,也因此而大大减速,饥饿遍及全国。各家各户的母亲们平均每周都要冒着大雪和严寒在面包店前排上四十个小时的队,还不敢保证能养活她们的孩子。当妇女们在彼得格勒为得到面包而上街游行时,布里克夫妇和马雅可夫斯基走在了队伍的最前列。城里的工厂自发组织罢工,以声援她们的请求。紧张程度一天天加剧,警察开始暴力干预,但示威者们却通过洗劫警察局还以颜色。沙皇军队试图制服暴动者,但到最后,士兵们基本上全都加入了反抗者的行列。等到彼得格勒的所有军队纷纷准备站到人民一方的时候,这场革命便正式拉开了帷幕,再没有什么能逆转事态的发展。从这时起,一桩桩历史性事件便以惊人的速度接连上演:先是尼古拉二世退位,接着是彼得格勒的工人苏维埃举行第一次选举,继而临时政府交替产生,叛乱与潜逃此起彼伏,然后卡伦斯基宣布共和国成立……混乱与激情主导了一切,人人都在高喊列宁提出的口号:"和平、土地和面包。"百废待举，百业待兴，而马雅可夫斯基注定将成为新纪元的诗歌代言人。

对马雅可夫斯基和布里克夫妇来说，当时的彼得格勒无疑是全世界最令人振奋的城市。审查制度不复存在，任何形式的创作都会受到鼓励。他们的朋友、画家卡西米尔·马列维奇有句著名的格言，未来主义就是"预示1917年政治与经济革命的革命性艺术形式"，而马雅可夫斯基绝不会就此止步。在他看来，文学与艺术无处不在："街道就是我们的画笔，广场就是我们的调色板。"当时有很多艺术家和知识分子都受到布里克夫妇小圈子的吸引，经常出入他们在彼得格勒的公寓，仅举导演弗谢沃洛德·梅耶荷德和女诗人安娜·阿赫玛托娃为例，莉莉与后者的关系是既相互吸引又相互排斥。讨论彻夜不停，没有人想把时间浪费在睡觉上。政治辩论与高声朗读成了这些夜晚的固定节奏。马雅可夫斯基在莉莉家背诵了他的新诗《革命》，当然也是献给莉莉的。此后参与集会的人越来越多，布里克一家三口只好搬到了同一幢大楼里一所更大的公寓。莉莉从此拥有六个房间接待众多来访者。装饰虽然简朴，但谈话质量却让人有如坐上旋转木马，既欣快又眩晕。他们就是在这所公寓里和马克西姆·高尔基一起听到了"阿芙乐尔"号巡洋舰上的炮声，那是对冬宫发起攻击的信号，时间是1917年10

月24日夜至25日。

十月革命刚刚开始,这场变革旨在推翻克伦斯基的临时政府。布尔什维克就势把当天的英雄列宁任命为人民委员会主席,并且创建了契卡——一个政治警察机构。自1920年起,奥西普·布里克就开始在这里任职。列宁宣布废除土地私有制,以便将其重新分给农民。在选择与德国单独媾和,通过签署《布列斯特-立托夫斯克和约》向其出让俄罗斯西部的好几块区域,并承认波兰、乌克兰和芬兰的独立,而且还允许德国军队继续留在波罗的海的同时,布尔什维克发起了一场内战,整个国家陷入了长达三年的战乱。

1917年秋天,莉莉一直注意不让马雅可夫斯基的精力过于分散,让他专心写作新诗,由她负责接待他们的朋友,同时继续跟尼金斯基在加吉列夫芭蕾舞团时曾经合作过的一位舞伴学习传统舞蹈。此外,她还在她新居六个房间中的一间让人安上把杆,以便随时复习学到的动作。当初不过就是一时性起、三分钟热度,后来她却师从著名的芭蕾舞演员多林斯卡娅,专心致志地听了两年的课。这份激情关系到的是马雅可夫斯基与莉莉首批共同计划中的一项,因为他要从中汲取灵感,写一部电影剧本《缚于胶片》。故事讲的是由莉莉扮演的一个年轻的芭蕾舞女演员如何从一张海报上飞身而下,去找寻她的仰慕者——一位画家，后者由诗人本人出演。他写的既是剧本，也是现实。这部电影后来在第二次世界大战中被毁掉了，但莉莉最后还是救出了两分四十秒的画面，送给了意大利作家兼电影艺术家贾尼·托蒂。1984年，后者把这段影片放入了他献给马雅可夫斯基的三部曲——今天，我们可以在第二部中看到这段影片。

至于他俩的爱情，还是说闹翻就闹翻。今天，我们都知道，马雅可夫斯基对莉莉的爱超过了莉莉对他的爱，这种情形让他很受折磨。莉莉对他从来没有温顺女人那种发自内心的崇拜，从来不会对他表示盲目赞同。在他们正在创建的这个新世界中，既然双方都已经远离了那种狭隘、虚伪、有悖于男女平等革命理想的资产阶级陈旧模式，难道不该彼此尊重对方的要求与愿望吗？与莉莉正相反，马雅可夫斯基很难从理论过渡到实践，哪怕在他看来男女之间的私通是一件再正常不过的事情。马雅可夫斯基终于忍不住与莉莉的一位追求者打了起来。此人是高尔基的一个朋友，最后真是叫来民兵才把这两只盛怒的公鸡分开。马雅可夫斯基体魄健壮，富于创意，确信只要有志向就什么事都能干成。而他心爱的女人则要捍卫自己享受快乐与自由的权利，他对此除了愤怒就是痛苦。对莉莉来说，所谓恋爱，就是爱一个让自己动心的男人，但一定要保持彻底的独立性。她就想让他接受这样的她，拒绝为了让马雅可夫斯基感觉更好而改变自己，那样会违背她内心最深处的信念。按照莉莉的想法，她希望体验的是一种贯穿着波浪般起伏的创造力的生活，这样的起伏应该表现为令人陶醉的圆弧，而不是夫妻间彼此束缚的链条。两人谁的脾气都不算温和，经常恶语相向，但莉莉依然故我，因为她知道，爱人的暴怒也是一种发泄，相当于为清洗过于油腻的血液而进行的放血。

马雅可夫斯基虽然离开莉莉就活不了，但同时又因为这份得不到回报的痴情而强烈自责。他照着排得满满的时间表全国各地到处跑——节奏紧凑的政治会议与诗歌朗诵一场连着一场，他的书信流露了出门在外的苦恼。"这是一段富有传奇色彩的爱情，既包含痛苦与激动，又有两种尖锐个性的冲突"[①]，克洛德·弗里乌克斯在为《致莉莉的信》所作的序言中这样写道。马雅可夫斯基在信中把自己比作一条小狗，这条小狗恐怕只属于他美丽的情妇一人所有。他抱怨她，也抱怨这场三角恋当中另一个不可或缺的角色奥西普，嫌他们不把他放在心上，不给他任何消息，让他伤心了一次又一次。"多少回我跑到栅

---

① Vladimir Maïakovski, *Lettres à Lili Brik (1917-1930)*, Gallimard, 1969, p.8.

栏跟前，站在那儿伤心地用瘦得皮包骨的手挡住初升太阳的斜射，透过尘雾凝视着地平线，等待着邮递员熟悉的身影渐渐走近。请不要夺走这令我无比激动的时刻！"① 这是他1917年12月写给他们的信。重逢是喜悦的，马雅可夫斯基暂时忘记了嫉妒的啮咬，他们或是在布里克夫妇的公寓，或是在某个喜欢的地方——比如"流浪狗"酒吧，沉浸在气喘吁吁的情话之中，一说就说到黎明，但短暂的平静总是难以长久。

这段时间，爱尔莎也像1911年的莉莉一样，在莫斯科遭受了一次让她同样永远无法生育的堕胎。肚子生不了了，思想却繁殖力旺盛——卡甘姐妹的锋利尽在于此。别人当不当得了"父亲"爱尔莎无所谓，因为她没有向任何人汇报的义务，她的性生活很随意，她很快就要带着极强的目的性与那位始终不像老公而更像朋友的安德烈·"彼得洛维奇"·特里奥莱结婚了。1918年7月4日，她和埃琳娜说就要乘船离开这个国家。莉莉泪如雨下，她压根也没有意识到自己那些让这个小妹妹心碎的做法对爱尔莎来说意味着背叛。马雅可夫斯基得体地站在彼得格勒码头栈桥的出口等着莉莉，以免爱尔莎

---

① Vladimir Maïakovski, *Lettres à Lili Brik (1917-1930)*, Gallimard, 1969, p. 32.

看到他后伤心，同时也是为了照顾她们母亲的敏感情绪，本来去往布鲁姆斯伯里这件事就已经够让她害怕了。埃琳娜讨厌这个男人，他先后做过她两个女儿的恋人，现在又公然跟她的大女儿两口子组成"三口之家"一起过上了日子。爱尔莎在巴黎嫁给了特里奥莱，埃琳娜则还要在伦敦住上一段时间。确信母亲平安无事后，小两口就跑到塔希提岛住了下来，而且一住就是一年——这次逗留让卡甘夫妇的小女儿找到了灵感，写出了她的第一本书。随后他们回到法国，两人的日子过得枯燥、平淡，与生性浪漫的莉莉那种令人兴奋的日常生活相去甚远。"就像所有的法国丈夫一样，安德烈也总来烦我，嫌我没把鞋递给他，没给他做牛排，家里也总不收拾……看来我非得把自己变成一个标准的家庭主妇才行……除此之外，真的只除了这一件事——我在其他所有事上都享有充分的自由"[①]，她在给姐姐的一封信中做过这样的描述。

爱尔莎离开俄罗斯那年，恰逢马雅可夫斯基为庆祝十月革命一周年写出了《宗教滑稽剧》。为了安心创作，1918年夏天，马雅可夫斯基在莉莉和奥西普的陪同下，隐居到彼得格勒郊区的一家家庭小旅店里，精心推敲写出了剧本。回到城里以后，

---

① Lili Brik-Elsa Triolet, *Correspondance, op. cit.*, p. 31.

他于9月27日这天在布里克夫妇家里把剧本高声朗读了一遍，该剧讲述了七对洁净之人与七对不洁净之人的故事，寓意无产者与资本家的冲突，所有听众都被剧中用词独到而又蛮横无理的对话所征服。"宗教，是指革命具有伟大的一面，滑稽则指其中可笑的一面"，作者这句著名格言做出了明确阐述。一面是讽喻，一面是闹剧，马雅可夫斯基远没有让人看到他对布尔什维克的褒扬，可这样一来，就连老于世故的布里克公寓小圈子也想象不出这部戏会受到怎样的对待。

眼下要做的，就是对上这些胆大包天的台词，组织演员进行排练，其实他们当中的大部分人都不明白那些对白的意义。排练由马雅可夫斯基和他与莉莉共同的朋友弗谢沃洛德·梅耶荷德共同负责。莉莉此时被任命为这两位导演的助理，为他们提供帮助。布景交给了自己人——画家卡西米尔·马列维奇和内森·奥尔特曼。今天，一想到与天才诗人马雅可夫斯基合作的是发明生物力学（这是建议演员不用心理，而靠身体和直觉去表演的方法，在戏剧历史上具有划时代的意义）的梅耶荷德，创立至上主义（主张几何与单色审美）的马列维奇，以及曾创作"白银时代"最美肖像中的几幅作品，并同样为庆祝十月革命一周年而把立体主义与未来主义作品摆到冬宫广场的奥尔特曼，我们就只有为这些才俊们的联合所倾倒并遥想当年的份儿了。

1918年11月7日首演当晚,先锋派掌声雷动;但"宗教滑稽剧"只在彼得格勒演了三场——11月7日、8日、9日,因为它同时激怒了官员和官方评论家,他们的幽默感与众不同。但这并不足以让布里克夫妇和出演主要角色之一的马雅可夫斯基垂头丧气。为了支付房租和购买食物,也为了筹到体验最新艺术冒险的资金,莉莉把格利戈里耶夫给她画的肖像画卖掉了。店铺令人绝望地空无一物,购买面包或者肥皂,穿衣或者出行这些日常之举都相当于参加一场障碍赛跑。见机行事成了唯一的选择,而且适用于所有方面,但这三口人却不会被轻易击倒。当时,未来主义者组成了共产主义者-未来主义者协会,马雅可夫斯基、奥西普和莉莉积极参与了协会宪章的撰写工作。他们在宪章中以其革命者的理想申明了与政治进程不可分割的共产主义艺术理论。

政府搬去莫斯科之后,彼得格勒突然在布里克夫妇和马雅可夫斯基这三口人眼里变得过于土气,过于沉闷。他们的生活,无论是水乳交融的共同创作还是激情洋溢的会谈,都与永恒的创新活力密切相关——新诗、新剧、新电影、新画、新音乐,通常还包括新朋友。由于比以往更加担心陷入沉寂与停滞,他们也在1919年3月决定搬到莫斯科。他们只在一所"合住公寓",或者说在集体公寓里找到了一间屋子供三人同住——其实不如说是四个,他们的小狗什切尼克也和他们住在一起。西伯利亚的寒流袭击了这座城市,在莫斯科人的记忆中,气温很少有过这么低的时候,居民们根本无法取暖。冰冻导致管道爆裂,大楼里已经没水了,人们在公共厕所前面排起了长队,因为自家的厕所根本用不了。然而,哪怕是在如此艰苦的条件下,哪怕三个大人住在一间屋子里拥挤不堪,都无法磨灭这位天才的先驱诗人和他的同伴们的热忱。他们拆毁家具和地板,填进壁炉里生火。夜里,为了取暖,我们这三位朋友就挤在一起睡。

多年以后,马雅可夫斯基在诗歌《好!》中提到了他们这个小团队。他在诗中重点描述了这个独特家庭极高的默契程度。到今天我们才知道,那段时间,能和这个世界上最爱的两个人朝夕相处,是他十分难得的幸福时光。莉莉永远精力充沛,她当时又冒出个想法,把《脊柱横笛》全文抄录下来,然后再把由马雅可夫斯基亲手配上插图的手稿出卖给一位富有的诗歌爱好者,就有钱到黑市买食物了。出手那幅格利戈里耶夫绘制的肖像画时,她连眉头都不曾皱过一下,面对众多的实际问题,她总能找到新颖的解决办法。莉莉绝不是什么不食人间烟火的灵感女神,她知道这两个男人都是纯粹的知识分子,维持这个家庭正常运转的重任只能落在她一人肩上。从到莫斯科的最初几周起,她就营造了一种能够鼓励马雅可夫斯基投身写作的气氛。因为在这位少妇的眼里,他的作品高于一切。构建一种环境,让他毫无牵挂,文思泉涌,她对这份责任从来不敢掉以轻心。

四

在塔希提岛，爱尔莎闲散地住了一年。她既没有太多的伤感，也没有真正的幸福可言，就像被岛上的气候和美丽的景色轻微麻醉了一样。她开始用她新学会的语言翻译马雅可夫斯基的诗句，但并没有因此把这项计划做到底。一年之后，小两口一回到法国就住到了利摩日大区，特里奥莱全家都在这里。爱尔莎既无助又无力，憔悴不堪，几近抑郁。这里的世界让她窒息，她很怀念娘家的环境和那种知识量很大的谈话体验。对特里奥莱一家来说，所有与艺术沾边的事都显得极不靠谱，等同于自我放纵和道德沦丧。相比之下，莉莉和马雅可夫斯基就像是遥不可及的完人，两人在那出永不落幕的爱情心理剧中可以尽情地展现喜怒哀乐，她几乎就要落到怀念他们的那种生活氛围的地步。在这里所过的土里土气的小布尔乔亚生活看似无害实则有毒，让她感到如此害怕，到最后，她那位表面枯燥无趣却善解人意的丈夫终于同意离开这里住到巴黎。1920年，这个首都之城已经成了世界的文化中心，爱尔莎渴望能碰到那些经常出入蒙帕纳斯各咖啡馆的先锋派代表，渴望能够摆脱这种虚度生命的状态，因为她看到她的时间一直在白白地流逝。"然后有一天，我来到了巴黎。坐在圣日耳曼德佩教堂对面的双叟咖啡馆的露天座位上，我终于可以享受走出烟雾与湿气以后的生活了……"① 一如另一位特立独行并且与卡甘姐妹完全同时代的女作家朱娜·巴恩斯，爱尔莎是否会想到，从这座都市那据说充满魔力的烟雾与湿气中会走出一位能跟她聊到一起的对话者呢？

美丽的特里奥莱夫人很快就丢掉了她的幻觉，因为他们一到巴黎就住进了一所肮脏不堪的带家具的出租房里。多年以后，她在第一本用法语写成的书籍《晚上好，特雷丝》中提到了这一段，这本书系统罗列了她当时所受的悲惨奴役。遇到大事小情，她都得招之即来，哪怕是一个堵得臭气熏天的马桶，也得让她用发夹通开。等到特里奥莱夫妇终于找到一处公寓房时，爱尔莎已经受够了，她宁愿离开这个客气得令人厌

---

① Djuna Barnes, *Interviews*, Christian Bourgois éditeur, 1989, pp.172-173.

倦并且胸无大志的丈夫独自过活。他们的分手方式堪称经典，就像两个朋友，握一下手就各走各的，没有一句指责，没有一点儿伤心。安德烈乐得展现绅士风度，建议她放弃离婚的念头，因为俄国人在法国不受待见——不管是流亡、破败、失落的贵族，还是随时受到安全机构监视的布尔什维克间谍。"彼得洛维奇"（特里奥莱）还提议定期给她汇钱，因为她还没有固定收入。她接受了他的约定，并且把这个约定传到了依然姓着他的姓氏的下一代，她一直没有放弃这个姓氏。两人都为不用宣战就轻易找到一条退路松了口气，当然理由各有不同。特里奥莱愿赌服输，虽然还顶着丈夫的虚名，一想到能够远离这个永远都不满意、总也搞不明白到底想要什么的妻子，重新过上快乐的单身汉生活，就觉得浑身自在。对他来说，她太难以捉摸，而且也太忧郁，他希望以后见到的都是既不多愁善感又能为有他这样的情郎而心怀感激的女人。至于爱尔莎，她终于可以探究一下丰富至极的各种可能性，没准哪一种就能成为新的现实。勇气和聪慧就是她应对这种挑战的盟友。

单身一人的爱尔莎既焦虑又欣喜，打算好好利用一下这种让她感到陌生的自由。她从来没有尝到过独立的滋味，从卡甘之女的身份直接变成了特里奥莱之妻，中间连个过渡都没有。"野草莓"于是回到了她以前的追求者罗曼·雅各布森身边，就是那个把自己的初吻给了她的人。她甘愿让自己接受这位天才语言学家所献的殷勤，只是从此更多地把他看成一个极有价值的密友，而不是一个能一本正经与之相爱的男人。而且她还拒绝了对方的求婚，因为第一次婚姻的失败眼下已经让她觉得够够的了。爱尔莎真不愧是莉莉的好妹妹，就喜欢一个情人接一个情人地换个不停。不过这样一来，她就得甘冒跟对方谈不到一块儿或者最后相处失败的风险。她决意不再做一个可怜的受害者，把主要精力放在感情猎奇而不是诉苦抱怨上，慢慢习惯承受希望落空的结局。作为卡甘夫妇的好女儿，风险的存在不会让她感到恐惧，因为保护自己免受一切风险袭扰的想法就相当于自我麻痹。有一段时间，她离开巴黎去了伦敦，在莫斯科拿到的毕业证书让她在那里成功地受雇于一位英格兰建筑师。

爱尔莎还处在认识自我的过程中，而莉莉则早已找到了跟自己严丝合缝的"生活方式"，尽管俄罗斯严酷的气候会让她的热情黯然失色。"莉莉始终特别适应苏维埃的社会制度，这种制度允许她进行各种艺术与文学尝试，她感觉那就是她的制度。她没有受到这个国家新任主宰的任何刁难，唯一的问题就是物质上的困难，让她无法延续她早已习惯的生活方式，"

阿尔卡季·瓦克斯伯格这样写道,"尽管战后翌日就开始缺吃少穿,但生活在欧洲的妹妹肯定过得很滋润,这一点对她充满了诱惑。"① 就像所有同胞一样,布里克夫妇和马雅可夫斯基也对建立比此前更公平的社会秩序满怀希望,但他们当时面对的却是战后令人泄气的局面。内战无休无止,饥饿继续肆虐,瘟疫在营养不良的人群中横行。我们需要记住,1918—1921年,饥饿和打仗造成了一千二百万人的死亡,比1914—1918年的冲突多出四倍。

就业问题和食品供应没有像新领导人所承诺的那样不再成为问题,而是变本加厉。七百万士兵的突然复员只能加剧局势的日益混乱。很难继续把这场悲剧归咎于资本主义的荒淫无耻……打破旧秩序是一回事,能否建立新秩序又是一回事。那些理论家们似乎未能找到解决办法——计划经济在很多年里一直停留在理论层面。面对饥饿的民众以及失业人群那一浪高过一浪的抗议和指责,政府只能依靠镇压的办法,用武力让人们把嘴闭上。

就个人而言,莉莉则只会因女同胞们得到解放而感到高兴,因为,有史以来第一次,一个国家宣布,男女平等将成

---

① Arcadi Vaksberg, *Lili Brik*, Albin Michel, 1999, pp. 72-73.

为全国的奋斗目标。新国家赋予所有超过二十岁的成年人选举权，并鼓励成立妇女组织。布尔什维克政府给了妻子们与丈夫同等的权利：财产权、继承权、成为一家之主的权利、工作的权利、自由选择居住地的权利，并且简化了离婚手续，双方只要向当局写一封信就可以宣布离婚。自由结合的情况十分普及，双方经常一损俱损，因为性病正在民间大肆传播。根据一则虽然已被证伪却仍然盛行的传闻，马雅可夫斯基很可能染上了梅毒。妇女们还有一项义务，就是为保证国家的正常运转而生下未来的无产阶级。但与此同时，1920年通过的一项法律却将堕胎合法化。女性公民在工厂、在田间从事着与男性同样繁重的劳动，也有一些人开始在政府中脱颖而出，比如著名的亚历山德拉·柯伦泰就成了负责教育的人民委员，并自1922年起被任命为驻外大使，是早期担任驻外公使的女性之一。如果说，莉莉看到这样的进展只会感到宽慰，那么，她并不认为这些新角色跟她有多大的关系，这些角色根本比不上她那么看重的灵感女神的身份。她永远都不会去当什么工人或者农民，而政治生涯在她眼里则一点儿意思都没有。

在这个国家，活下去这一简单举动已经成为日常生活中的一门艺术。莉莉忙着收集男人们为表达敬意献上的礼品，也就不用为生存而发愁了。她的战果统计表中包含着几件得意的战利品，其中就包括鲍里斯·帕斯捷尔纳克。当时他还没写出《日瓦戈医生》，只是一个以诗集《生活是我的姐妹》获得巨大成功的年轻诗人，他把诗集的手稿献给了莉莉。莉莉一直很实际，请他手写了一首短诗，并为她亲笔题词。此举不言而喻，就是为了卖给那些有学问的诗歌爱好者，就像卖那份《脊柱横笛》的手稿一样。毕竟，她得养活她的团队呀。但帕斯捷尔纳克或许过于温存，过于柔和，说得刻薄一些就是过于懦弱，无法真正引起莉莉的关注，因为她喜欢更阳刚、更好斗的性格。

她与帕斯捷尔纳克的关系是否超越了柏拉图式的精神恋爱阶段，我们今天不得而知；但可以肯定的是，莉莉在1920年与史学家尼古拉·普宁的私通已经达到了相当香艳的地步，后者在日记中把她描述成一个"稳重而沉着的、惯于受宠的、高傲而矜持的"[①]女性。莉莉感觉自己在这种情欲燃烧的气氛中活得足够轰轰烈烈，她需要奏响欲望的琴弦，在爱情中保持有唱有和的和谐音调，既能让自己飘飘欲仙，又能阻止马雅可夫斯基躺在以前的功劳簿上不思进取。马雅可夫斯基大发雷霆，除了盛怒就是嫉妒，但放浪惯了的莉莉觉得自己没有向

---

① Sydney Monas et Jennifer Greene Krupala, *The Diaries of Nikolay Punin (1904-1953)*, University of Texas Press, 1999, p. 66. Traduction de l'auteur.

他解释的必要。她爱他，他知道，但他满足不了她的所有欲望。

莉莉比任何一个人都更清楚，如何挑起莫斯科与彼得格勒之间的仇恨与敌意。爱普宁爱得发狂的女诗人安娜·阿赫玛托娃对这一点了解得一点儿不比前者差，她既对莉莉百般提防，又为她的魅力所吸引。革命开始之前，这位极具个性与才华的女性就被仰慕者们称作"白银时代之魂"，曾凭借《灰眼睛国王》《祈祷》等诗歌证明了自己足以与文坛大人物比肩的实力。她在《祈祷》这首诗中宣称，只要能让俄罗斯免于第一次世界大战的杀戮，她情愿献出自己的独子。与莉莉一样，她也追求性解放，情人多得数不过来，其中就包括意大利画家莫迪里阿尼，后者为她画过好几幅美丽的裸体画。但普宁一到莫斯科就赶往布里克家的做法让阿赫玛托娃感觉很受伤，她要诋毁莉莉的名声，报复自己的情敌。随着流言蜚语的此起彼伏，莉莉简直成了图兰朵的孪生姐妹，普契尼歌剧里那个美丽而残忍的中国公主就喜欢以折磨男人为乐，两人就像一个模子刻出来的。这种滥交的恶劣名声只会让莉莉更加高兴。正如对雷卡米埃夫人忠贞不渝的本杰明·康斯坦所说，她有着迷死人的魅力，这样的说法绝不会让她有什么不开心。

即便马雅可夫斯基对这位情妇兼灵感女神的不忠深感痛苦，他的生活中是绝对不能没有她的：只要一分开，他立刻就会温情脉脉地给他"亲爱的坏蛋和莉莉奥诺切克"①——这个名字是他满怀深情地送给她的诸多昵称中的一个,这样的昵称还有一大堆呢,像什么莉莉奇卡、莉琳卡、莉诺奇卡、莉莉奥诺克或者莉莉阿蒂克——一封接一封地大写情书。莉莉的策略似乎带来了显著的成果。就在1921年她去里加的三个月中,受与她小别的启发,马雅可夫斯基又完成了一部新的杰作。那是他们"在连续共同生活、一起经受考验并承担大业五年多来的第一次长时间分离。这样的分别成了马雅可夫斯基考量自己创作激情的好机会。距离不仅加剧了思念之情,也加深了彼此人格的纯净感和理想化。那种在平常的直接接触中偶尔会剧烈起伏的情绪动荡好像被暂时忘在了脑后。爱情完全被幸福的一面所充满。现在,如此痛苦的揪心时刻一时少了一些往日处于常态化的兴奋与焦躁,其实马雅可夫斯基的诗兴似乎一刻也离不开这样的兴奋与焦躁,"克洛德·弗里乌克斯这样分析道,"正是在莉莉·布里克小住里加期间,他写出了诗歌《我爱》,准备向归来的莉莉表达敬意。这也是他最喜气洋洋、爱情幸福感流露得最为强烈的一首诗。"②爱情的幸福感,也许吧,但并非因此就对一切视而不见,因为莉莉表现得酷似一个撩人

---

① Vladimir Maïakovski, *Lettres à Lili Brik*, *op.cit.*, p.43.
② *Ibidem*, p. 50.

魂魄的小姑娘,像抢走一只气球一样夺走了跟她一起玩耍的小男孩的心,诗人总爱把这个小姑娘比作动物园里的女驯兽员。

如果把奥西普看成一个百依百顺、消极被动、永远淹没在马雅可夫斯基阴影之中的丈夫,那也未免太过荒唐,纯属没有根据的一种歪曲。奥西普其实是一个智慧超强的人,酷爱诗歌与摄影,属于当时数得着的电影艺术家,也是形式主义学派的理论家之一。他推出了一种全新的文学批评方法,其提出问题和做出解释的方式很接近马克思主义。马雅可夫斯基把他看作自己的导师和最要好的朋友。两人之间没有一点儿阴影,惺惺相惜的程度达到极致,因为共同爱着一个女人而走到了一起,这个女人则把他们称作"我亲爱的小动物们"。当然,让他们走到一起的还有学识与政治上的意气相投。"我们相处得十分融洽,我画画,他给我念契诃夫"[1],这是莉莉1921年逗留里加期间,马雅可夫斯基在一封写给她的信中所做的概述。奥西普就是三角关系中的稳定因素,是他们的定海神针,也是一只遇事镇定、从不受干扰的冷血动物,对马雅可夫斯基的才华以及后者对莉莉的深爱一点儿也不嫉妒。这个三口之家超出了人之常情,好比用别致而复杂的感情织出来的一块刺绣,

---

[1] Vladimir Maïakovski, *Lettres à Lili Brik*, op.cit., p. 66.

也是为不按规矩出牌的敢做敢当者量身定制的一种生活方式，在外人看来要多个别有多个别。而且莉莉和马雅可夫斯基还每人各戴了一个指环，上面刻着他们的姓氏，还写着L.U.B——那是俄语"我爱你"的三个首字母。奥西普掂得出这两枚象征性"婚戒"的分量，心里对他们没有一点儿恨意。

1920年6月，奥西普作为法学家加入了契卡。这个"特别委员会"成立于1917年12月，其目标就是以各种手段与异见者、"反革命分子"做斗争。奥西普每天都要到这个机构的总部上班，位于卢比扬卡的那幢大楼可悲地以拥有一百一十五间牢房而著称。当时，那些最玩世不恭的人曾经说过，从大楼地下四层就已经能看见西伯利亚了……"他总是过了半夜才从办公室回来，好几位回忆录作者都记得莉莉经常这样告诉来宾：'再等等，等奥西普从契卡一回来咱们就开始吃夜宵。'这句话让帕斯捷尔纳克听得毛骨悚然。做出这种反应，自有他的苦衷。……奥西普动不动就会讲起那些残暴的酷刑，而他就曾亲历过这样的场面"[1]，阿尔卡季·瓦克斯伯格这样写道。

根据一则十分盛行的传闻，奥西普绝不仅是个法学家，他还是个间谍，这就更让在场的某些宾客感觉不自在了。当然，

---

[1] Arcadi Vaksberg, *Lili Brik, op. cit.*, p. 79.

不自在的绝不止帕斯捷尔纳克一个,在当时,所有不合时宜的言论都要付出代价。我们可以对奥西普以前在契卡究竟做过什么一直怀疑下去,到了今天,恐怕谁都说不清他是否真相信这样一种制度的法律依据。在恐惧和肉体折磨的基础上,怎么可能树立起重建国家的理想呢?怎么可能接受这样的事实,为了给家里弄点吃的,一个饥饿的莫斯科人用东西跟农民换了点粮食,被人揭发之后,立刻就变成了危险的"投机倒把分子",二话不说就带进契卡的监狱"审问"一番呢?怎么可能在对沙皇统治时期的受害者表示怜悯的同时,又去赞许和鼓励如此不人道的方式呢?奥西普真的是什么施虐狂吗?阿尔卡季·瓦克斯伯格的描述会让人对他产生这样的印象吗?是近视给了他这样的勇气,还是机会主义作祟?不过,从这时起,他们的生活确实远没有以前那么困难了。是奥西普的新工作让布里克夫妇得以在莫斯科市中心搬进沃多皮亚街道上一所集体公寓中的两所大房子吗?为了离群索居,闷头写作,马雅可夫斯基也在卢比扬斯基通道上找到了一幢房子,尽管他只要不工作就跑到他们家待着——这样的搬迁丝毫不改变他们的"生活方式"。

五

莉莉和马雅可夫斯基在这个特别的时期组成了一个特别的双人组合。他们在悸动着创造力的莫斯科占据了独一无二的位置，在这里，各种艺术尝试似乎都有可能，至少在相当一段时间内仍然如此。莉莉认为，单调与平庸很可能会让他们变得意志消沉，这是她最为忧虑的两种情况，她不断鼓励马雅可夫斯基实现自我超越，并且坚信，不付出坚持不懈的努力，不杜绝投机取巧的念头，就不可能获得巨大的成功。这个年轻女性的热情给了他莫大的鼓舞，对他来说，她的存在既是灵感的源泉也是持续的挑战。只要他开始耽于安逸、清闲，她就会指责他变成了庸俗的小布尔乔亚，以此激励起他的自豪感。她的抱怨总能在他身上产生电击一般的神奇效果。莉莉——这个

"肤色美如百合、艳若玫瑰，骨头硬似钢铁"①的女性绝不容忍他的任何过失，也从不放弃自己的铁腕手段。他开始暴跳如雷，拼命尥蹶子，但每次都能恢复平静，以尽快博得她的赞赏。"莉莉·布里克才是导致马雅可夫斯基发自内心地喜欢把他的诗歌献给女性和爱情的真正动力来源，这种动力的势头来得既猛烈又强劲，"克洛德·弗里乌克斯强调指出，"但这对名声响亮、性如烈火、从一开始相爱就成为经典的恋人之所以能走到一起，靠的还是爱情关系以外的其他因素。靠的是共同的思想、品位和智力活动……在莉莉·布里克和马雅可夫斯基之间产生的就是这样一种不同寻常的缘分。这份爱情足以引起双方出于嫉妒而发出最不管不顾、最气急败坏的喊叫，但同时又与生活中深厚的姐弟之情共生共存。最后，这种男女之情与姐弟之情共同发展成了一种最基本的精神互助。……莉莉一刻也没有停止从对伦理关系的反复思考中、从改变人类生存条件面貌的希望中汲取灵感，这种生存条件同样具有先锋派与革命意识形态的特征。这既是她的一项计划又是她的真实体验。"②

按照我们今天的观察，她的工作成果颇为可观，可以说是充分发挥出了马雅可夫斯基的智慧能量。仅在1920年

---

① Vladimir Maïakovski, *Lettres à Lili Brik, op. cit.*, p. 149.
② *Ibidem*, pp. 9-10.

初,他就写出了一部讽刺剧《臭虫》,画出了多幅宣传海报,还作出了一首长达一千七百行的叙事长诗,起名为《一亿五千万》——这首诗旨在向一亿五千万苏维埃人致以崇高的敬意。在莉莉的建议下,作者亲笔题词,把它献给了列宁。古灵精怪的莉莉总是这么富于战略眼光。但他得随时当心,只要他的想象力稍有松懈,他这位时刻处于戒备状态的情妇就会立即吹响警示的号角。两人不知道吵过多少回,最出名的那次争吵发生在1922—1923年的冬天。耽误自己时间陪食客们玩牌并且喝酒过量的马雅可夫斯基在酒精的作用下变得十分好斗,指责她随意接受求爱并且滥交情人。这又一次激怒了莉莉。她知道自己对诗人的爱并非取之不竭的宝藏,她的忍耐正越来越频繁地受到严峻考验。只要不是太认真,而且只是一夜情,她对那些被他弄到手的女性一点儿也不嫉妒,但看到他把大好才华浪费在那些酒肉朋友和牌局上面,就忍不住火冒三丈。为了让他远远地离开,好好地反思,她拒绝继续陪他,对他下了最后通牒。从1922年12月28日到1923年2月28日,马雅可夫斯基被明令禁止与她见面。

1923年2月6日,她在给爱尔莎的信中写道:"我就讨厌沃洛佳说粗话、打牌……我要求他两个月内不许进我们家门,让他好好想想怎么落到这一步的。如果他真意识到我这么做的苦心，那么，两个月以后，我还会重新接纳他。否则他爱干吗干吗！已经一个多月过去了：他日以继夜地在我们家窗下走来走去，'任何地方'都不去，还写了一首一千三百行的长诗！这么一来，他倒合适了！"① 这段时间，莉莉帮左翼艺术阵线杂志《列夫》翻译了一篇德语文章和一部剧本，随即便由马雅可夫斯基和奥西普登了出来。她还在继续上芭蕾舞课，并时常在他们的公寓里召开舞蹈晚会："我们甚至还雇了一位钢琴师。我们感染了半个莫斯科城。"②

那些被流放的日日夜夜对马雅可夫斯基堪称最严厉的惩罚，他给莉莉的信中流露出这样的痛苦："我还从来没有这样难受过……以前，我总相信自己还能结识新人。现在，我觉得自己已经被彻底夺走了生命，感觉什么都没有了，永远没有了。没有你我就没有了生命。" 1922年12月底，他向莉莉做出了这样的忏悔："我的心里只有'你'，而且我已经爱了你七年，到今天依然爱你。不管你有什么样的心愿，不管你对我下什么样的命令，我都会立刻欣然完成。对于知道自己还在爱并且知道是他自己造成分手的人来说，分手简直太可怕

---

① Lili Brik-Elsa Triolet, *Correspondance*, *op. cit.*, pp. 34-35.
② *Ibidem.*

了。"① 莉莉才不会被这么敷衍的一篇忏悔轻易骗过,她要的是行动,而不是耍嘴。他通过他们忠实的女佣阿努什卡·古巴诺娃向她转交了一笼小鸟,这是把自己比作被囚禁的鸟儿。他还把自己看作奥斯卡·王尔德的同类——这位英国作家在《雷丁监狱之歌》中谈到了自己在狱中遭受的侮辱,他因为同性恋被判处两年强迫劳役。

马雅可夫斯基想到了自杀,他把自己关进卢比扬斯基通道上的房子里发奋写作,写完就独自跑到莫斯科的街道上,一走就是几个小时,专注于自己身上发生的变化。

你要知道,"到了28号,你将看到一个对你来说面目全新的男人。你跟他之间的一切将不再以过往的成见为起点,而将以始于2月28号的行为为起点,那就是'行动',包括'你的行动'和'他的行动'"②。

莉莉但愿自己能够相信他,但仍然拒绝缩短期限。不过,她还是同意给他写一些鼓励性的小纸条,从而减轻了对他的处罚:"如果我非要从你这里听到什么甜言蜜语,请你不要有

---

① Vladimir Maïakovski, *Lettres à Lili Brik*, *op. cit.*, p. 105.
② *Ibidem*, p. 107.

任何顾虑,我亲爱的小太阳。我知道,你写这些情话主要是不想让我平白无故地感到痛苦。"他给她的答复十分透彻:"我这么做没有任何企图,绝不是为了得到你的什么'承诺',这一点不言而喻,我不想用这样的手段达到什么目的。照顾好自己,别有任何负担。我希望有一天,除了我答应你的所有事,不算我以前的种种荒唐,我还能让你觉得称心如意。"①

1923年2月28日下午三点,马雅可夫斯基终于可以与莉莉再次相聚了。他来的时候并没有空着手,因为他又送了她一部新的杰作,跟往常一样,是专门写给她的。《关于这个》是他写的最美的诗歌之一,克洛德·弗里乌克斯这样写道,那是"他的主要作品","《关于这个》是马雅可夫斯基句法结构最出色的一首诗。在一次与心爱的女人'电话决斗'之后……诗人妒火中烧,变成了一头熊,被大冰块带到彼得格勒,受阻于一座桥梁,又变成了他自己七年前的模样;自杀的念头始终挥之不去……有一年圣诞节夜晚,为了求救,他走遍了莫斯科的大街小巷……但不论走到谁家,见到的都是各人自扫门前雪和'事不关己,高高挂起'的嘴脸。他痛苦不堪,一飞冲天,却被人群齐心协力打了下来,人们嫌他妨碍了他们重新投入

---

① Vladimir Maïakovski, *Lettres à Lili Brik, op. cit.*, p. 109.

小布尔乔亚的平庸生活。诗人最后表达了重生于另一个世界的强烈心愿与信念，那个世界将会摒弃这样的平庸，每天都会有奇迹发生，爱情将会成为一种真正的普世价值。……整首诗就像从一出真实悲剧中升华出来的哲学与政治思考"[①]。

这对恋人本来想好要在空无一人的荒地上相会，到最后，马雅可夫斯基却是在从莫斯科开往彼得格勒的火车上，当着所有保持安静并痴迷不已的乘客，为莉莉背诵了他新写的诗句。感受到诗中的美感与气势，莉莉哭成了泪人儿。不枉她强迫他冷静下来的一番苦心，最后的结果充分证明，她对他的惩罚是多么富有成效。作为虑事周全的灵感女神，她要求他把手稿交给她，因为他很抵制建立个人档案的主意，不太可能会保留这些文字。在他看来，这样的做法太过庸俗——多亏这位年轻的妇人，马雅可夫斯基的诸多原件才得以保全。一回到莫斯科，莉莉就在布里克家组织了一场读诗会，与会者包括帕斯捷尔纳克和亚历山大·罗钦可等各界好友。后者既是画家、雕塑家，又是摄影师，而且还是构成派的创建者之一，而构成主义当年一直是布尔什维克革命的官方艺术形式。这位俄国先锋派的核心人物一直是莉莉的一位挚友，在他的启发下，她拍出的

---

① Vladimir Maïakovski, *Lettres à Lili Brik, op. cit.*, pp. 102-103.

合成摄影到今天依然具有欣赏价值。她在这一领域的创作成果丝毫不亚于法国画家乔治·布拉克和毕加索的纸质粘贴画，也不输于德裔法国画家马克斯·恩斯特的合成拼贴画。罗钦可为莉莉拍了一张照片，放到了马雅可夫斯基诗集的封面上，这部诗集收录了第一版《关于这个》，被今天的藏书家们在各交易大厅出高价疯抢。

尽管马雅可夫斯基始终苦于莉莉在感情上的自由散漫，但和解又一次战胜了抱怨。让他尤其感到嫉妒的，就是亚历山大·克拉斯诺晓科夫，从1922年夏天起，莉莉就和他保持着高频率的往来。作为列宁的朋友，他先后担任过远东苏维埃共和国主席、主管财政的副人民委员和全联盟合作银行也就是工业银行的行长，这个拥有可怕魔力的坏孩子干过诸多不可告人的勾当，有这么个人作为挡箭牌，对一向以被人斥责为荣的莉莉来说也没什么不好。找到一位欲望强烈且身体健壮的新欢、拒绝为谨慎行事而悬崖勒马、急于满足自己的好奇心、把个性放任到最大限度……这么多因素足够我们弄懂莉莉的生活节奏，她从来不去辩解自己有罪无罪，对她来说，那种缩手缩脚的自我节制没有丝毫风度可言。她的情感涉猎复杂而纷乱，从不满足于浅尝辄止的小打小闹。

莉莉的"至爱"观念令马雅可夫斯基不敢苟同。她爱的就是"爱的自由",在她看来,肉体上的忠诚没有任何意义。她掌控着从她的性解放中获得的权利,由着性子沉溺其间。在《卖弄风情的心理学》①一书中,德国哲学家盖奥尔格·西美尔完美地分析了男性在被精通诱惑之术的女性吸引之后如何达到感官失控——有时还会叠加智力失控,马雅可夫斯基就属于这种情况。像所有卖弄风情的女人一样,莉莉很快就会厌倦新发现带给她的乐趣,她必须不停地在更新的受害者身上磨砺自己的爪子,但每一位受害者都是心甘情愿的,这一点不言而喻。头一天还在为欲望而呻吟,第二天就变得无动于衷。两种情绪都来得同样突然,同样决绝。青春年少时,为了发现自我价值,把爱情当儿戏还说得过去,但这种行为却在已经长大成人的莉莉身上变成了常态。为了那些最有福气的幸运儿,几周乃至几月时间之后,她就会再次出动,去寻找下一个试验品,必须有像奥西普·布里克或者马雅可夫斯基那样的品格力量,才能永远留住她,至少是从理智上留住她。

对她的众多批评者和她那些最容易受伤的情人们来说,莉莉的放荡似乎难以宽恕,那些情人们太过看重这位出色的莫斯科灵感女神那副让人身价倍增的眼光——甚至到了无法割

---

① Voir Georg Simmel, *Philosophie de l'amour*, Rivages poche, 1991.

舍并且一旦突然失去就会彻底垮掉的地步。"小狐狸"最想追求的就是一段感情开始时的持久密度,只是从她相中当下的某位入选者起,这份浓情蜜意总是烟消云散得那么神速。因为害怕无聊,也因为拒绝平淡,渴望肉体、嗜血成性、需求无度的莉莉总是不停地外出猎艳,马雅可夫斯基不知道痛苦过多少次。继克拉斯诺晓科夫之后,接踵而至的还有舞蹈家阿萨夫·梅谢列尔、语言学家尤里·特尼亚诺夫以及电影艺术家列夫·库列绍,不一而足。莉莉被这些关系引发的激动情绪搞得心神不宁,她逢花必采,却从不离开奥西普和马雅可夫斯基一步,他们是她最爱的两位伴侣,和她重组了新的家庭。她赋予他们同样的行动自由,尽管这两个人经常不知道该如何运用这样的自由。对莉莉来说,爱情就应该一刻不停地顺应充满各种欲望的现实,每个人都应该被允许由着自己内心与感官的冲动去爱,不管这些冲动是否让人误入歧途。只是社会非要强迫我们一次只能爱一个人,再没有比这更与人性相悖的了,她认为自己完全有能力在诸多补充进来的男人之间找到平衡。莉莉尤其喜欢被人爱慕,被人恭维,直到马雅可夫斯基死后,她又认识了红军将领维塔利·普里马科夫,这才消停下来,彻底放弃了自己过去那种浪荡的生活。

尽管彼此分歧很大,但莉莉始终认为马雅可夫斯基值得自己永远守护。在这位俄罗斯诗歌界新秀作家的努力下，他们达成的第N次和解，还有这首她如此割舍不下的《关于这个》，都再一次证明了这一点。除了一般意义上的才干和特殊意义上的天赋，莉莉实际上目空一切，她只有一个深切而真挚的愿望，那就是守在马雅可夫斯基身边，继续开创俄罗斯的未来。作为他们爱情的支柱，在创作尝试中的共同品位又促使他们开发出了一个独特的新计划。诗人既是名为左翼艺术阵线的列夫运动创始人，又是同名杂志的热心主编。这本杂志是他和奥西普于1923年共同创办的，每期封面都是由他们的同道中人罗钦可设计。当时，诗人还主动表示要为俄罗斯电报局罗斯塔社提供服务。他为该社设计的宣传海报既汲取了传统民间故事中的各种场面，又借鉴了偶像人物朴实自然的魅力形象。为了劝说人们面对日常生活中的苦难与黑暗不气馁、不服输，他必须画出革命者的满腔热忱和建设新社会的坚定信念。由马雅可夫斯基、罗钦可、莉莉以及各位画家、插画师朋友绘制的一期期杂志一下就印出了好几万份，有几期甚至印到了五万份，不仅张贴在商店的橱窗里——由此产生了"罗斯塔之窗"这一说法，而且还有医院、学校和监狱。海报的寓意既欢快又讽刺，即使是文盲一看之下也能立刻心领神会。1969年，也就是莉莉去世之前不到十年，她这样回忆道：

"我和沃洛佳'每天都在日以继夜'地为'罗斯塔之窗'忙碌。我几乎总是趴在地上干活,那地方冷得很。我给海报涂上颜色,把铁皮炉子生起来,再把颜料烤干。做这一切时,我一直穿着用双层绿色毛织天鹅绒窗帘做成的毛皮短上衣,蹬着用同样面料手工做成的靴子,里面还垫着毡垫。"[1] 莉莉以前看过《飘》的小说或者电影吗?她是否知道,玛格丽特·米切尔笔下的女主人公也曾裁下绿窗帘,给自己做过一身衣服?不过,我们这位布尔什维克的郝思嘉论外貌、论谈吐,都丝毫不亚于文学与电影史上那位美国南方最出名的美人。

---

[1] Lili Brik-Elsa Triolet, *Correspondance, op. cit.*, p. 1493.

六

　　对于卡甘姐妹来说，1923年可以说是一个文学年，因为，就在莉莉接受献给她的诗歌《关于这个》的同时，爱尔莎终于引起了马克西姆·高尔基的注意，感受到了自己的第一份荣耀。爱尔莎性情抑郁，对什么事都看不惯，无法做到在一个地方落地生根，只能在欧洲四处漂泊，跑到柏林落脚已经好几个月了。1922年9月，她在这里重逢了她的姐姐和马雅可夫斯基，两人是来这里演讲的，大厅里座无虚席。让莉莉和马雅可夫斯基走到一起的这份爱情又一次深深地刺痛了爱尔莎。过去的一切历历在目，她感到筋疲力尽；她的世界本来就已经摇摇欲坠，现在又一次轰然倒塌。这对至尊情侣让她猛然醒悟到，她要变成她渴望成为的那个人的想法已告失败，这种无能感进一步加剧了她自杀的冲动。

"野草莓"正是在德国首都与她以前的追求者维克托·什克洛夫斯基重新建立联系的——这一次,他比以往任何时候都更加爱她,但就像以前一样,这份爱情却得不到任何回应。尽管爱尔莎很欣赏他的智慧和谈吐,但能给他的只有友情。令她大感意外的是,什克洛夫斯基在1923年出版了一部十分独特的书信体小说《动物园,或不谈爱的信札,或第三个爱洛伊斯》(简称《动物园》),把爱尔莎的来信都放了进去。那是一个男人在爱上一个女人却无望得到回应的情况下写成的书信集,可以说是他俩纯洁关系的片段性写照。"至于我们,"他在第四封信中写道,"我们之间能说的只剩了阳光下泛黄的大楼外墙,各自看过的书以及沿着通往爱情的道路码起来的人类知识,以及力戒轻浮的教诲。忍无可忍怎么办?把话题换成宇宙,咬紧牙关管住自己的心,有一本书就是这样写的。"[1] 这个宝贵的建议以寥寥数语概括了爱尔莎的一生。

《动物园》改变了这位年轻女性的命运。什克洛夫斯基认为爱尔莎有文才,但没有得到充分施展,想要鼓励她从事写作,于是把她的书信拿给马克西姆·高尔基看。后者无论在文学界还是政治界都是一位影响力巨大的公众人物,他当时正在

---

[1] Viktor Chklovski, *Zoo. Lettres qui ne parlent pas d'amour ou la Troisième Héloïse*, L'Esprit des péninsules, 1998, p. 40.

德国的几座水城小住，离柏林不远。高尔基（这其实是他的笔名，意思是"苦"）既是最早的布尔什维克革命英雄，又是社会主义现实主义文学之父。在他的文章中，不管是剧本《在底层》（1902年）还是小说《母亲》（1907年），他描绘的都是"流浪汉"和俄国穷苦人民的现实生活，完全符合他热心捍卫的马克思主义思想，在国内外都取得了巨大的成就。这位伟人立刻被爱尔莎的文笔所吸引，毫不迟疑地与她约定了见面时间。在1923年与高尔基结识，多少有点类似于几十年前法国的维克多·雨果或者埃米尔·左拉同意与素不相识的陌生人见面。爱尔莎知道自己有多幸运，马上拜访了高尔基。那一天，他刚刚写完回忆录的第三卷，正在治疗让他觉得特别碍事的肺结核。除了身体抱恙，高尔基之所以流亡他乡，还因为他虽是列宁的好友却对他提出批评，他的名言不可能不引起人们的注意，他因此受到了威胁。

爱尔莎受邀在高尔基租住的房子里度过了好几天时间，充分听取了他详尽周密的建议。在她第一次逗留期间以及分手后写给她的多封信件中，高尔基一直对她给予关照，受到这样的鼓舞与激励，这位年轻的妇人鼓起勇气完成了她的第一部小说《塔希提岛》，送给高尔基阅览。高尔基看了小说，做了评论，毫不犹豫地向她提出了富于建设性的批评。如此垂顾令爱尔莎完全始料未及，她如饮甘露地吸收着他的话语，用心记住每一点细微的差别。这位当世传奇人物如此体贴的支持缓和了爱尔莎生活上的焦虑，帮助她找到了破解自身难题的钥匙——写作。从此她知道，只要一笔在手，她便找到了存在的理由，她必须为自己的苦恼赋予某种文学意义。他们的对话就是对她最宝贵的支持；很少有哪位初学者能够得到如此高规格的关照。爱尔莎可算是找到导师了，后者每次都能满足她的期望。他们一再见面，互相写信。当她开始撰写《野草莓》和《伪装》以及随后的其他小说时，也会经常求助于他，如同前两部一样，这些小说都是用她的母语写成的。在高尔基的帮助下，等到姐妹俩1924年在巴黎再次相见时，爱尔莎已经恢复了原有的气色。

1924年1月21日，列宁去世，莉莉耐着性子等待官方哀悼期的结束，因为当时逗留国外属于违禁行为。列宁的遗体被陈列在红场上，逝者迅速成为苏维埃的最高偶像："一个传奇英雄，他从自己的胸膛里掏出燃烧的心，用它的火焰为人们照亮道路"——这句名言全苏维埃的小学生都知道。最后，一经当局允许，莉莉便动身去了法国。在长达几十年的时间里，很多评论家一直在质疑她来去自由的便利性，因为对当时的所有普通公民来说，每一次出行的成功都是与当局斗争的结果。

莉莉不仅可以从一个地区到另一个地区,还可以从一个国家到另一个国家,除了拿到护照和签证的手续十分便利,费用上也不存在任何问题。有些人因此确信她是契卡和克格勃的探员。克格勃自1922年2月起开始代替契卡成为国家情报机构,负责与苏联和外国的革命之敌做斗争。"他们究竟会把什么样的间谍任务交给莉莉呢?"阿尔卡季·瓦克斯伯格不禁发出这样的质疑,"这其实是典型的苏联式'交易':我们给你一本能去国外的护照……作为交换,你得给我们提供一点小小的服务。大部分情况下,像莉莉这样能够得到信任的人都会在契卡的行动中帮上一把,既不会拿完护照什么实事都不干,也不会试图打听过多的内幕。一般人都是这样为契卡做事的,不一定非要加入其中。"①

奥西普的职务和人脉确实为她简化了不少官僚手续。我们同样知道,莉莉还用上了外交邮袋,这只不过是一个毫不起眼的细节。再有就是能满足她所有开销的资金问题。只有一点可肯定:在外交部领事档案中有一份莉莉的"出国卷宗",里面有一张克格勃出具的证明,时间是1922年7月。除了这张证明,没有任何解释性的说明材料。这位年轻的妇人确实

---

① Arcadi Vaksberg, *Lili Brik*, *op. cit.*, p. 90.

收到过"卢比扬卡"(借指秘密警察)送到她家的食用油,而且,罩在她与这些可怕行刑者关系上的那道朦胧的光环也始终无法解释。她当过他们的联络员?因为不用担心被截获而帮他们手递手地传递过加密情报?以对外国间谍的偏执妄想和念念不忘著称的苏联人经常会借助这样的方式。有多少问题到今天都找不到答案呀。

莉莉一直非常在意自己衣着的考究,她的优雅丝毫不亚于那些可以号令全世界的巴黎女性。"人靠衣装马靠鞍",有时候女人也要靠衣装,"小狐狸"深谙此道。她是带着由她的朋友、服装造型设计师娜杰日达·拉曼诺娃设计的全套服装抵达法国首都的。后者是皇宫里最受追捧的女装裁缝之一,过的完全是另外一种生活。她本来可以逃离革命,住到巴黎,那里有她很多的仰慕者,其中甚至包括保罗·布瓦莱,但她宁愿留在自己的国家。因为被控拥有贵族血统,她于1919年锒铛入狱,后被高尔基救出,成了莫斯科艺术剧院的剧装师之一,在这里与创作过《人物构造》的康斯坦丁·斯坦尼斯拉夫斯基一起工作。莉莉被这种表演方式迷住了,这种方式以每位演员的过往经验为基础,让他们沉浸到自身的感情回忆里,用以创作所演绎角色的情感经历。观看这个团体表演的新剧,每次都能让她感受到不一样的新鲜乐趣。娜杰日达·拉曼诺娃同时还在与电影艺术家谢尔盖·爱森斯坦合作，后者又是布里克夫妇和马雅可夫斯基的一位密友——他的电影《亚历山大·涅夫斯基》就是由拉曼诺娃制作的剧装。1924年时，拉曼诺娃更成为苏联时尚的伟大理论家，她的目标就是尽量运用实用化、功能化的方法让女公民们变漂亮。用那些大牌设计师的话说，莉莉"拿走"了拉曼诺娃的作品，她在这段时期拍摄的某些照片让人看到的是一位身着剪裁得体的上衣与长裤的年轻妇人，还配了一件男式衬衣和一条领带——剪短的不对称发式似乎进一步加剧了她整个外形的现代感。在其他摄影作品中，她则穿着短款连衣裙，戴着由拉曼诺娃设计的钟形帽。有时甚至是其他更大胆、更有未来主义风格的装束，日常生活中，这种款式的样衣很难穿得出去。这种苏联版的"时髦女郎"形象，或者说20世纪20年代获得解放的年轻女性形象，丝毫不亚于巴黎、伦敦或者纽约的表现形式。

莉莉小住在爱尔莎在十七区一家旅馆中租住的房子里，就位于佩雷尔大道一角的罗吉尔街道上，这里连临时落脚处都算不上，只能算是临时"落趾"处。地方虽小，但还算舒适，其实也无所谓，因为姐妹俩白天和晚上都待在蒙帕纳斯。莉莉利用这段时间和"野草莓"的朋友费尔南·莱热调情。这位动物饲养员的后代举止土里土气，讲话直来直去，为自己在艺术圈赢得了"先锋派农民"的称号。他先是采用立体主义画风，继而全面超越，从帮朋友诗人布莱斯·桑德拉尔的书籍画插图，到为马塞尔·莱赫比耶的电影画布景，他孤身一人探索着自己的艺术道路，同时没少与瑞典的芭蕾舞团进行富有成果的合作。1924年，他认识了莉莉并开始向她大献殷勤，同年，他在自己位于田野圣母院街道86号的画室开办了一所绘画学校，并根据美国作曲家乔治·安太尔的作品拍摄了电影《机械芭蕾》，担任摄影的是他的同道中人曼·雷。可以这么说，莉莉在这里没有丝毫身处异国的不自在，那是因为她在莫斯科的环境不比巴黎差多少，同样也能鼓捣出成千上万个成果丰富的合作计划。况且，就是在1924年这一年，罗钦可完成了他最著名的摄影作品：那是为国家出版社古塞兹达特做的一张海报，画面上的年轻妇人正在兴高采烈地喊着"书"。在苏联的宣传文化中，这张海报肯定是被翻印最多的一幅图像——2005年，弗朗兹·费迪南乐队仿照这张海报做成了专辑《因为你值得》的封面，毫无疑问，苏格兰摇滚歌手们的这份敬意肯定会让海报的当事人欣喜不已。在巴黎，莉莉已经和费尔南形影不离，彼此深以这段浪漫插曲为乐。他带她出入那些人气兴旺的咖啡馆和小酒吧，他们跳舞，玩乐,看什么都新鲜,像空气一样自由自在。她的法语说得十分流利,两人因此可以长时间交谈,但他们之间其实就是一种柏拉图式的恋爱关系,始终没有超越调情阶段,这种情形对于莉莉相当罕见。既然得不到美丽的布里克夫人,莱热再婚时便娶了爱尔莎的一位朋友——画家娜迪亚·霍多谢维奇,但他与莉莉一直保持着朋友关系。费尔南还为莉莉和马雅可夫斯基各画了一张肖像画。

姐妹俩虽同居一室却并非亲密无间,因此莉莉最终还是在耶纳酒店租了一间房,随后去伦敦见了母亲,再到柏林与马雅可夫斯基会合。但她一心想赶快回到国内,因为她此时的情人亚历山大·克拉斯诺晓科夫遭到了监禁,尽管他坚称自己是无辜的,属于遭人诽谤,但他一贯耍弄诡计的行为和不诚实的人品却是尽人皆知。毫无疑问,此人肯定有罪。莉莉的是非观一向模糊,她在离监狱不远的地方租下了一幢郊外别墅,以便给他送送包裹,探望探望。莉莉很关心他女儿鲁埃拉的命运,把她置于自己的保护之下,并从此开始以她的养母自居。她深爱的这个流氓是在1924年11月被放出来的。在此期间,她每天也就遛遛从柏林带回来的苏格兰犬斯哥提克,看看书,会会朋友。像帕斯捷尔纳克这样忠实的朋友们不避路途的遥远和出行的麻烦,纷纷从莫斯科市中心跑到索科尔尼基来看她,听她说话成了这些好友生活中的一大乐趣。她当然也找遍了身居高位的诸多相识,希望把这个囚犯赶紧救出来,但她的努力还是无果而终。很多人都以为她拥有多大的能量,其实远没到法力无边的地步。

这段时间,马雅可夫斯基一直留在巴黎,从早到晚和爱尔莎待在一起,吃了午饭吃晚饭,有时两人单吃,有时与费尔南·莱热之类的好友共餐,或者见见流亡在此的俄罗斯人。年轻的妇人此时会充当他的翻译,因为他一句法语都不会说。"我苦恼,我苦恼,我苦恼,我苦恼,没有你我很苦恼,"1924年9月9日他给莉莉写信说道,"每次听到爱尔莎用和你类似的语调说话时,我就会陷入忧郁与惆怅的情绪之中。"[1] 无论是光明之城巴黎、蒙帕纳斯的众多艺术家,还是聪慧而多情的爱尔莎,都无法填补他的心灵和欲望。"你肯定知道,没有你,一个有教养的人就活不下去",几个月前,也就是他们分开两个月那段时间,他曾这样向莉莉表白。他的诗歌《关于这个》就是那时诞生的。[2] 爱尔莎后来搬到了首乡街上的伊斯特里亚酒店,她自己的忧伤丝毫不亚于愁眉不展的马雅可夫斯基,后者即使在照片上也能一眼看出满怀郁闷。但她仍很感激已经

---

[1] Vladimir Maïakovski, *Lettres à Lili Brik, op.cit.*, p.138.
[2] *Ibidem*, p. 110.

成为蒙帕纳斯人的那些朋友们对她的怜爱与支持,包括莱热和他的第一任妻子、女诗人让娜,美国摄影师曼·雷,画家弗朗西斯·皮卡比亚和马塞尔·杜尚,以及法俄联姻的索尼娅与罗贝尔·德劳内夫妇。所有这些人经常几小时地聚集在街区的咖啡馆里——诸如"圆亭""圆丘""圆顶",这些咖啡馆与我们今天看到的豪华建筑相去甚远。在她通篇不断浮现自杀企图的《私人文书》[①]中,爱尔莎提到了她和她那些一文不名的同道中人如何为了摆脱日常生活中的无数烦恼而聚集在四面透着刺骨寒风的地方。她当时的经济来源主要依靠特里奥莱给她的生活费、莉莉不时寄给她的一些费用,还有一份帮莫斯科一本杂志当通讯员的工作——这是马雅可夫斯基帮她找的。但所有这些钱加起来也没多少,她的生活经常面临困境。

经过漫长的分离,马雅可夫斯基终于回到了布里克夫妇身边,但看到莉莉如此上心地为让被判六年监禁的克拉斯诺晓科夫获得释放而奔走,重逢的热情顿时凉了半截,并且把这种感受写进了他的新诗。妒火再一次更加猛烈地燃烧起来,但莉莉只需住进医院(正式说法是得了胃溃疡,但饶舌者们一直奇怪为什么莉莉是被妇科医生治好的)就让马雅可夫斯基立即

[①] Voir Elsa Triolet, *Écrits intimes, 1912-1939*, Stock, 1998.

变成了护理员。自从他们认识以来，她每次身体不适都是这样。"如果奥斯卡（奥西普的昵称）拒绝……让你的肺部置身应有的环境……那好，我会把一片针叶林带进你的公寓，并按我的意思在奥斯卡的办公室里放上一片大海"，几年前，当他可爱的莉莉奇卡肺部出现某些衰弱症状的时候，他就曾给她写过这样的信。① 每当她身体虚弱的时候，他都会对她表现出绝对的体贴，抱怨和火气都被暂时抛在了脑后。

克拉斯诺晓科夫突然获释，没有任何理由。此时，莉莉一意孤行，她的三位"丈夫"只能被迫住到一起。难缠的布里克夫人在高层的坚决努力真的收到效果了吗？又是一个没有答案的问题。正当这个奇特的四人组合经历这段令人困扰的插曲时，保罗·莫朗陪同派驻这个苏维埃国家的首任法国大使抵达了莫斯科。时值1925年，这位外交官作家已经发表了《温柔的储存》（1921年，这是一部由马赛尔·普鲁斯特作序的文集）、《夜开门》（1923年），还有《刘易斯与伊莱娜》（1924年）。当时，他一边从事着外交工作，一边在《费加罗报》当记者，同时在加利马尔出版社做编辑，可以说是一个足能引起布里克们注意的人物。痴迷于外界流传的关于诗人及其部落的故事，

---

① Vladimir Maïakovski, *Lettres à Lili Brik, op. cit.*, p. 40.

他不仅在莫斯科拜访了他们,甚至还跑到了索科尔尼基的郊外别墅。两种语言都没问题的莉莉为他充当翻译,这位法国作家受到了全世界最为热烈的欢迎。他们渴望认识他,他则急于探求这个四口之家的内幕。

所以,当莫朗不久之后发表《我要烧掉莫斯科》时,怎么能不让他们感到莫名惊讶。在这篇格外仇视莫斯科的文字中,莫朗笔下的这座城市不仅被"肮脏"的犹太人大肆侵袭,而且到处爬满跳蚤。莉莉让他想起瓦西里萨·阿布拉玛诺娃式的人物,马雅可夫斯基无异于马尔多切·戈德瓦瑟,而奥西普和克拉斯诺晓科夫则合二为一变成了本·莫伊切维奇,所有人都被贬成了一副丑恶的漫画嘴脸,沦为"长着鹰钩鼻子的犹太佬"——这样的描述用在马雅可夫斯基身上可谓不无讽刺,因为他恰恰是在东正教信仰中成长起来的一个无神论者。莫朗还描绘了他们在莫斯科住处的楼梯如何肮脏——"最后一次扫楼梯的时间还是1917年10月"[①],并把瓦西里萨式的莉莉那些终日混迹剧院并经常出入购物场所的姐妹们奚落为米歇尔·科伦布所说的"无产阶级俗人"[②],把接待过他的几位东道主们好

---

① Paul Morand, *Nouvelles complètes*, Gallimard, coll.《Bibliothèque de la Pléiade》, 1992, t. I, p. 390.
② *Ibidem*, p. 994.

好羞辱了一把。看到莫朗如此辜负他们的信任,他们感到震惊。1968年12月30日,爱尔莎在写给姐姐的信中这样说道:"我还记得,作为对保罗·莫朗那本《我要烧掉莫斯科》的回应,沃洛佳也想出一本书,书中会用一页纸列出莫朗的文字,旁边那一页则是沃洛佳的文字,告诉人们真相是什么。莫朗的书不仅写到了你们,还把沃洛佳说成最重量级的犹太人。"[①] 可惜,马雅可夫斯基把这个计划给否了,不然的话,读者们就能欣赏到一场精彩的文学对决。

---

① Lili Brik-Elsa Triolet, *Correspondance*, *op. cit.*, p. 457.

七

1919年，一行人一到莫斯科，莉莉就显示了作为女主人的出众才华。她开始在波鲁埃克托夫街道上的单间住房接待那些精心挑选的好友，这间房子他们四人合住，外加一条叫作什切尼克的狗，直到他们一起住进集体公寓，这才开始大批接待友人。先是在沃多皮亚街道中央邮局对面的公寓，后来他们又搬到了根德里科夫街道。到了这里，他们住上了四间套公寓，在当时算得上是一种难得的奢侈。不用说，她的"沙龙"与17—19世纪那些贵族圈子里的豪华沙龙相去甚远，比如朗布耶侯爵夫人极其精美的蓝厅，仅此一例足矣。布里克家装饰简陋，只有几把椅子和一个长沙发，而且很破旧——用古董商们的话说就是"废掉"了。但当时俄罗斯所有的文学与艺术精英全都齐聚这里，用缺了口的杯子喝着伏特加，品尝着几种市面上不多见的小馅饼，也就是女佣阿努什卡·古巴诺娃制作的肉馅或者菜馅的小点心，一边热烈讨论。马雅可夫斯基在诗歌《关于这个》中还让这位女佣露过一面呢。每位沙龙女主人都有她自己的开放日，一到星期二晚上，布里克夫人就会敞开她家的房门。

对莉莉来说，接待客人既是一种生活艺术，又是马雅可夫斯基兴趣所至而渐次催生的迫切需要，他可是沙龙现场的重量级人物。"如果说马雅可夫斯基是沙龙的骄傲，那么莉莉就是沙龙的灵魂"——愿查尔斯·奥古斯汀·圣伯夫的仰慕者们原谅我们改动了他在《星期一漫谈》中的这句著名格言，尽管这句话说的是夏多布里昂和雷卡米耶夫人，但用来概括我们的心里话似乎恰如其分。莉莉以她的文化修养为来宾们提供了一种怡人的偷闲环境，迥异于当时的残酷现实。她倾听他们的心声，激发他们的才智，鼓舞失意者，赋予他们大显身手的渴望，促成一场又一场的交流与协作。

出于所扮角色与所负责任的强烈本能，她全身心地承担起了女顾问与中间人的使命，深知在她的运筹下，灵感女神与日常生活完全可以协调一致。她牢牢把握着沙龙的控制权，在从不安分的好奇心和全然独立的见解力驱使下一刻不停地叽叽喳喳，像人家玩飞镖似的随意抛出各种思想观点，有自己的，也有别人的。担当沙龙女主人既是她的工作，也是她的能力所致。她要把自己的能量传导给在座的客人，还得设法激起他们的创造力，帮助她的保护对象们继续并一再拿出更好的状态。只要跟她一接触，他们就会磨砺出更强烈的上进心。她鄙视所有自吹自擂之人——到死都是这样，而且她的这种脾气无人不晓，因为莉莉绝不是那种有火忍着不发的人。她的想法就是不惜一切代价避免各路才俊流于平庸。因为那样一来，这个如此高层次的讲堂就有可能生出弊端。马里沃所说的"智者皆有的尊严"并不能让她的任务变得更简单，她得照顾所有人的感受，精细地控制发言时间，以免伤到任何人的自尊。在与生俱来的权威主宰下，她如同象棋冠军一样灵巧地支使着那些棋子一般的追随者们。

从小就感觉自己与众不同的莉莉吸引着那些与她有着同样感受的人。他们势必成为同代人中最有趣也是最有才的人，是莫斯科与列宁格勒精华中的精华。用查理·约瑟夫·德·利涅亲王的话说，这张"巨大的人际关系网"包括很多今天已经成为传奇的人物，其中最忠实的就有罗钦可和鲍里斯·帕斯捷尔纳克——仅在1927年，后者就发表了《一九〇五年》和《施密特中尉》。1925年，帕斯捷尔纳克设计了巴黎装饰艺术与现代工业展览会上的苏联展位，当时他的创作已经颇为引人注目。另外一位常客则是电影艺术家谢尔盖·爱森斯坦,他用两年时间拍出了两部杰作,《战舰波将金号》(1925年)和《十月》(1927年)。《战舰波将金号》的场面自始至终紧张得令人震撼,被一个由一百一十七位评论家组成的国际评委会评为有史以来的最佳影片。在1905年沙皇哥萨克骑兵对平民的大屠杀中,一辆婴儿车顺着高大的敖德萨台阶飞滚而下的场面怎么让人忘记得了?

导演弗谢沃洛德·梅耶荷德和他的妻子、演员季娜伊达·赖赫以及诗人兼翻译家奥西普·曼德尔施塔姆也出现在入选者之列。大部分受邀宾客都属于交情或深或浅的同道中人或者协作者。另外,在莉莉的每周一会上,还能遇到画家卡西米尔·马列维奇,他曾于1918年设计过《宗教滑稽剧》的布景,还有作曲家迪米特里·肖斯塔科维奇,他为马雅可夫斯基的另一部戏剧《臭虫》谱了曲。他们的想象力迷住了莉莉,马列维奇设计过一款只能注入精神的构成主义茶壶,这可以说是布里克沙龙的象征与徽章。至于他的画,签的都不是自己的名字,而是一个小黑方块,那是他的印章。1926—1928年,二十岁时即从《第一交响曲》开始引起最大牌乐队指挥注目的肖斯塔科维奇不断从成功走向成功。他此时正在写一部歌剧,是对果戈理短篇讽刺小说《鼻子》所做的辛辣改编。

所有学科都能在这里找到代表人物,甚至包括她的朋友、来自时尚界的服装造型设计师娜杰日达·拉曼诺娃和让莫斯科换了新颜的建筑界代表康斯坦丁·梅尔尼科夫——他为我们设计了苏哈列夫市场、若干家工人俱乐部以及高尔基文化宫。而他自己的住宅兼工作室,也与他的法国朋友罗贝尔·马莱-史蒂文斯设计的卡弗鲁瓦别墅一样经历了地位的变化,从"荒诞的离经叛道"跃升为建筑界的偶像,对此我们又能说什么呢?所有类似的小天地到最后都会产生例行公事和乏味无聊的感觉,美丽的布里克夫人同样善于更新她的团队,巧妙地把第一批铁杆们与加入时间不一的新成员混在一起。因此,今天更容易被人遗忘的那些人物也成了她团队中的一员,比如诗人尼古拉·阿谢耶夫、剧作家谢尔盖·特列季亚科夫以及导演吉加·维尔托夫——一个未来主义风格的笔名,在乌克兰语中的意思是"转动的陀螺",与他急急火火的个性十分相符。自1918年开始担任苏联电影时事日志首席导演起,他便树立了一种全新的电影观念,他将其称为"电影之眼"或者"胶片实况";他从技术上和心理上探索了纪录片的所有可能性——马雅可夫斯基还在他的《列夫》杂志上发表过维尔托夫探讨这一主题的署名文章。他那部名为《持摄影机的人》(1929年)的实验纪录片堪称无声电影的经典之作,让我们看到了敖德萨居民日常生活的大量场景，受到了查理·卓别林以及让-吕克·戈达尔的好评，后者还于1968年成立了"吉加·维尔托夫小组"，拍出了不少受到马克思主义影响的战斗影片。

莉莉的接待对象主要为男性，但也有几位女性，她们在证明了其自己人的身份后从网眼中漏了进来，比如女诗人安娜·阿赫玛托娃。她就住在列宁格勒谢列梅杰耶夫宫从前的洗衣房里，日子过得想必很是凄惨。她的第一任丈夫被控拥护君主制，于1921年遭到枪决，女诗人的作品也于1922年被禁止出版，而且一禁就是三十年，因为政府判定她的诗句资产阶级情调过于浓厚，缺乏思想意义。她靠翻译维克多·雨果、泰戈尔和贾科莫·莱奥帕尔迪的作品艰难过活。现在还远未到众多妇女模仿她简明清纯的风格写出阿赫玛托娃式诗歌的时候。"我教会了我们的妇女怎么说话，但我不知道怎么让她们闭嘴！"她当时曾经半喜半怒地这样感叹。1926年5月，得知安娜的生活不易，马雅可夫斯基和帕斯捷尔纳克组织了一次他们自己诗歌的朗读会，并把全部收入都转给了她。所有海报都对这场晚会的慈善性质未置一词，阿赫玛托娃对这一恰如其分的得当举动十分赞赏。

作为莉莉眼中的大红人之一，罗钦可总是在妻子瓦尔瓦拉·斯捷潘诺娃（画家、剧院布景师、"跨精神"女诗人，她的作品总是把诗句与拼贴画混在一起）的陪同下现身沙龙。他们的朋友、女画家亚历山德拉·埃克斯特有时也会陪在他们身旁，她可是"方片钩"群体中的重要人物，而方片钩则是当时画界旨在重温塞尚理论和野兽派课程的一场运动。吉加·维尔托夫的妻子、电影艺术家伊丽莎白·斯维洛娃也是这里的贵客。不管怎么说，至少在其一生中的这段时期，莉莉通常还是更喜欢与男性为伍，对于那些无法用傲慢压服的潜在同性竞争者，则一概敬而远之。所以她才对美国舞蹈家和编舞家伊莎多拉·邓肯表现出格外的轻蔑，后者自1922年起便居住在莫斯科，同年嫁给了谢尔盖·叶赛宁。很多人都把年轻英俊的叶赛宁视为马雅可夫斯基的主要竞争者，前者不仅在受难修道院的墙壁上写满了诗文，而且还出版了诸如《无赖汉的忏悔》（1921年）和《丑闻制造者的诗》（1923年）等诗集。莉莉对这对声名狼藉的情侣并无好感，这两人起码称得上行事怪异。但她的不快并没有持续多久，因为叶赛宁后来离开了伊莎多拉，并于1925年自杀，身后留下的是用自己鲜血写成的诗句。

这里充斥着艺术观念交流、政治辩论、诗歌朗诵，还有与女主人的打情骂俏……这就是这些集会的一条条力线。莉莉时刻保持警觉，随时准备发问，而且语言犀利，表现出一种永远无法满足的好奇心；她的小帮派同时也是一个十分高效的情报机构，她因此得以获知莫斯科和列宁格勒所发生的一切。这种知悉过程也是一种能力的展现，她对此具有十分清醒的认识。笑声随时绽开，但随着智力比拼的深入，这间用来展示才华的娱乐场也有可能突然变成角斗场，因为这里并不缺少对抗，从来都不缺少。"今年冬天，我在布里克家试读了《最后的诗歌》。当时的情形已经是剑拔弩张，我之所以这么干，只是因为有人要求我读一点我自己的东西，确实，我大概显得很好斗。人家势必会旗帜鲜明地回敬于我。我受不了这样的蔑视，读到第二页就放弃了。我很恼火，大吵大嚷，那天晚上闹得很不愉快"[1]，1926年7月30日，鲍里斯·帕斯捷尔纳克给他的朋友、女诗人玛琳娜·茨维塔耶娃这样写道。如果太过风平浪静，莉莉就会感到无聊，她也喜欢观念之争与口头论战，就爱看人家吵得不可开交，而她的宾客们则时常会吵出一些新花样，帕斯捷尔纳克的评论也是这样表述的。在布里克家，艺术的温度计从来都显示着极高的温度。

那段时期的文学、艺术与精神生活在很大程度上依赖于莉莉的推动，她自然也在著名的犹太裔女主人群英殿中占有一席之地，与之比肩的还有多萝西娅·门德尔松、亨丽埃持·莱

---

[1] Rainer Maria Rilke, Boris Pasternak et Marina Tsetaïeva, *Correspondance à trois*, Gallimard, 1983, p. 228.

莫斯以及拉埃尔·瓦恩哈根。距此一个世纪之前，瓦恩哈根曾在19世纪20年代的柏林接待过哲学家黑格尔和诗人海因里希·海涅，海涅明确无误地表示，自己愿意拴上一条狗链，狗牌上还要写上"我属于瓦恩哈根夫人"。到了20世纪20年代的莫斯科，就该马雅可夫斯基在写给莉莉的书信落款旁边画上一只小狗了。随着时间的推移，这些女性越来越喜欢接待宾客、聚集才俊，并且日益表现出挑选与当选的兴致。

从极私密的程度上说，对于自恋的莉莉而言，自己的沙龙就是一面魔镜。在她为这个圈子苦心经营的亲密气氛中，她总是会展现出自己最好的一面，同时间接享受着客人们的才气。这里由她做主，她是众星之月，深知自己时刻受到在场所有雄性的目光的爱抚——令她备受鼓舞地确定着女顾问和女主人的身份。莉莉活在这些敬意里，从中吸取着力量和道理，已经无法离开这种陶醉感；来自他人的目光像电池供电一样为莉莉头上的光环补充着能量。她对敬仰的需求如此强烈，以致在接受某些来宾发自内心的崇敬之情时就像在收回别人所欠的债务。但这并不妨事，因为无论客人还是主人，大家都能各得其所，而莉莉·布里克则为我们奉上了她的国家最美丽的文化史篇中的一页。1919—1930年，热闹非凡的布里克家每星期二晚上都要喧哗到半夜三更；参与其间的人们尚未意识到,这样的喧哗既是一段黄金时代,也是一首文化绝唱。

八

1925年,在莫斯科逗留的爱尔莎也开始出席莉莉的周二之约。两相对照,这场无情的游戏冉一次令小妹处在了劣势,她只能向处于荣耀中的长姐弯下膝盖;后者坐拥她所不具备的各种能力与特权。莉莉就是莫斯科艺术界的女王,她的主导地位无可争辩,在无比的辉煌中达成了她的理想。相比之下,爱尔莎则受困于一场她不知道自己有没有胜算的竞争之中,感觉自己比任何时候都更加无所遁形,更加黯淡无光。在自己的抱负与生活的现实之间,她永远处于力不从心的状态,而这些周二的夜晚尽管如此引人入胜,但在她看来却有如蒙受奇耻大辱。她是否很快也将有机会在文化的舞台上扮演一回激情洋溢的角色呢?这个问题令她苦恼。

如果把她们比作香水,那么莉莉就是最初的"前调",而爱尔莎则是最后的"基调"。长姐闪闪发光,小妹却仅限于二流角色,令爱尔莎陷入绝望。至于马雅可夫斯基,她发现他在有生之年就已经被他自己的国家奉若神明,他现在只把"野草莓"看作一位红颜知已和一个小妹妹,他俩之间所有的朦胧感如今都已烟消云散。爱尔莎和莉莉先后成为诗人的情妇,但性的吸引在这三人之间已经不起任何作用。就在1925年,诗人和他的"小狐狸"一致同意结束了两人的私密生活。只是布里克一家的"临时妥协"并不因此而发生丝毫改变,因为莉莉始终是诗人一生的挚爱。爱尔莎先是寄住在她姐姐家,随后则在冬意正浓时搬进了马雅可夫斯基为了写作而避世隐居的那所房子。可以说,她一直在最前沿注视着他们的一举一动。

从职业的角度看,置身莫斯科的这段为期八个月的逗留期在爱尔莎的一生中起到了决定性作用。实际上,她最初的三本书——《塔希提岛》(1925年)、《野草莓》(1926年)和《伪装》(1928年)都是在莫斯科令她饱受伤害的环境中出版的。前两本几乎是在一片无人关注的冷漠中写出来的,第三本则受到了批评,人们指责这本书虎头蛇尾,没有显示出应有的力度。这几本书都是用俄语写成的,最贴切地反映了20世纪20年代时爱尔莎那种伤感并且时常陷入抑郁的状态。《塔希提岛》既是一本游记又是一部小说,细腻地刻画了她在波利尼西亚的那些日日夜夜。当时,她还是一个年轻的新嫁娘。景色的优美与主人公的孤寂和苦恼相混相杂,把这些篇章与她和特里奥莱结合的失败永远连在了一起。《野草莓》向读者揭示了爱尔莎如何感觉自己从小得到的爱比起姐姐少之又少;至于《伪装》,则是一部描写流浪与流放的令人心碎的故事,只是布尔什维克的知识分子觉得它太没有说服力。爱尔莎将全部身心投入这些作品之中,期待它们或许能给她带来某种合法身份,她已不再仅仅是莉莉的妹妹或马雅可夫斯基的"小姨子",并因为不能被同胞视为入流的作家而痛苦难当。她很快明白,这个新国家没有给她留出应有的位置,她唯一的希望就是摒弃俄语,改用法语写作。挑战是巨大的,但她还是以极强的好胜心投入其中。一直等了十年,她才又发表了一部小说新作,这一次用的是她选择寄居的那个国家的语言。

爱尔莎在巴黎常年住在伊斯特里亚酒店,她的时间不是用于写作就是会见蒙帕纳斯的朋友们。跟朋友们一样,她把每天的时光都消磨在咖啡馆里,在这里休闲,在这里工作。这位年轻的妇人就是联结两国人的一根纽带,无论是会见巴勃罗·毕加索还是特里斯坦·查拉,只要马雅可夫斯基在巴黎逗留一天,她就心甘情愿地为他当一天翻译。1924—1929年,马雅可夫斯基每年都要去一次法国,只有1926年例外。更为重要的是，她眼见着他因为从法国获得灵感而在这家酒店的一所房间里写出了一首首诗篇，在当时的蒙帕纳斯引起了广泛敬意。他面向坐得满满的听众放声朗诵他的诗句；如果说只有懂俄语的能够听懂，那么巴黎人则为他深沉的嗓音和他阳刚气概中那种令人动容的激昂情绪所倾倒。像高尔基一样，马雅可夫斯基也对爱尔莎的文学创作十分留意——他总是聚精会神地阅读并评价她的手稿。

尽管经常处于伤感与压抑之中，就像她在文字中所表达的那样，爱尔莎还是洋溢出了生命的活力与求知的欲望，她可以整夜伴着爵士音乐翩翩起舞。这位头发金黄、皮肤白皙的莫斯科女郎不乏追求者，而且远远不乏，以致为此受到警察局传唤，因为他们收到一封匿名信，信中"有人"指责她实为妓女和共产党间谍。安德烈·特里奥莱一如既往地随时准备为她效劳，供她驱使，而且一直在支付她的生活费用，他迅速飞来施救，毕竟她还是他的正式妻子。整个20世纪20年代，爱尔莎始终情人不断，其中最非凡的无疑是马塞尔·杜尚，用法国诗人兼评论家安德烈·布勒东的话讲，杜尚属于"本世纪最聪明的人"。这位反传统的幻想家既可以把小便池变成艺术品，也可以画出带胡须的蒙娜丽莎（1919年，起名为 *L.H.O.O.Q.*，阿拉贡夫妇后来得到了这幅长着小胡子的蒙娜丽莎的原作）。

"野草莓"主要还是与马克·沙杜纳保持着长时间的私通往来。

这个古怪而迷人的小伙子既是一名作家,又是一名翻译家,翻译过约瑟夫·康拉德和亨利·詹姆斯的多部作品,同时还是一名环球旅游记者。曾经饱受第一次世界大战创伤的他先是就这场战争给好友们写了大量书信,还在战壕中拍过许多照片,并把这些文字和图像全都登在了报纸专栏上。后来,他又成了一名飞行员,还做过塔希提岛总督的秘书,波利尼西亚给了他灵感,让他写出了最初的两本书:《从白天到黑夜》(1925年)和《瓦斯科》(1927年)。爱尔莎很赞同他对这些岛屿的理解,她自己也在上面住过,并为它们献上了她的第一部作品。马克·沙杜纳在巴黎和他的兄弟路易以及保罗组成了一个引人注目的三人组合。"沙杜纳兄弟拥有不可思议的精明"[1],她后来在《白马》中这样写道。老大也是作家,老二则是一个达达主义者,与皮埃尔·德里厄·拉罗歇尔和雅克·里戈组成了一个密不可分的三人组合,三人的关系密切到被人直接称为"三剑客"。所以,尽管爱尔莎总是弱化马克·沙杜纳在她生活中的重要性,并且一再贬低他的地位,但他其实远不是一个可有可无的配角。她责备他勇气不足,缺少大无畏精神,

---

[1] Elsa Triolet, *Le Cheval blanc*, op. cit., p. 229.

在她看来算不得英雄好汉。尽管1914—1918年的冲突把他变成了一个信念坚定的和平主义者，从此拒绝接受任何冲突理念，但指控这个在第一次世界大战期间表现得中规中矩的男人性格怯懦却似乎有失公允。1939年，他干脆搬到了美国，而为人尖刻的爱尔莎从中看到的则是他又一次的软弱。但她最主要的问题是无法做到用情持久，于是找了各种各样的借口结束了他们的这段感情。在后人看来，与1928年11月6日走进"野草莓"生活的那个男人相比，可怜的马克确实显得相形见绌。

当天下午五点，爱尔莎在"圆顶"酒吧结识了法国诗人、作家路易·阿拉贡。早在1925年，她就曾在"丁香园"远远地瞥见过他，对这个小伙子更多感到的是一种困惑。因为就在这一年，他的同道中人马塞尔·迪阿梅尔用了这样的字眼来描述他："瘦削、优雅、迷人，面容俊朗，神态桀骜，眼中闪出聪慧的光芒，虽然谈吐诙谐，但他最大的特点依然是桀骜不驯。此人敢于挑战诸多精神病学家，后者从未让他的神智出现偏差，也从未做到将其归入疯人之列。"[①]1928年，他在蒙帕纳斯的圈子里已经成了一个人物，爱尔莎铁了心要将他勾引到手，这次相遇绝非巧合。到了这个时候，阿拉贡已经集

---

① Marcel Duhamel, *Raconte pas ta vie*, Mercure de France, 1972, p. 209.

医生与诗人于一身，既是第一次世界大战中的英雄，又是超现实主义小组的成员——他与朋友安德烈·布勒东和法国诗人菲利普·苏波组成的这个三人组合还于1922年创建了《文学》杂志。路易·阿拉贡于1927年6月与布勒东和保尔·艾吕雅一起加入了共产党——这一天堪称"主显节之夜"，他后来从未曾忘记。他还做过时装大师雅克·杜塞的秘书和图书管理员，并建议杜塞尽量购买那些能够丰富其收藏的画作和手稿。在阿纳托尔·法朗士的葬礼上，他还与人合著了《一具尸体》，用这篇文章抨击了在他之前出现的那些作家。

为了表明新一代作家有多么特立独行，路易·阿拉贡发表了《欢乐之火》——卷首插图是他的伙伴毕加索绘制的，还有《泰莱马克历险记》(1922年)、《放任集》(1924年)、《巴黎的农民》(1926年)和《伊莱娜的阴户》(1927年)，最后这本是用笔名——阿尔贝尔·德鲁提西写出来的一部色情书籍，尽管作者的身份早已属于公开的秘密。阿拉贡的笔法彰显的也是一种令人眩晕的文风，一种追赶时髦的修饰，一种永不满足的好奇，一种尼采风格的活力，以及一种对独创性的持久渴望。同样，在阿拉贡和爱尔莎的朋友曼·雷的首次巴黎展上，所有作品也都被五颜六色的薄膜气球挡了个严实，就是那种听话的好孩子们走在杜伊勒里花园里拉着绳子飘在头上的气球。

路易和他的同道中人们每人都为展览册页写了文章,他们还用点燃的香烟在爆响中将气球一一戳破,以将气球背后的画布和雕塑呈现给现场观众。阿拉贡就是生长在苏维埃国度中的诗人洛特雷阿蒙,有了他,爱尔莎终于可以旗鼓相当地与莉莉一较高下了,因为他和马雅可夫斯基同属一个诗坛。

她幸运地得到了他的欢心,一如他对她的吸引。这次见面就是应她的要求由罗兰·蒂阿尔一手安排的。此时的蒂阿尔还只是一介诗人,尚未成为电影制片人和导演。她是在同道中人弗拉基米尔·波兹涅尔陪同下赴的约。后者也是一位犹太裔的俄国作家,和她完全一样,并且也像她一样把高尔基视为自己的文学导师。除了知道对方是他头天刚刚见过的马雅可夫斯基的"小姨子",以及对方因为十分欣赏《巴黎的农民》而很想认识自己之外,路易对这位"野草莓"一无所知。他们几乎同龄(爱尔莎比他大一岁),当下就迷上了对方,以至于波兹涅尔很快就脱身而去,留下他们单独相处。"我跟你说过夫人……今生只此一次"①,几十年后,阿拉贡曾在《处决》中这样写道。因为时常动起这样的心思,认为她足以在巴黎当一名布尔什维克的间谍,路易就更觉得她魅力无穷。爱尔

---

① Louis Aragon, *La Mise à mort*, Gallimard, 1965, p. 163.

莎拥吻了他，算是迈出了两人关系的第一步，当晚他们就在伊斯特里亚酒店过了夜，彼此成了对方的情人，马雅可夫斯基面带着笑容见证了这一刻。

爱尔莎很快便和阿拉贡迁往宫殿街道上的一处公寓，与他们的两位好友——安德烈·蒂里翁和影评家乔治·萨杜尔共居于此。随后他们又搬到了首乡街五号的一处工坊中，这次终于可以两人独处了，虽然条件艰苦，但好在有几百册书籍、非洲雕像以及毕加索、曼·雷、达利和杜尚等朋友的作品相伴。居所虽然充满田园风情，但夫妇俩的日常生活很快陷入了困境，甚至混乱不堪。在反传统的花花公子表象背后，爱尔莎发现，真实的阿拉贡其实是一个自私、纠结、神经极其敏感的人。他的暴力与惶惑很大程度上要归因于他以往的家庭经历。他之所以以她的教父自居，不就因为他曾经是一位后来当上议员的警察局长的私生子吗？别人不是也曾把他的母亲当成他的姐姐、把他的祖母当成他的母亲吗？他的童年淹没在谎言与虚伪之中——直到二十岁才从根本上知道了什么是真理，只是从来没有真正相信过。至于"一战"中的那些恶仗，则一刻不停地萦绕在他心中，他曾在战时做过军队的辅助医师。为了不再对自己羞愧难当的身世和1914—1918年的屠杀感到内疚，阿拉贡试图在工作、政治、挑衅（就这一点而言，超现实主义确实给他提供了绝佳武器）以及纠结的爱情中忘掉一切。遇到爱尔莎的那段时间，他与前情妇南希·丘纳德虽然断绝了关系，但这并不妨碍他整夜整夜地撇下"野草莓"去和南希过夜。与此同时，他还和一位美艳的奥地利舞女莉娜·阿姆塞尔私通。爱尔莎饱受折磨，而阿拉贡为了打消她的警觉则对她谎话连篇，继续过着他的放荡生活。她对这一切心知肚明，恨得咬牙切齿。如果说，她不惜对他横加指责，那么他则开始大发雷霆——任何一个看见过阿拉贡如此盛怒的人都绝对不会忘记他的样子。

阿拉贡和爱尔莎为后世打造了一副传奇的夫妻形象，似乎很值得诗人们为此击节而歌，但在认识她之前，年轻的阿拉贡就曾爱上过好几位杰出女性，她们无一不曾在他的作品中出现过。首先是机敏的丹尼斯·利维，她是安德烈·布勒东的妻子的堂妹，饱受德国文学熏陶，后来成为名声在外的女演员，他以她为原型塑造了《奥雷利安》中的人物贝雷妮丝。接替她的是伊丽莎白·艾尔。她出身美国上流社会，嫁给了皮埃尔·孔布雷·德拉努克斯，后者是法国外交官，做过安德烈·纪德的秘书，并参与创立了国家研究基金会。这位画过壁画、做过雕塑的两性美人不仅在巴黎与埃兹拉·庞德结下了情谊，而且做了布朗库西的学生，同时还经常出入同性恋女诗人娜塔丽·巴涅的沙龙，这间沙龙促使她意识到了自己的双性恋倾向。她先后做过皮埃尔·德里厄·拉罗歇尔和阿拉贡的情妇，由于这两个一度难舍难分、对所有事物充满好奇的男人曾经有过一段私情，三人的关系也就变得格外复杂。前者把她变成了小说《吉尔》中的安东奈特；至于后者，则在《巴黎的农民》中把她写成了他心中的布特舒蒙圣母。伊丽莎白最初只是阿拉贡的普通朋友，并且因为在1922年帮他在《轮到夫人上了》中画过插图而成了他的合作伙伴。他俩之间既美轮美奂又一波三折的私通关系始于1925年也终于1925年。之后，她更名艾尔·德拉努克斯，献身装饰艺术，成了一名才华横溢的家具设计师。时至今日，人们终于重新看到了她的创作价值。

遇到爱尔莎之前，阿拉贡最出名的情妇无疑当属南希·丘纳德。南希的父亲继承了一家游轮公司，母亲作为美国人成了伦敦一间著名沙龙的女主人。作为他们的独生女，南希厌倦了她的生活环境，从1920年起就住到了巴黎。身处文学与艺术领域的核心，她的身心不断发生改变，开始与超现实主义者交往，为科科施卡和曼·雷充当摄影模特，收藏非洲艺术品，同时滥交情人。囿于她对一则被简化了的传说的效仿，她变得越发做作，四处抛头露面，这其实并不真正符合她最内在的个性特征。曾于1925年出版过南希第三部诗集的弗吉尼亚·伍尔夫在自己的《日记》中对她做过完全知根知底的描述，说这位年轻的妇人"活得就像一只暴露在阳光下的壁虎，而她天生就该生活在阴影中"[1]。对她来说，大出风头只是用来忘记自己身世的一条应急通道和一捆爆破炸药，尽管她很难做到这一点。骨骼清瘦的南希拥有出众的美貌，要么一身男装，要么就穿着巴黎最大牌设计师为她定做的连衣长裙，时常用粉笔把自己画成一个白面小丑，或者给好友发去一些无人能破解的密码电报，甚至从手腕到手肘在整条手臂上戴满非洲手镯。身为米特福德姐妹之一的戴安娜·莫斯里还记得，只要饮酒过量，南希就有可能变得非常危险："此时应该尽量避免靠近她，因为她会做出很猛烈的动作，那些手镯那么沉，很可能一下子就击碎你的下颌。"

利用自己巨大的财富优势，誓将反叛进行到筋疲力尽（其实是搞得她也累别人也累）的南希于1926年2月相中了阿拉贡。当时，他连个住处都没有，还是艾尔·德拉努克斯找朋友帮忙，才让他租了间工坊，得以接纳他这位性格怪异的英国情妇。阿拉贡和"南娜"（他喜欢这么叫她）遍游欧洲之时，她决定开一家自己的出版社：小时出版社，并出版了刘易斯·卡

---

[1] Virginia Woolf, *Journal intégral, 1915-1941*, Stock, 2008, p. 559.

罗尔的法文版《猎鲨记》,由阿拉贡按她的意愿译出。他们把时间都花在了吵架与和好上,不名一文的阿拉贡对她物质上的宽裕既感到不安又无限痴迷。他对"南娜"的生活环境格外在意,而她在圣路易岛上的公寓挂有马奈、皮卡比亚、唐吉和毕加索的油画,这所公寓曾经先后出现在《奥雷利安》和《布朗什或遗忘》中,足见他的印象有多么深刻。尽管印象深刻,但同时却对接受她的礼物怀有负罪感——所有钱都是南娜出的,他很难克制自己的屈辱感。身为花花公子的阿拉贡无法抵御那些斗篷的诱惑。为了在游荡巴黎或伦敦的画廊与古董店、从一个都城到另一个都城的屡次闲逛中让他有的可穿,她专门在威尼斯用贡多拉船夫制服的面料为他量身定做了那些斗篷。

即使背后的实情并不那么光彩,他们还是组成了富于魅力的一对。阿拉贡妒火中烧,因为他知道她随时可以向他隐瞒真相,而"南娜"则因为自己只是一个永远不能自我实现的百无一用的继承人而焦虑万分。1927年11月,两人情感上的这种疯狂达到了顶点,他当着她的面烧掉了自己那本《捍卫无限》的手稿,她最终只抢回了其中的一部分。后来,到1928年9月,他又试图在威尼斯结束自己的生命;为了避暑,"南娜"在这里租了一处豪宅。"阿拉贡威胁说要自杀。南希则以言辞相激,一再逼他,而且还说什么她很纳闷他居然有这样的勇气:每次闹到最后,不都是以打消念头、匍匐在她脚下而告结束吗?"①但这一次,说时迟,那时快,他到酒店订了个房间,吞下了过量的安眠药。阿拉贡被救了过来,并最终拿出勇气,彻底离她而去,因为比起他来,此时的她更爱的是黑人钢琴家亨利·克洛德。不到两个月后,就在三十一岁这一年,他遇到了爱尔莎,但南希始终在他的作品中占有一席之地——她的影子依然翱翔在《未完成的小说》《布朗什或遗忘》《伊莱娜的阴户》《巨大的欢乐》以及《美丽街区》之中。不言而喻,爱尔莎讨厌别人在她面前提起阿拉戈夏(她很快就开始这样称呼阿拉贡)以前的情史。无论是谁,胆敢说起这些女人,尤其是南希·丘纳德,立刻就会被赶出他们的生活圈子。

---

① Anne Chisholm, *Nancy Cunard*, Olivier Orban, 1980, p. 101.

九

把布里克夫妇和马雅可夫斯基聚在一起的那种关系如此复杂、如此奇特,以全于它无论在时间上还是地域上都脱离了协议约定的界限。在很多人看来,无论昨天还是今天,他们的三人组合过的都是一种波动而令人费解的日子。这个时代比以往任何时候都变本加厉地惩罚着异想天开,赞美着循规蹈矩。莉莉的目的只有一个,而且尽人皆知,那就是让她的奥西普和马雅可夫斯基的才能尽可能得到充分施展——可以说,她追求的是在一种百无禁忌的创作氛围中把他们的头脑、心灵和感官紧密地联系在一起。在源于自身并且源于爱情的狂热念头的支撑下,她宁愿感受灵魂与灵感的相互碰撞,也不愿忍受失落的痛苦和冷漠的罪恶,她对内心深处的信念、对自身的吸引力以及愤怒情绪丝毫不加掩饰。莉莉拒绝面对虚伪和谎言筑成的牢狱之墙,但那些诋毁她的人却把她的形象去真存伪地丑化成了一个无所顾忌的女人,总是受到欲望牵引,无法克制自己的冲动,为了强行实现自己的统治欲而随时准备无所不为。

不言而喻,在他们的敌人看来(他们的敌人不在少数),布里克夫妇与马雅可夫斯基的生活圈子早已沦为一个在道德上狂放不羁的小团体。莉莉和克拉斯诺晓科夫、奥西普和热尼娅·索科洛娃(他名义上的女伴、一位电影艺术家的妻子),还有在名叫娜塔莎的新搞到手的美貌女大学生陪伴下的马雅可夫斯基,不是经常搂搂抱抱地一起外出度假吗?他们的行为不停地为谣言的魔盒提供着口实,稍有风吹草动,魔盒就会自动打开。关于三人组合的完整性,他们自有规划其标准的渠道。对莉莉而言,马雅可夫斯基的一众情妇倒是天降福音,唯一的前提就是绝对不能动真格的。这些女人满足了他的欲望,平息了他的激情,而那恰恰是她从此将要舍弃的一片领地,这样的情形正中她的下怀。

她就是在这种心境下听到了马雅可夫斯基在纽约与一个曾嫁给美国人的俄国女人开始私通的消息的,但她并不担心。他们的艳遇持续了好几周,每逢讨论会、读诗会、参观访问间隙,诗人都会抽空与年轻的伊丽莎白一再见面,也可以叫她艾莉·琼斯。要不是她为他生了一个女儿——马雅可夫斯基迄今已知的唯一一个孩子，她本该也被归入马雅可夫斯基众多默默无闻的情妇之列。对于莉莉，这个消息一点儿也不值得大惊小怪，因为她知道他对成为一名父亲没有一丝一毫的看重——在他看来，这种观念太过布尔乔亚。随时可以被忘到脑后的伊丽莎白根本无法与神话般的莉莉抗衡，孩子的出生在他的诗作中没有产生任何反响，他写下的几千行诗句中没有一行提到此事，也就是说没有什么可担心的。马雅可夫斯基当时从美国给他的"小狐狸"寄来的书信、发来的消息没有为其他任何女人留下空间。"渴望见你。惜为签证所阻。……想你想得要死。爱你，吻你"[1]，1925年10月22日，他从纽约给她发来了这样的电报。当时的莉莉正在意大利的萨尔索马焦休息，她再一次凭借她宝贵的人际关系拿到了护照和签证。那个时候，他的来信充斥着富于激情的爱情宣言，看到这些书信，任何人都不会对那个在他生活中占据首位的女性到底是谁而产生怀疑。从诗人这方面来说，这样的宣言没有任何一种惺惺作态或者矫情的意味，所有的证据都可以确认这一点。某种意义上，两人肉体关系的结束倒是给他们另结情缘提供了新的动力。

---

[1] Vladimir Maïakovski, *Lettres à Lili Brik, op. cit.*, p. 166.

1926年夏季，当时的莉莉、克拉斯诺晓科夫、马雅可夫斯基和娜塔莎正在黑海边小住，不知疲倦的布里克夫人利用这段假期做起了阿布拉姆·卢姆的助理，后者正在克里米亚半岛拍摄一部有关犹太拓荒者的影片。卢姆拍摄宣传短片之前做过牙医和记者，如今虽已被人遗忘，但他却是一部苏联经典电影《三口之家》(1927年)的创作者。这部电影的灵感来自勒内·克莱尔的另一部经典影片《在巴黎的屋顶下》(1930年)。此人洋溢着丰富的构思与想象，莉莉与他合作得轻松愉快、精神亢奋。名为《犹太人与土地》的纪录片竟成了一件纯粹的家务事，因为布里克集团介入了其中的所有阶段：马雅可夫斯基负责撰写字幕，他们的朋友、那个永远都在追求爱尔莎的维克托·什克洛夫斯基则完成了剧本。莉莉从来都做不到待在那里无所事事，生来就享不了游手好闲的清福，时刻都要让自己投入新的计划之中。工作就是她的重中之重。而且马雅可夫斯基深知，他随时可以把面对编辑捍卫自己的权利、为自己未来的出版物争得利益，或者改动新诗集校样这类事情交给莉莉打理。对他来说，她既是灵感女神，又是出版经纪人和编辑。莉莉可以同时出现在所有地方，刮到他们生活当中的每股旋风都被卡甘家的这位长女巧妙妥帖地化解于无形，她结合他们国家同时代的现实情况，对自家生活进行了周密的安排，因为在这个国家，女人已经与男人平起平坐了。

永远热衷新鲜事物的莉莉对电影（那个时候还是无声电影）的兴趣当然十分浓厚，这门艺术正处于日新月异的发展时期。正是在这段时间，她离开了她为之倾尽所有魅力的亚历山大·克拉斯诺晓科夫，相中了一个更不同凡响、更引人入胜的男人列夫·库里肖夫。作为导演与莫斯科国立电影学院的院长，他与奥西普、马雅可夫斯基和阿布拉姆·卢姆关系密切。他既是知识分子又是运动员，拥有罕见的魅力，以对电影蒙太奇的追求和逐帧影像的处理方式而越发显得特立独行。"库里肖夫效应"精确地表明，同一幅图像、同一个镜头，只要以不同的手法进行剪辑，就会产生完全不一样的意境，所以，在观众意识不到的情况下潜移默化地对他们施加影响是完全有可能的；对于一个将各种形式的宣传作为武器的政府来说，如此明确的研究成果将成为一座取之不尽的宝矿。在莉莉那个各路才俊竞相争奇的小圈子里，库里肖夫自然拥有了一席之地。圈子里的活动形式无非就是激烈辩论、艺术创作以及私情相授，这样的氛围又新产生了一位心甘情愿的受害者。

唯一的问题，是库里肖夫自1923年就已经与演员亚历山德拉·科克洛娃结了婚，后者既是他的妻子又是他最得意的艺术演绎者。他们一起拍过多部大获成功的影片——《威斯特先生苏联历险记》（1924年）、《死光》（1925年）以及《杜拉·莱克斯》（1926年），在这些作品中，杰克·伦敦和他笔下的淘金者被苏联电影好好地做了一番回顾与改动。这位美貌出众、活力十足、与丽丽安·格丝有几分相似的亚历山德拉·科克洛娃也是莉莉的好朋友，但后者并不因为如此贴近的关系而有丝毫收敛。莉莉比库里肖夫几乎大了十岁。作为当今专门猎取年轻男子的"狡媚雌猫"们的资深鼻祖，她搞定他不过小菜一碟。可怜秉持不同婚姻理念的亚历山德拉·科克洛娃还曾因为无法承受夺夫之伤而企图以自杀抗争。马雅可夫斯基本人也被莉莉的这段移情别恋深深伤害，妒意一浪高过一浪。这轮冲击波比以往任何一次都更加猛烈。不过"小狐狸"的战果统计表上还是斩获颇丰的，只是诗人对莉莉沉溺乱情的做法始终难以适应。莉莉并不明白，她全力捍卫的情感与性爱独立远远不是众人追求的普世价值。1927年夏季期间，她就这样单独与库里肖夫小住在高加索，毫不理会那些在她看来纯属白费口舌的种种杂音。为什么一个女人就因为自己的丈夫与自己的好朋友私通就非得试图结束自己的生命呢？她百思不得其解，对她来说，这样的选择似乎完全不可理喻，而且不合时宜。在这样一个全新的国家，如此排他的感情难道不是一种陈旧思想吗？不言而喻，除她以外，无论男女，都绝不会以同样的热情赞同这种追求爱情自由的观点。

重病要用重药医，马雅可夫斯基设计在莉莉和库里肖夫的爱情偷闲期安排了新一轮读诗会和讨论会。这个男人极没耐心，受不了一点儿停滞，甚至连鱼都不愿意吃，因为他无法容忍自己为了吐鱼刺而耽误时间，但为了重新见到她却不惜付出一切。为了安慰莉莉，他不是曾经表示，如果需要，他可以用嘴叼着她的手袋吗？当马雅可夫斯基像以往一样"偶然"在火车站邂逅莉莉时，她和库里肖夫正准备返回莫斯科，行李都装进包厢了。身为作家，马雅可夫斯基对她了如指掌，知道有可能把她拉回到自己身边的唯一一块磁铁，就是诗歌，哪怕只拉回几个小时。

他按照最纯洁的俄式浪漫惯例在站台上走到她的面前，向她提出了朗诵自己新诗的建议。正如他所察觉到的那样，莉莉抵御不了这样的诱惑，就像尤利西斯渴望听到女妖的歌声一样，一心想着能听到一首让自己动心的杰作。她就这样离开了库里肖夫，不带一点儿情绪。即使库里肖夫没有一丝一毫的反应，她也不难猜出他心里是怎么想的。那位电影艺术家独自返回莫斯科，而莉莉则把行李扔在站台上，追随马雅可夫斯基而去。此时，列车已经开始移动。她无怨无悔，因为他把长诗《好!》的独享权献给了她，这首诗是他写给十月革命十周年的，举国上下正在准备进行庆祝。马雅可夫斯基在诗中盛赞了"爱人"莉莉炽热的眼神，她在他生命中至高无上的地位永远不容置疑。但在私底下，却用一个娜塔莎顶掉了另一个。女大学生之后，他又与女图书管理员相恋。对此，"小狐狸"早有防备：只要他的诗人不把婚戒戴到她们的手指上，她就听之任之；同时追踪着他们的蛛丝马迹，甚至包括他们近在咫尺的出行。毕竟，她的间谍网络还是十分高效的。既然马雅可夫斯基谈起莉莉如同谈论自己的"妻子"，她为什么还要过度担心呢？

自1917年10月起，短短十年间，这个国家便经历了一连串剧烈的动荡：沙皇统治崩溃、内战开始打响、布尔什维克国家建立。莉莉、奥西普和马雅可夫斯基不仅日复一日地参与其中，而且主要通过致力于一种政治化与革命化文学与艺术的规划工作不止一次地为国家建设添砖加瓦，最大限度地反映了他们的"宣传鼓动"这一理想——以强大的动力将鼓动和宣传密不可分地结合在了一起。列宁曾经在很大程度上对先锋派的创新给予鼓励，但斯大林却正相反，他很讨厌他们的创作，认为既无用又堕落。他从1922年就开始担任苏联共产党的总书记，一直等到1924年1月列宁死后，才开始一点一点地强制推行一种既保守又严格置于政府权力控制之下的艺术观念。

从1929年起，作家和艺术家们开始遭到压迫，要求他们务必对斯大林的个人崇拜大唱赞歌。1927年10月，马雅可夫斯基和他的朋友们已经开始受到相当多的限制，但他们的内心依然情绪饱满，一群人兴高采烈地庆祝着十月革命，何况全文登在多家报刊上的长诗《好!》受到了全国各地大批热心民众的欢迎。

今天我们读到这些诗句，依然会为马雅可夫斯基对卢比扬卡那些契卡施刑者极尽恭维之能事的热忱感到惊讶。就是这些施刑者，曾经若无其事地在他们家中受到热情接待。马雅可夫斯基还把诗歌《捷尔任斯基的战士》全部献给了"铁面费利克斯"，进一步表达了他的热情。雅科夫·阿格拉诺夫作为最凶恶的"卢比扬卡分子"之一，居然还成了三人组合的密友。"如果没有敌人，那就要创造敌人，揭露他们并且惩罚他们"——他的名言令人无可置喙。阿格拉诺夫也是莉莉的众多情人之一。如此联盟放到秤上当然分量够重，而他们这个小团体的腾挪空间，以及莉莉·布里克所享受的充分的行动自由，毕竟也是要标明价格的。了解但不做判断，斯宾诺莎如此教导我们……

无产阶级面对其他社会阶层所取得的胜利、女性的解放与作用提升、家庭法典的修订、广大乡村的成人扫盲——

1925年，教育预算的五十分之一被用于完成这项任务、对贵族巨额财产的重新划分与分配、诸如波兰与芬兰等帝国故有领地的独立、少数民族的文化自治、1923年7月6日苏联第一部宪法的颁布……国家层面值得欢庆的大事竟有如此之多。饥饿、瘟疫、失业、工会军管、公务员的腐败一时尽被抛诸脑后。1927年10月，随着对托洛茨基的驱逐，斯大林的统治即将取得决定性的胜利，但眼下的苏联一心想的只是如何庆祝革命胜利，大量左翼知识分子从世界各地赶到莫斯科参加欢庆活动。时刻不离马雅可夫斯基左右的莉莉完美扮演了灵感女神和沙龙女主人的角色，不曾忽略任何一个细节。他们在根德里科夫街道迎接着前来亲睹布尔什维克"奇迹"的各路嘉宾，仅举几人为例，比如墨西哥壁画家迭戈·里维拉，以及美国作家西奥多·德莱塞，后者的小说在美国一经发表，便在这个不平等社会引起一片混乱。

在拍摄《犹太人与土地》时与阿布拉姆·卢姆的合作中，在与列夫·库里肖夫的交流中，还有与谢尔盖·爱森斯坦的近距离接触中，莉莉备受鼓舞，所以打算自己导演她的第一部影片。按照历史学家马里亚姆·齐库纳斯的说法[1]，共有八位导演

---

[1] Myriam Tsikounas, *Les Origines du cinéma soviétique*, Cerf,1992.

一起打造了苏联无声电影的"神话"地位；八个人当中，有五位与莉莉过往甚密：谢尔盖·爱森斯坦——他本人也是刚刚在其影片《十月》(1927年)中庆祝了十月革命的十周年、列夫·库里肖夫、阿布拉姆·卢姆、吉加·维尔托夫(莉莉星期二沙龙的常客之一)以及最后一位进入莉莉生活圈子的弗谢沃洛德·梅耶荷德。其实，就在1927年，与库里肖夫分手的莉莉随即爱上了后者从前的学生和弟子、比她还小两岁的普多夫金。他制作了好几部纪录片和故事片，其中包括《大脑的功能》(1923年)——用来纪念生物学家巴甫洛夫的理论，《棋迷》(1925年)——讲述一个年轻人如何痴迷国际象棋，在他眼里，一切都变成了棋盘和棋子。尤其是《母亲》(1926年)，该部影片改编自他们的好友高尔基的同名小说，一经公映即获得公众广泛好评。普多夫金对莉莉的挑逗并未做出回应。莉莉遭遇了有生以来第一次回绝，但她脸皮很厚，很快就忘记了这次的耻辱，全身心投入取名"玻璃眼"的影片拍摄计划中；同时依然把普多夫金留作盟友，只因为爱生恼在她看来毫无意义。

恰在此时，拥有不止一条财路的奥西普当上了梅拉伊波姆剧本部门的头目。这是一家半私人的电影工作室，1924—1936年，它给某些导演赋予了相当程度的创作自由，比如库里肖夫、普多夫金乃至鲍里斯·巴尔纳，后者被人们极不公正地忘在了脑后,而他曾为我们拍出了诸如《女孩与帽盒》(1927年)等一系列魅力难当的喜剧片。对于这位既是妻子又是最佳挚友的莉莉来说,奥西普的支持就成了无价之宝。由莉莉、奥西普和马雅可夫斯基共同执笔的剧本对常规意义上的故事片进行了批判,也就是主要在资产阶级国家放映的那种影片。通过这部我们依然能在回顾展上经常看到的长达一小时二十分钟的影片①,莉莉想要重新确立电影一词的真正含义,而这个含义只能是她的同道中人吉加·维尔托夫所界定的真理电影。她向观众传导了她的愤慨,但这并不妨碍她通过揭示拍摄中的某些内幕与特技来展现幽默感。人们由此看到了道具员如何在表现暴风雨时,为模仿倾盆大雨而对表演者大浇特浇。另一桩事例则表现了一位女化妆师如何把人造眼泪滴到一位无法表现人物悲剧经历的女演员脸上。莉莉与电影艺术家维塔利·扬楚伊尼——《玻璃眼》的共同作者、奥西普女伴热尼娅的丈夫——并肩奋斗,拍出了一部既别出心裁又生气勃勃的影片,我们只能遗憾这既是她的第一部又是她的最后一部。"既已达成,终将毁灭"——亨利·德蒙泰朗的这句名言本该出自莉莉·布里克笔下,就她个人而言,

---

① 2005年11月18日,这部电影就曾在"俄国电影:1908—1930年俄罗斯印象"循环展期间伴着托马斯·康纳的音乐在奥赛博物馆放映过。

这样的评语既适用于某一艺术设想又适用于某一心动情人。欲望一旦满足,兴致即刻消退,她会很快厌倦让她眼睛一亮的乐趣,立马踏上征服新领地的路程。

✝

1928年10月25日,就在爱尔莎遇到阿拉贡的同时,马雅可夫斯基在巴黎结识了塔蒂亚娜·亚科夫列夫。①1905年出生于圣彼得堡的塔蒂亚娜来自一个享有多种荣耀的独特家庭:她的祖母是俄国有史以来第一位数学科学女博士,祖父是一位著名编舞家,叔叔则是由雪铁龙资助的中非远足"黑色之旅"的官方画家。二十二岁那年,塔蒂亚娜成为一名模特,靠为香奈儿走秀赚钱养活自己。一头红发、身材娇小的她与莉莉的形象截然不同。莉莉身材高大,瘦得出奇,而且长着一头金发,极具斯拉夫人特征。尽管常识与教养与"小狐狸"相去甚远,但她冷嘲热讽和尖酸刻薄的功夫却一点儿不差,人们对她的

---

① 也就是在"圆顶"咖啡馆遇到爱尔莎·特里奥莱的前十三天。

评价就是思维敏捷，出言辛辣。流亡到巴黎的塔蒂亚娜对政治会谈并无兴趣，极其热衷社交的她除了彻夜跳舞和艳遇外别无所好。拜倒在她裙下的追求者为数众多，头一个就是作曲家谢尔盖·普罗科菲耶夫，后者当时就住在法国，为加吉列夫的俄罗斯芭蕾舞团作曲。马雅可夫斯基在蒙帕纳斯一位医生的候诊室里认识了她，但这一切绝非偶然，从头到尾都出自卡甘姐妹的谋划。莉莉只想让他的诗人分散一下注意力，让他换换脑筋，彻底远离伊丽莎白和他们俩的那个孩子。在她看来，真正的危险很可能就来自他与自己女儿的母亲走进婚姻殿堂。我们这位善于扭转乾坤的女神认为，只有为他提供一次艳遇才能让她的利益得到最大化，所以责成爱尔莎安排了一切。"野草莓"在塔蒂亚娜身上看到了理想候选者的潜质，一眼望去，这位光彩夺目的女同胞似乎并不能对她所向披靡的长姐构成什么威胁。莉莉坚信，对她一向眷顾有加的生活还会再一次成为她的盟友，只可惜她出现了严重失误，因为每一步的进展都并非如她所料，形势迅速超出了她的掌控。

她怎么能想出让马雅可夫斯基爱上塔蒂亚娜这样的主意呢？为了更彻底地把他拉回自己身边，这些年来她不是一直在把他推向其他女人的怀抱吗？但他每次都会回到她的身旁，因为她是他最具象征意义的"妻子"，是他唯一的灵感女神。

新人一出现，各路情妇就会被他悉数忘到脑后。负责帮莉莉撞大运的爱尔莎时刻保持戒备，很快看出"沃洛佳叔叔"已经到了与亚科夫列夫小姐形影不离的地步，所到之处，出双入对的亲密之状煞是招摇。最糟糕的是，他开始向她献诗了。仅凭这一个信号，莉莉便嗅出了形势的严重性。在此之前，她是唯一一个获此殊荣的女性，任何一个外人都不曾有过这样的特权，而今，这个年龄几乎相当于她女儿的轻佻女子居然在短短几个星期里就一步登天，与她并驾齐驱了。莉莉没有估计到，时常陷入抑郁的马雅可夫斯基因为焦虑而感到自己老迈到了何种程度。而比他小十三岁的塔蒂亚娜对他则不啻为一剂返老还童的良药。她走到哪里，哪里就充满美好、青春、活力，她的光芒四射、她的妙语连珠、她的曼妙身姿令他陶醉，惹他怜爱。她甚至还干起了帮他挑选香水、首饰和连衣裙的差事，这些东西都是莉莉要他从巴黎代购的，足见塔蒂亚娜对那个遥不可及的对手有多么不以为虑。虽然很久之后塔蒂亚娜才成为纽约最知名的女帽商，但此时她就已经以其高雅品位和优雅情趣而著称，马雅可夫斯基深知她在这一领域的建议弥足珍贵。

看到诗人的鸿雁传书，恐怕任何人都想象不到幕后正在发生的一切。他若无其事地给莉莉写着信，一如既往地试图博取她的欢心，绝口不提塔蒂亚娜。"已购一雷诺。系美丽灰壳四门轿车，四缸六马力"①，1928年11月10日，他给她的电报中这样写道。莉莉缠了他好几个月，非要让他弄一辆法国汽车，他最终满足了她的心愿。这对追求享乐的男女对生活中的奢华细节极为看重。所以马雅可夫斯基的服装全都购自巴黎最上档次的商店，甚至连睡衣都是在老英格兰订购的。还要提一下他那一副又一副量体定制的手套，因为他患有微生物恐惧症。这样一种生活方式怎么可能与他们所谓革命的、布尔什维克的理想相得益彰地联系在一起呢？他们又怎么可能关山远隔地为同胞们忍饥挨饿的苦日子殚精竭虑呢？

就在1928年，"苏联开始了'消灭富农'运动，换句话说，就是要消除甚至灭绝那些不幸拥有一头奶牛或者四只绵羊的农民的财产乃至生命。……此时他们仅仅满足于强制'社会改造'……内战开始以来第一次，面包的供应改成了配给制"②。此时此刻，马雅可夫斯基正拥着香奈儿旗下的一名模特在和平街上购物，到"丁香园"里用餐，而莉莉则似乎已经看见了坐在驾驶座上的"雷诺什卡"——这是她给马雅可夫斯基新起的外号。1929年1月，车子一到莫斯科，她就上了驾校，这样就可以独自一人随心所欲地驾车出行，自由自在地在傍晚

---

① Vladimir Maïakovski, *Lettres à Lili Brik, op. cit.*, p. 210.
② Arcadi Vaksberg, *Lili Brik, op. cit.*, p. 158.

幽会，当然还要穿上乔其纱，裹上灰鼠皮衣，因为她酷爱这些北方松鼠那身银光闪闪的毛皮。但在载着一个小姑娘翻过一回车后，她还是宁愿找个司机代驾。我们注意到，由司机驾车从莫斯科驶往圣彼得堡的路上，莉莉一直和他的"雷诺什卡"比肩而坐，此行的目的就是要取回按她意愿特别定制的靴子，因为在她眼里，莫斯科没有一双靴子能做出如圣彼得堡那样的才气。

1928年12月初，马雅可夫斯基抵达莫斯科，直到这时，莉莉才亲耳听到因为爱尔莎的来信让她已经得知的那个消息：马雅可夫斯基已经深深地爱上了塔蒂亚娜·亚科夫列夫。自从他1915年看上莉莉以来，还没有哪个女人如此吸引过他。乐于玩火的莉莉曾经通过妹妹精心安排了他们在那位巴黎医生候诊室的会面，如今，自己的地位却被坐实的消息所动摇。她觉得自己遭到了背叛，更何况诗人已经开始梦想返回法国与美人相会。马雅可夫斯基总是躁动不安，变化无常，很难专心。神经衰弱症让他一刻也不得松弛。他每天吸烟无数，只要有一个朋友或者合作伙伴出言相左，就会顿感自己不被认可，同时日益为宪兵们对先锋派艺术自由的严厉限制而痛苦万状。这种氛围中，与巴黎的新情妇兼灵感女神共度时光似乎就成了他的一大乐事。莉莉掩饰住自己的慌乱，转而求助一种屡试不爽的解决方法：工作。"去死吧，塔蒂亚娜！"他们一起创建了"莱夫"——革命艺术阵线，用以取代左翼艺术阵线"列夫"及其同名杂志。她还组织了一场马雅可夫斯基五幕九场新剧《臭虫》的朗诵会，博得了所有晚会参加者的赞赏。莉莉虽然欢喜了几个小时，但她深知自己"第一夫人"的地位有多脆弱。几天以后，他就发表了《关于爱情的本质——从巴黎写给科斯特罗夫同志的信》，整首诗歌的灵感全部来自他对塔蒂亚娜的爱。

《臭虫》于1929年2月在莫斯科上演，导演是他们的朋友弗谢沃洛德·梅耶尚德。剧中音乐由迪米特里·肖斯塔科维奇负责谱写，布景则交给了罗钦可和库克雷尼克塞团队，该团队的四位成员①都是莉莉星期二沙龙的常客，他们创作了此剧的前四幕布景。当时伟大才俊之中的几位大师又一次共同谱写了俄罗斯艺术与文学生活的新篇章。马雅可夫斯基在设想剧中那位工人的故事时表现得格外尖刻，主人公一心想要通过结婚跻身布尔乔亚之列，过上不会缺吃少穿、不用节衣缩食的舒服日子。只可惜美梦难以成真，婚宴转为噩梦，变成一场百牲大祭。全体来宾丧生于一场因客人争吵而燃起的大

---

① 其他三位指的是漫画家米哈伊尔·库普里亚诺夫、波尔菲利·克雷洛夫和尼古拉·索科洛夫。

火。好几十年以后，工人被烧焦的尸体死而复生，但眼前的陌生世界却让他彻底迷失，再也找不到任何熟悉的标志，最终就像动物园里的动物一样被关进了笼子，公众则列队参观这个既可笑又庸俗的小布尔乔亚典型。人们再一次看到，作者一面自己毫无罪恶感地贪图着资本主义的享乐，一面却又兴致盎然地对时弊予以猛烈抨击，同时竟觉得全然与己无关。这桩活生生的事例一字不差地体现了那句名言："照我说的做，别照我做的做。"

首演第二天，也就是2月13日，马雅可夫斯基随即动身前往巴黎与塔蒂亚娜相会。此时，莉莉充分估计到了她对他的督促已经在何种程度上沦为对他这么多年所处状态的一种含糊的回应。令"小狐狸"雪上加霜的是，爱尔莎已经不住在伊斯特里亚酒店，开始与阿拉贡共同生活，而马雅可夫斯基每次都会下榻至此。莉莉手里就剩了这么一个能派上用场的女间谍，想到这里，她就更加心神不安，尽管"野草莓"好歹也能给她提供一些有关诗人及其情妇行动与举止的情报。莉莉感觉自己渐被疏远，何况沃洛佳已经不屑给她写信了。他跑到巴黎央求塔蒂亚娜跟他前往莫斯科，这样她就能在那边成为当代最伟大作家的妻子，但年轻的妇人爱他爱得不够，不愿牺牲因为流亡而愈显珍贵的自由生活。

布尔什维克式生活的严酷令她心生畏惧：她只想过一种摆脱了所有物质约束的奢华生活，要是接受了情夫的建议，她就永远也过不上这样的日子了。相比巴黎生活的种种乐趣，文学上的荣耀不过只是一种微不足道的抚慰。她虽然爱他，但还没到甘愿放弃一切把自己关进莫斯科的集体公寓、没日没夜忍受打手们的监视的程度。神经比以往任何时候都更加脆弱的马雅可夫斯基痛苦万分，任何一点小小的忤逆、任何一次小小的拒绝都会让他饱受挫折。进退两难的窘境让他无计可施。他深知，只要离开自己的国家，和她一起住到巴黎，他立刻就会被他的同志们视为变节者，他们会如鸡蛋里挑骨头般对他抛弃革命理想的举动横加指责，而他可是这个新生国家唯一一个一言九鼎的诗歌代言人。况且，卢比扬卡对他实施了严密监控，随时准备不惜任何代价将其拢在他们的网中；对他们来说，失去这个头等重要的共产主义偶像简直无法想象。而且，马雅可夫斯基还节外生枝地与伊丽莎白进行了一场密谈，后者不遗余力地再三提及他为她留下的宝贵纪念——他们的女儿成了她的要挟利器，这点令他始料未及。

1929年，出于种种原因，莉莉和马雅可夫斯基从来没有如此忧虑，如此苦恼过。更何况，他一回到莫斯科就向她公然宣称，非娶塔蒂亚娜不可，而且语气坚定。"小狐狸"气得发狂：

在她看来,他和一个背信弃义的叛徒没什么两样,他居然胆敢毁掉他们如此完美的联盟。所谓如此完美其实只是对她而言,因为马雅可夫斯基始终难以原谅她多年以来的放纵无度。指责他与塔蒂亚娜关系的同时,她自己却有过不知道多少回的私通往来——这一次的对象是一个叫优素福·阿布德·拉赫曼诺夫的吉尔吉斯斯坦政客。①对莉莉来说,要想过上一种让她得到彻底满足的感情生活与性生活,就得在不断调整中一试再试,她料想自己身边的每一个人都是这么过来的,随后才会静下心来找准通往布里克家这只大蜂箱的路径。不管马雅可夫斯基对此说得多么冠冕堂皇,他实际上要比表现出来的传统得多,只是她对此毫不理会。他渴望拥有稳定的家庭、忠实的妻子,成为一家之主。作为男人,只有他拥有时常出轨的权利。这位伟大的革命诗人一面满脑子小布尔乔亚幻想,一面在自己的诗作中加以彻底斩除。就这样,马雅可夫斯基变得越来越平庸,越来越消沉。稍有风吹草动,这位嗓音低沉的巨匠就会产生摇摆,而他与塔蒂亚娜爱情的结尾则进一步减少了他所剩无几的气力。

1929年10月11日,莉莉收到了爱尔莎的一封来信,开

---

① 指的是自1926年成立的吉尔吉斯苏维埃社会主义共和国。

始按照她的习惯当着屋子里的所有人高声朗读。当天正好在场的马雅可夫斯基惊愕地得知，塔蒂亚娜将要嫁给一位法国贵族兼外交官、普莱西克斯子爵贝特朗·若绍。有人断言，莉莉又一次谋划了一切，她对来信内容全然知晓，其用意不仅是要报复马雅可夫斯基，让他为动过彻底离她而去的念头自吞苦果；而且还要向他表明，与塔蒂亚娜正相反，任何情况下她都会陪伴在他左右。这场决裂莫非真像有人断言的那样出自卡甘姐妹所策划的一场阴谋？爱尔莎把马雅可夫斯基又一次遭到拒签的消息告诉塔蒂亚娜，不就为了让这位年轻的妇人看清前路的渺茫无序吗？亚科夫列夫小姐很务实，她可不想无缘无故地成为苏联官僚体制的人质。对她来说，接受这个迷人子爵的求爱似乎更为明智，而且还可以顺便捞到一个贵族头衔，这样的结局对她的生活环境不会产生丝毫损害。

创作再一次成为马雅可夫斯基的逃避手段。于是，按照一成不变的仪式，一部新剧《澡堂》的朗读声在布里克家响了起来，一场回顾其二十年职业生涯的展会也就此拉开了帷幕——这份生涯涵盖了诗人、剧作家、电影编剧、记者、电影艺术家、插画家、海报画家以及演说家。莉莉可以实至名归地被看作这次回顾展的主办专员，她集中了莫斯科和列宁格勒能够动用的所有剧院，满腔热忱地组织了这次展示。他们俩的私人关系比以往任何时候都更加动荡，但这丝毫不妨碍她向她眼中的这位天才表达敬意。她对马雅可夫斯基的作品乃至生活无不了如指掌，这份了解可谓难能可贵。12月30日，为了庆祝回顾展大功告成，"小狐狸"举办了一场"家庭"晚会，几十位老主顾悉数到场，包括"卢比扬卡分子"。表面上，莉莉和马雅可夫斯基虽然达成了和解，但那只能算是一种休战，如果说沙龙女主人为她的诗人大事庆贺，那么，她当天并没有放弃在情夫优素福·阿布德·拉赫曼诺夫身边搔首弄姿的机会，因此说是休战也并不为过。该赞美就赞美，既不虚情也不假义，某种程度上，这就是她的信条。马雅可夫斯基却受到了重重一击。

1930年1月21日，在波修瓦剧院的舞台上，他面向前来参加列宁逝世纪念日的斯大林本人背诵了最新诗作《放开喉咙歌唱》的一长段内容。这些诗句豪迈地宣示了作者的布尔什维克理想，斯大林欣然赞同，鼓掌致贺。随后莉莉和她的诗人又出席了在莫斯科作家俱乐部举行的展览开幕式，这可以算作他们两人的一次殊荣。但马雅可夫斯基却深感失望，因为他在那天晚上虽然已经受到斯大林及其同道的颂扬，但后者甚至没有屈尊回应他的邀请。这位革命诗人被缺乏教养且小肚鸡肠的官僚们给毁了，就此变得面目全非，这个疲惫而苦涩的男人让所有见到他的人都受到了久久不能平复的触动。一如克洛德·弗里乌克斯所述,"马雅可夫斯基以出众的才华在讽刺戏剧《臭虫》和《澡堂》中着力表现了斯大林时代日益加剧的说教陋习,把生命中的最后几年都献给了反抗这种行径的无望斗争"[1],但他并未因此而不注重寻求那些陋习创造者的认可与赞赏,如此矛盾的心态让他变得极度脆弱。

那部由他们的同道中人梅耶荷德导演的戏剧《澡堂》一经上演,便在媒体上遭到了政府御用机构的毁灭性批评,公众也表达了强烈不满,对于"这部夹带着马戏与焰火的六幕戏剧"那种辛辣的讽刺形式无动于衷,马雅可夫斯基又受到了一次强烈的羞辱。莉莉没用他陪,独自观看了首演,立刻估摸出了这次失利的严重程度。作者把一架平庸且敌视进步的官僚机器变成了笑料,但整个观众席却无人发笑,甚至在发现主人公波别多诺西科夫(接洽管理局总长)的名字差不多可以翻译成"传递胜利消息的小人物"时,居然还是不笑。多年以后,这部戏剧的第四幕,也就是最后一幕,被爱尔莎译成了法文,被今天的人们视为俄国文学的经典之作,并经常会与果戈理的《钦差大臣》相提并论。但在1930年,则始终不被理解,饱受鄙视,尽管马雅可夫斯基为了捍卫这部作品参加了多场公开辩论会。

[1] Vladimir Maïakovski, *Lettres à Lili Brik*, *op. cit.*, p. 125.

1930年2月18日,布里克夫妇动身去了柏林,马雅可夫斯基没有同行。让莉莉想不到的是,她再也见不到活蹦乱跳的他了。他们依然通信,而诗人的来信丝毫没有流露其内心剧烈的焦躁。"布尔加确实想您想得厉害。每天夜里,我只要一回家,它不仅一直在跳,而且我觉得它甚至学会了停在空中,直到舔到人的脸"①,1930年2月24日,也就是他死前不到两个月他从莫斯科给布里克夫妇这样写道。信里提到的布尔加是莉莉的那条法国斗牛犬,它接替了原来那条苏格兰犬斯哥提克。马雅可夫斯基一直喜欢跟她谈论他所见到的各种动物——这也是他们的共同爱好,不管是狗、猫,还是猴子或者骆驼。莉莉则给他寄了一张自己在柏林动物园拍的照片,照片上的她怀里还抱着一只小狮子。马雅可夫斯基2月24日的这封来信费了不少笔墨,因为他怀疑布里克夫妇此行肩负了那个"卢比扬卡分子"雅科夫·阿格拉诺夫的一项"使命"。"他'肯定'给您往柏林寄了一封信……"② 这个问题的谜底到今天也没有答案。

莉莉终于见到了路易·阿拉贡,他和爱尔莎一起来到德国首都待了几天。这段时间,她对马雅可夫斯基倒不太担心,因为布里克夫妇为他选中了一位新的情妇——一位迷人的女

---

① Vladimir Maïakovski, *Lettres à Lili Brik, op. cit.*, p. 216.
② *Ibidem.*

演员维罗尼卡·波隆斯卡娅。"小狐狸"就此可以好好享受一下柏林的文化氛围而不致有什么特别担心之处，因为这一次的入选者完全可以把诗人从那些阴郁的想法中解脱出来。维罗尼卡曾经是莉莉拍摄的影片《玻璃眼》主力翻译中的一员，肯定会在他们不在期间照顾好"沃洛佳"，减轻塔蒂亚娜的婚姻、《澡堂》的失利给他带来的痛苦。布里克夫妇深知，无论谁遇到马雅可夫斯基这样的天才都抵御不了对他加以诱惑的想法，他们的策略再一次灵验，因为两人迅速结成了情侣。维罗尼卡虽然可爱，但不属于塔蒂亚娜那种颇具伤害性的女妖。莉莉也觉得一块石头落了地，知道自己又一次把驾驭马雅可夫斯基的缰绳握在了手中。但她这一次却大错特错，因为马雅可夫斯基虽然刚满三十六岁，却已经心力交瘁，更何况一场久治不愈的感冒已经把崇尚青春活力与干劲的他榨干耗尽。他不是一再申明活过三十五岁对他有多么可怕吗？

这个困于自身心魔的情种、这位毁于政治伎俩的诗人深知自己永远无法摆脱浮士德契约的囚禁。"即便不愿公开承认，但马雅可夫斯基仍然饱受这种想法的折磨，即不断炮制应景诗句有可能妨碍他写出真正的好诗"[1]，本特·扬菲尔德这样写

---

[1] Bengt Jangfeldt, *Maïakovski*, Albin Michel, 2010, p. 400.

道。如何才能把艺术创作的自由与先锋派的胆识有机地结合起来，同时把他的才华投入苏维埃的制度建设呢？他向"铁面费利克斯"表达敬意的诗作那么寡淡无味，与他充满抒情华彩的《穿裤子的云》和《脊柱横笛》相去甚远，仅此一例便是明证。政治与诗歌难道真有什么相容之处吗？在这个国家，很多文章都变成了贩卖理念的广告……现在，他为之竭诚效力的政府又公然否掉了他渴望已久的种种荣誉。1930年4月4日，由于始终游离于绝望与欣快之间，饱受挥之不去的焦虑和啃啮心灵的妒火摧残，一而再，再而三地遭到自杀念头的煎熬，加之疾病缠身而日益虚弱，马雅可夫斯基在卢比扬斯基通道上的房间里给了自己的心脏一枪。手枪是雅科夫·阿格拉诺夫（就是莉莉的那个旧情人，与布里克夫妇走得很近）送给他的。根据一则十分盛行的传闻，阿格拉诺夫曾经在契卡担任要职，并且准备走马上任内务人民委员会的领导岗位，很可能利用诗人的反复无常与脆弱除掉了他，但这仅仅是一则传闻。

十一

在柏林接到电报通知后,布里克夫妇即刻赶回莫斯科。对莉莉布言,一生中最激动人心的时代就此结束。整整十五年,她在马雅可夫斯基身边感受到的是一段将艺术与历史紧密相连、将未来主义与革命事业融为一体的永无休止的创作进程。他们一起完成了多少共同的事业啊:先是电影《缚于胶片》以及《玻璃眼》,再是《宗教滑稽剧》,继而还有共产主义者–未来主义者协会、《列夫》杂志、"罗斯塔之窗"……他曾为她献上过多少首令人难忘的诗歌,莉莉的星期二沙龙又曾上演过多少回令人兴奋的晚会。他们满怀在自己国家参与建设新社会的共同渴望,在狂热追求艺术创新和感受日新月异、告别单调生活的欣喜中走到一起,结成了俄国先锋派历史上最具象征意义的一对。

马雅可夫斯基的仰慕者们指责莉莉·布里克,因为在他比任何时候都更加脆弱的情况下她却外出旅行。为什么她不待在莫斯科好好守着他?怎么就没看出他陷入的深渊有多么难以自拔?在这只"小狐狸"眼里,这些指责着实有欠公允——尽管她也为自己的离开而痛苦自责。她绝不是什么看管孩子的用人,时刻领着伟人之手守护天才的"保姆",一刻不停地哄他高兴、让他安心的艺伎。不是,莉莉是他的灵感女神,是他的作品的接生婆,是他的"妻子",激励他奋进,捍卫他的权利,在共同屋檐下为他营造激发灵感的生活环境,这份工作她始终做得尽职尽责。眼下,她只打算按他自另一个世界传递给她的信息去做,这个信息就包含在从他尸体旁边找到的那封信中:"莉莉爱我。"排除万难保护他的作品,这就是她今后的重中之重。与马雅可夫斯基的才华相比,其悲剧人生的终结实在不该再让我们耿耿于怀,那毕竟是一等一的才华。从这时起,莉莉便确信他已经超越了一个普通人的层次,达到了载入史册的境界,而她也打算建造一座殿堂来缅怀他,并成为这座殿堂唯一的守护人。所以,一回到莫斯科,她一刻也没耽误,忙不迭地打发了逝者最后一位情妇维罗尼卡·波隆斯卡娅,其实后者的名字也出现在了诗人的诀别信中——他完全认可了她成为家庭一员的地位。但维罗尼卡并不具备与她抗衡的实力，没让她费多少口舌就自动消失了。

斯大林下令举行国葬，因为纪念一位死者丝毫威胁不到他至高无上的权力。葬礼于1930年4月17日举行，布里克夫妇当天早晨刚刚从德国赶到，由他们的朋友雅科夫·阿格拉诺夫主持的仪式一直推迟到"小寡妇"现身才开始。十万民众排成了绵延好几千米的长队，莉莉和奥西普（既是她的丈夫，也是逝者的好友）先是坐着汽车赶到现场，随即与马雅可夫斯基的母亲和姐姐们一起步行参加了葬礼。她们很反感这只"小狐狸"，准备与她大闹一场，以争得今后的全部版税。诗人最后又遭受了一次羞辱。就在葬礼前一天，为了彻底消除他有可能因为受不了极度严重的梅毒而结束生命的传闻，人们对他进行了一次尸体解剖。传闻虽属无稽之谈，但只有手术刀才能说明一切，他终于还是没能逃过最后一次创伤。解剖定在作家俱乐部施行。在《战争与和平》一书中，为了让罗斯托夫一族居有定所，托尔斯泰特意选择了这处美丽的贵族宅第，"波瓦尔大街上一栋莫斯科全市闻名的叫作罗斯托娃的伯爵夫人的大楼"[1]。这个细节让酷爱阅读托尔斯泰的莉莉为之心动，她甚至还借用了托翁的那句名言"S.D.P.V."——"如果上帝还

---

[1] Léon Tolstoï, *Guerre et Paix*, Le Livre de poche, 1972, t.I, p.41.

赐给我第二次生命"，她的书信从头到尾都能看到这样的表述。

爱尔莎没能赶回来参加葬礼，直到1930年6月才抵达莫斯科，和阿拉贡一起住到了姐姐家，为的是让她重新振作起来。两人参加了莉莉的星期二沙龙，满怀敬意地回忆着"沃洛佳"的往事。"我们在那所合住房子里围桌而坐，房间因为家具小巧而显得过于宽敞，如同隔着眼前的窗户眺望远处的一点日头，实际却不比一只门框宽大多少，他随时可能在门框中出现。"① 多年以后，提到那段时光时，阿拉贡在《未完成的小说》中这样写道，寥寥数语把根德里科夫街道的温馨氛围一笔写尽。5月底，一位流亡巴黎的俄国同胞安德烈·莱文森在《文学报》杂志上撰文断言，布尔什维克的政治体制最终毁掉了高大英俊的天才马雅可夫斯基。莱文森是索邦大学的教授，也是专注研究泰奥菲尔·戈蒂耶和保罗·瓦莱里以及芭蕾艺术史的作家，素以严肃正直著称。然而，在爱尔莎的鼓励下，愤愤不平的阿拉贡却让自己变成了拳击手，把不幸的莱文森当成拳击球一般猛烈击打，以惩罚他对马雅可夫斯基的亵渎。听到并看到超过一百位左翼知识分子和艺术家——包括毕加索、莱热、马尔罗乃至法国诗人雅克·普莱维尔等一众撰文者纷

---

① Louis Aragon, *Le Roman inachevé*, Gallimard, 1956, p. 184.

纷在同一刊物发表文章指责莱文森，莉莉掩饰不住内心的喜悦。莉莉和爱尔莎毕生都在对任何胆敢攻击马雅可夫斯基之人予以坚决讨伐。在她们眼里，非友即敌，不管是否事关马雅可夫斯基，她们的游戏规则都绝对不会改变——胆敢对抗，死路一条。

获知马雅可夫斯基的死讯，"野草莓"曾经歇斯底里地发作，并一度深为他的逝去所扰。她整夜整夜地梦到他，噩梦让她变得十分虚弱。在莫斯科，每天看着长姐忙忙碌碌，她终于领悟到，要想走出悲伤，唯一的办法就是在怀念马雅可夫斯基的同时不断保持警醒。她对自己即将出演的这个角色十分看重，并因此刻意选择了一种充实而丰富的人生。莉莉激昂的热情打动了她所遇到的每一个人，似乎不像小妹受到的打击那么强烈，她一再安抚着妹妹，两人素来的角色颠倒了位置。"小狐狸"永远不可能成为哭哭啼啼、一身丧气的"小寡妇"，她似乎已经准备好重建自己的新生活，马雅可夫斯基的亡灵也永远不可能成为其新生活中的禁锢。何况，刚刚三十九岁的她很快就会遇到她一生所挚爱的那个男人。

爱尔莎和开始学习俄语的阿拉贡一起参观了几所医院，那里提供免费救治，还参观了几间托儿所，以及几处工地，那里的工人看上去都像刚演完某一出音乐喜剧。1930年11月，夫妇俩还利用此次长达数月的逗留时间参加了在乌克兰共和国哈尔科夫州举行的第二届革命作家大会。两人都坚信,布尔什维克的革命就是人类的未来,"他们的爱情就是料定这一未来大获成功的精神赌注"①。

早在结识"野草莓"之前,阿拉贡就深受共产主义学说吸引,如今的他更是毫无保留地投入其中。姐妹俩顺势而为,从未正式投身其间,但只要时机一到,也会从中分一杯羹。她们奉行的知识精英主义、她们对文明和优雅举止的品鉴能力与平民大众不相兼容,大众生活中的第一要务和"等贵贱、均贫富"的理想与她们相去甚远,但她们并不认为彼此之间存有任何内在矛盾,而且也从来不会一再深究,毕竟她们志不在此,对人生意义另有追求。卡甘姐妹始终不肯牺牲她们的自由与特权。我们并不想迎合人们挂在嘴边上的说法,落进把她们视为妖孽或奉若神明的俗套,而只想强调,面对那种专制体制下的波谲云诡,她们以自己的机动灵活和乐观豁达应对得多么游刃有余。我们平心静气地建议时常会被惊得目瞪口呆的读者,一定要牢牢记住,她们的优点相加,远胜过她们的缺点之和。

① Pierre Daix, *Aragon*, Tallandier, 2004, p. 305.

这次革命作家大会对阿拉贡的命运意义重大。阿拉贡决心证明超现实主义与共产主义异乎寻常的相得益彰，他同意写一封信进行自我批评，以获得苏维埃共产党的信任，该党对所有加入者的行为和举动都审查得极为严密——档案公开自不待言。秘密警察并没把这个法国作家放在眼里，出于意识形态的考虑，同时也出于对爱尔莎的爱，他无怨无悔地屈从了这项要求。爱尔莎一直在鼓励他，因为这个办法似乎对他的伤害最轻。他真诚地认为，共产主义肯定会迎来国际性的突飞猛进，决心全力以赴地贡献自己的一切。从巴黎到伦敦，从柏林到罗马，欧洲的左翼知识分子无不抱有同他一样的坚定信念，他绝对不是一个人在战斗。面对苏联理论家宣扬的代表人类未来、进步与希望的美好理想，他们怎么可能不受到诱惑？那可是一个建立在团结、互助、人人平等、崇尚劳动光荣上并且杜绝了一切种族主义的社会。

爱尔莎同样帮助法国影评家乔治·萨杜尔争取到了一份大会邀请，后者是阿拉贡相交已久的同道中人，三人坐着专列同赴哈尔科夫。搭乘专列的事实再一次表明，受邀者是绝对不能与其他人民群众混为一谈的。如同马雅可夫斯基及其曾经的宣传诗句一样，阿拉贡也写下了一首《红色阵线》，就发表在苏维埃官方媒体的一份机关报上。但这首诗却在法国引起了公愤,起因倒不是赞美苏联红军,主要还是里面有这样一句话:"向莱昂·布鲁姆开火。"诺贝尔文学奖得主、和平使者罗曼·罗兰吓坏了,认定这声召唤属于谋杀行为。我们并不能因此就指责他站到了敌对阵营,因为人人都知道他对苏联的新世界是何等向往。1917年4月,列宁不是就曾建议他跟随自己奔赴俄国,投身如火如荼的革命之中吗?"阿拉贡以他的积极参与,以他的所言、所行、所写,就此踏上了自己的漫漫长路。从此,谈到他的一切,都要回溯到1930年11月这个时间点,此时,诗人在哈尔科夫以其所有政治行为所特具的轰轰烈烈投入了共产主义事业"[1],丽莉·马尔库做出了这样的明确概述。

回到巴黎,夫妇俩重新开始面临物质生活陷入困境的现实。出于荣誉感和自尊心,自与阿拉贡同居以来,爱尔莎便拒绝收取特里奥莱缴纳的年金。除此,她也再没有其他的收入进项了。至于阿拉贡,他的版税收入少得可怜,而一度曾经按月为他预付稿费的加利马尔出版社也终止了这项约定,因为他的书根本就销不出去。好在他及时转卖了布拉克的《大裸女》,但也只是赢得了一时的喘息。他们的转机来自爱尔莎,

---

[1] Lilly Marcou, *Elsa Triolet*, *op. cit.*, p. 122.

她想了个好主意，制作项链卖给巴黎最大牌的高级定制设计师。项链的进项资助了两人初回苏联的那段时期，并确保他们返回法国后的日子基本还算过得去。"野草莓"先画出项链的设计稿，再逐一进行制作，每款只做一条。都是一些十分别致的项链，设计理念充满现代感，因为她加进了一些别出心裁的材料，比如椰果、金属、浸泡出珠光色的棉布，以及做出"蜥蜴皮"效果的塑料，并且史无前例地想出了把鬃毛、假钻、丝绒乃至彩纸球串在一起的做法。试想，到了如今的2015年，还有哪个女人不渴望戴上这么一条酷似非洲胸饰的瓷管项链，或者用胶木和皮革做成、用透明玻璃小鱼串起的创意饰品？

为了帮女伴卖出创意饰品，阿拉贡简直成了推销员，整天拎着手提箱奔走于各家供货商之间。可可·香奈儿、爱尔莎·夏帕瑞丽——阿拉贡一直想为她设计一条充满奇幻色彩的"阿司匹林药片"项链，以及吕西安·勒龙和莫利诺"船长"等众多设计师都为这些创意饰品所深深吸引。它们与那些司空见惯的珍珠细链和钻石长串是那么迥然不同，绝对属于20世纪30年代初期不容错过的珍品。阿拉贡的不少好友看到像他这么具有天赋的作家如此浪费时间，全都替他感到脸红，但当事人却乐此不疲，总是能谈成最好的价钱，显示出了不凡的商业天赋。当时,夏帕瑞丽经常会求助于时尚圈以外的合作者,比如科克多、达利或者梅拉·奥本海姆——后者负责为这位意大利女设计师设计罩有毛皮的黄铜手镯。毕加索对设计效果大加赞赏,于是建议他考虑一下自己设计的那只覆以相同材料的著名咖啡杯——这只杯子无疑是超现实主义艺术史上著名的艺术品。

夫妇俩为这桩持续了好几年的生意赋予了一种文学色彩,因为爱尔莎后来用俄语写过一部名叫《项链》的故事,而第二次世界大战期间,路易·阿拉贡则在多达十九首的《爱尔莎的赞美诗》之第六首《爱尔莎的华尔兹》中专门写到了这一段:

你为全城做着项链

到了夜晚

一切都在你的红手套中变成了项链

无论布片还是镜片

美丽的项链有如荣耀的光环

美得令人难以置信

如同爱尔莎在华尔兹的舞姿中飞旋,飞旋

我要把它们卖给纽约的商贩

当然还有柏林、里约、米兰和安卡拉的商圈

化朽为奇的珍宝

无不出自你点石成金的指尖

碎石也能放出鲜花般的绚烂

而你爱尔莎的艳丽容颜

则在华尔兹的舞姿中飞旋，飞旋。①

"上帝保佑，那些项链卖得别提有多好了，尽管人们没有一个不是钱少得可怜"②，爱尔莎后来给莉莉写信谈起1929年华尔街股市暴跌时这样写道。一般情况下，爱尔莎总能做到小投入大产出，她从最漂亮的项链中选出几条送给了"小狐狸"，后者则对小妹把帽子改成巴黎公寓里的灯罩表示赞赏。③ "野草莓"把自己的标记印得到处都是，包括首饰、灯罩，还有她自己的嘴唇，红红地印在了《超现实主义革命》的期刊上——就是登载了安德烈·布勒东《超现实主义第二宣言》的那本期刊。这纸《宣言》在路易写于哈尔科夫的那封自我批评书信中受到了谴责，对他做出的这份选择，布勒东永远都不会原谅。

---

① Louis Aragon, *Œuvres poétiques complètes*, Gallimard, coll.《 Bibliothèque de la Pléiade》, 2007.
② Lili Brik-Elsa Triolet, *Correspondance*, *op. cit.*, p. 50.
③ *Ibidem*, p. 45.

但爱尔莎当时的日常生活依然十分艰难,因为她总是整日整夜地坐在摆满便宜小饰物的桌子前面忙活着。她感受着强烈的孤独,因为阿拉贡"忙得像个疯子,开会、参展、写文章……我从来都见不到他。大部分时间我们都在争吵,除非是他让我觉得特别可怜的时候"[1]。

---

[1] Lili Brik-Elsa Triolet, *Correspondance, op. cit.*, p. 51.

十二

在莫斯科，莉莉在她刚跟奥西普搬进斯帕索佩斯科夫斯基街道上的一处公寓时开始撰写自己的回忆录，并整理出了为数十三卷的首版《马雅可夫斯基全集》。"通常，没活儿干最让我难过"①，几个月前，她向爱尔莎这样坦言。继承马雅可夫斯基的遗产变成了一场噩梦，因为诗人的母亲和姐姐们对她十分反感，不惜一切地想要阻止她染指逝者今后的版税。法律上，莉莉和他什么关系都没有，灵感女神和至爱情人的身份没有任何司法上的现实意义。但人人都知道他视她为自己的"妻子"，而且她也出现在了他写给众多家人的诀别信中——那是他唯一的一份遗嘱。虽然嫁的是奥西普，但她还是被当成了

---

① Lili Brik-Elsa Triolet, *Correspondance, op. cit.*, p. 45.

马雅可夫斯基的"小寡妇",而这种以文相合的重婚事例也顺理成章地被写进了卡甘姐妹的传奇故事。剔除了在诗人重新构建的家庭中同样占有一席之地的维罗尼卡·波隆斯卡娅后,马雅可夫斯基的遗产问题开始在家庭高层进入研究阶段。莉莉充分利用了相交已久的同道中人、"卢比扬卡分子"雅科夫·阿格拉诺夫的支持。1930年6月23日,一道法令一劳永逸地彻底解决了问题:莉莉、马雅可夫斯基的母亲和姐姐们同时分享了由国家支付的一笔抚恤金,而今后的版税——一半归莉莉,另一半归另外三个女人。后者永远都不会原谅她,在接下来的几十年里不遗余力地玷污她的声望,败坏她的名誉。这种丧心病狂的报复直到各主要当事人死去才告结束。

就在1930年夏天,莉莉认识了颇具威望的红军将领维塔利·普里马科夫。像以往一样,只要牵涉到卡甘姐妹,爱情的发生就永远伴随着浪漫的温情。读者想必还记得爱尔莎第一次与马雅可夫斯基面对面时项链断裂的那段插曲,另一段插曲则是后者先向莉莉朗诵了《穿裤子的云》,紧接着就把这首诗献给了她,而两个小时以前,他对莉莉还一无所知。"野草莓"和阿拉贡在蒙帕纳斯人神话中的高尚场所之一"圆顶"的会面又是怎样的令人心驰神往?在后人眼里,这样的见面场合总比地铁或者某个街边小店有情调得多……至于维塔利·普里马科夫，他们见面的官方版本是这样的："冒着倾盆大雨出门的莉莉没有像其他贵妇那样脱掉鞋子，而是欢快地踩起了水花。面对此情此景，普里马科夫当即产生了认识这样一位勇敢女性的念头。而她很可能没头没脑地说过这么一句：'要想认识一个人，最好的地方还是在床上。'"[①] 按照其他消息来源，则应该是他们共同的朋友、莉莉星期二沙龙的忠实主顾之一、作家谢尔盖·特列季亚科夫介绍他们相识的。

出生于1897年的普里马科夫因为在内战中成了英雄而堪称一个依然健在的传奇人物。他从1915年起就被流放到了西伯利亚——当时的罪名是煽动布尔什维克革命，直到1917年2月革命爆发时才被释放。随后他组建了红军哥萨克军团，因为对白军作战勇猛，迫使对方最终投降。后来当过列宁格勒骑兵学校的领导，接着又在中国担任军事顾问，并在阿富汗和日本当过武官。因曾经残暴镇压过反抗强制征兵和强行收购的农民起义，他在农村不那么受人待见。但在莫斯科和这个国家的其他大城市，人们说起他的名字却总是充满敬重。莉莉出现在他的生活中时，他即将被任命为驻扎在斯维尔德洛夫斯克的第十三军的指挥官，这里以前叫作叶卡捷琳堡，1918

---

① Arcadi Vaksberg, *Lili Brik, op. cit.*, p. 210.

年7月17日,沙皇尼古拉二世和他的家人就是在这里遭到杀害的。为了纪念这次集体屠杀的负责人雅科夫·斯维尔德洛夫,这座城市被重新命名为斯维尔德洛夫斯克。

从体魄上看,比莉莉小六岁的普里马科夫面容俊朗,一身戎装,烟嘴不离手,一派赳赳武夫之相。男子汉气概十足的他不仅拥有毋庸置疑的魅力,而且,与马雅可夫斯基正相反,他很能控制自己的情绪,处事总是镇定自若。更妙的是,这位伟大的战士拥有良好的教养,其实他已经娶了乌克兰作家米哈伊尔·科秋宾斯基的女儿为妻,谈吐中时刻显示出高超的文学造诣。他还发表过好几部著作,既有在中国和日本的长途旅行游记,也有诗歌。莉莉深为他如此众多的优势倾倒,很快就决定介入他的生活。此时的她经历了一次深刻的改变,过了四十岁,她开始彻底放弃同时与多人交往的念头。对普里马科夫来说,一夫一妻并非一道选择题,他要求她绝对忠诚,而她则完全接受了约定中的种种措辞。莫非她已经耗尽了放荡生涯的所有魅力,或是爱他爱到了不假思索、亦步亦趋的地步?按照所有证人的说法,莉莉还从来没有对哪个男人如此钟情过。维塔利·普里马科夫——她很快就给他起了个"凭真主意愿"的外号,因为他经常这么说——现在和以后都始终是她一生中的最爱。

奥西普·布里克本人也对妻子新近的人选心悦诚服。他曾对马雅可夫斯基抱有真诚而深刻的好感，对维塔利也将同样别无二致。"奥西普和他特别合得来，一会儿见不着都想得不行"①，1931 年 7 月 5 日，莉莉对爱尔莎这样倾诉。卡甘家的长女始终十分看重她与所选中男人之间的情投意合，这一次，这条屡试不爽的规则又一次得到了证实。他们就是她扎下的深根，这些深根在任何情况下都能保证她的稳定，她可以从这些可靠的深根中获得力量与安慰。普里马科夫只是建议她跟自己住在一起，并没要她离婚。他自己已经结过两次婚了。在他们俩相识时，他依然处于婚姻之中，并不觉得离了婚再做第三次结合能有多大的益处。这样的选择正合布里克夫妇的心意。于是，普里马科夫为了命中注定的莉莉撇下了自己的老婆孩子。

出于对普里马科夫的爱，莉莉放弃了她最看重的一切：沙龙、作家与艺术家的陪伴、灵感女神的角色，还有莫斯科文化圈里的生活。难以想象，她是怎么做到远离其个性和权威固有本质的一切要素，跑到外省过活的。莉莉以非凡的适应能力住到了乌拉尔的深山老林之中，向普里马科夫献出了自己最宝

---

① Lili Brik-Elsa Triolet, *Correspondance*, *op. cit.*, p. 60.

贵的自由和先锋派女王的头衔。毕生致力搜集最出色对话伙伴的她从来没有因为生活中这种翻天覆地的变化而责怪过他。"小狐狸"自此远离从前的耀眼光芒，依从普里马科夫的职务变化，从一个驻扎城市到另一个驻扎城市，过起了军人"家属"的日子，很少有机会逗留首都，每次回来就跟奥西普和他的女伴热尼娅共同住在斯帕索佩斯科夫斯基街道的公寓里。

我们不能就此得出结论，认为远离莫斯科不会给她带来烦恼。事实恐怕远非如此，真这么想就大大贬低了她出于对普里马科夫的爱而做出的巨大牺牲。现在的莉莉与从前的莉莉始终相似得就像同一个人：对新书、对新电影、对美味的小野猪一如既往地爱不释手。她密切关注着寄来的信件，恳求她的好友给她写信，告诉她莫斯科所发生的一切。得知这座已然变得麻木不仁的城市拥有了如睡美人复苏般的一切生机后，她的失落大为缓解。这座城市的艺术创作则再无新意可言，或者几乎没有新意，新一代领导人及其追随者们的审美贫瘠和想象匮乏已经达到了顶峰。当斯大林决定自1929年起将知识分子置于一党控制之下时，先锋派的蓬勃活力突然消失得无影无踪。那些不太愿意加入"拉普"或者说无产阶级作家联合会的作家们全都倒了霉。一场宣传和诽谤运动粉碎了所有胆敢抵抗者——马雅可夫斯基本人在自杀前两个月选择了让步。

1932年,"拉普"为"苏联作家联盟"所取代。安德烈·日丹诺夫只有一项过人之处——"社会主义现实主义":他笔下的主人公永远都是讲求道德的正面人物,结尾永远是乱乱哄哄的大团圆,用词永远通俗得能让最普通的读者看懂……没有任何事物可以搅扰苏联令全世界羡慕的光鲜外表。可以说,新制定的标准与未来主义灵光闪现的时代相去甚远,而这一仅以颂扬斯大林为宗旨的文化形式并未留下任何值得从遗忘中挽回的作品,因为所有具有真正价值的才子都已经先后消失了。布尔加科夫直到他死后很久才得以出版真正有分量的小说。他那部写于1930年的《大师与玛格丽特》有好几十年都被禁止出版。而帕斯捷尔纳克之所以荣耀加身(为时相当短暂)也仅仅是因为他遵循了斯大林的游戏规则,他的诗歌极力恭维了后者所选择的道路,但他歌颂五年计划的诗句却功亏一篑。于是,他也像别人一样因为缺乏热情而遭到了严厉惩罚。

在这种对知识分子的高压气氛中,莉莉早已不是从前活在自己荣耀时光中的那个灵感女神和沙龙女主人,远居他乡的她因此可以没有太多遗憾地献身于维塔利·普里马科夫了。尽管远离莫斯科,莉莉并没有就此忘记马雅可夫斯基死后的呐喊:"莉莉爱我。"距离丝毫不能排除她纪念马雅可夫斯基的职责，出于保证其全部作品皆能出版的目的，她很是费了一番功夫。但她的努力并没有结出应有的硕果。她很快弄清，原来是诗人的母亲和姐姐们一直在暗中活动，意图加害于她，阻止她把自己的名字和马雅可夫斯基的名字合在一起。另有一些劲敌来自官方媒体，他们把马雅可夫斯基说成一个具有破坏性的诗人。莉莉并不气馁，而是百般尝试，认为自己终有一天会达成所愿。她一直未曾放弃过对马雅可夫斯基的信任，后者的才华照亮了她的生活，她对他的感恩之情永远都不会减弱。在此期间，她充分利用了作为将军"夫人"的种种好处——人手、公车、出国旅行。在这个很多人都在挨饿的国家，她的餐桌具有很高的知名度。卡甘姐妹十分频繁并且十分随意地互寄的包裹，全都"奇迹般"完好无损地送到了对方的手里，因为谁都不敢随便苛责一位红军将领。她们就这样互相交换着鱼子酱、巧克力、咖啡、肥皂、药品、书籍、报纸、香烟、连衣裙、内衣、首饰、化妆品和香水。仪态万方的莉莉永远都是不抹口红不出门，而且连给她的客人上的菜品都是鹌鹑。

每次重回莫斯科小住，布里克女王都要再次会晤一下她的子民。普里马科夫不停地从一个地方调到另一个地方，继乌拉尔、鞑靼斯坦和北高加索之后，首都依然对她具有返老还童的疗效，哪怕如今的它已经沉沉睡去。尽管没有了高歌猛进和意外惊喜，这座城市还是能让她重新串起曾经的友谊，并且继续关注朋友们的职业变化，她一直试图在他们的公干中好歹激发出一点想象力和独创性。亚历山大·罗钦可拍了不少反映白海到波罗的海那条运河建设过程的照片。这可是政府兴建的诸多大工程之一。谢尔盖·爱森斯坦则遵斯大林之命拍了一部叫作《亚历山大·涅夫斯基》的电影，演员尼古拉伊·切尔卡索夫担任主角。虽然因普罗科菲耶夫的音乐而锦上添花，而且后者的作品总是把纳粹比作13世纪的条顿骑士，这部影片依然带有爱森斯坦的烙印，但在当时的苏联电影创作中，它也仅仅是一个个例。1932年，肖斯塔科维奇完成了歌剧《姆钦斯克县的麦克白夫人》并且获得了公众的热烈欢迎。但斯大林对他很反感，而且后者的"出版许可"已经覆盖到了所有的文化领域，所以最终还是封杀了这部歌剧。富有才气的梅耶荷德的作品也遭到禁演，这令他在媒体上饱受羞辱。同样是在1932年，卡西米尔·马列维奇画了《红房子》，以一间有墙无窗的监狱牢房揭示了同胞们遭受的苦难。于是，他受到了诋毁、逮捕和拷打。

一直喜欢到处旅行的莉莉幸福地陪着"凭真主意愿"出了国。他们就这样于1933年初来到了柏林，这是一个在这个国家历史上至关重要的时间。1月30日，希特勒被任命为总理；

2月28日,在指控共产党纵火焚烧国会大楼后,他获颁法令,让他正式开启了纳粹独裁,并赋予其镇压共产党的大权。政敌们全都死在了第一批集中营里,严刑拷打成了家常便饭。犹太人和共产党在光天化日之下遭到迫害,我们不禁想知道,本身既是犹太人又是共产党国家公民的莉莉对她看到的一切会作何感想。1933年4月2日,得知抵制犹太商店的消息,她又会有什么样的感受?可惜,关于这些问题,卡甘姐妹篇幅众多的通信没有给我们留下任何答案,因为1933年的通信只有一封,还是爱尔莎写的。为了证明她的无辜,我们还要多说一句,就是她的出行和普里马科夫的出行无不受到纳粹秘密警察夜以继日的监控,通信也一如既往地在发出和寄达时遭到拆看。将军与其他高层奉有官方使命,因为他们要负责学习德国军队的治军方法,谁都不能糊弄了事,否则严惩不贷。

"小狐狸"也利用这次柏林度假结识了作家兼导演贝尔托·布莱希特,她很欣赏他的创作。这位"三毛钱歌剧"的作者深为莉莉和普里马科夫所吸引,只是这段油然而生的友情为时太短,因为他被迫于1933年2月离开了德国,纳粹一刻也不容他耽搁。他们指责他不仅写了很多无政府主义和反资本主义的文章,而且投身马克思主义——他的剧本和诗歌在当年5月起遍及全国的焚书运动中被全部烧毁。普里马科夫和他的女伴在德国首都一直待到1933年6月,但没人知道莉莉在获悉马雅可夫斯基同样跻身那些作品被火焰吞噬的作家之列时是什么感受。5月10日,在柏林歌剧院门前,二万五千册书籍被付之一炬——这场驱巫运动不仅把海因里希·海涅、卡尔·马克思、西格蒙·弗洛伊德、斯特凡·茨威格、埃里希·马里亚·雷马克的作品,而且还把纪德、普鲁斯特、海明威、多斯·帕索斯,以及高尔基和马雅可夫斯基的作品也都裹挟了进去。整幢整幢的图书馆毁于一旦,一本接一本的书籍在欢呼声中被扔出窗外,随即灰飞烟灭。

十三

当莉莉和"凭真主意愿"待在柏林的时候,爱尔莎和路易正在莫斯科逗留,他们从1932年春天到1933年春天一直住在苏联。此时的阿拉贡沙(昵称)正心态平和地致力于享受在宣传运动中舞文弄墨的乐趣,因为犹犹豫豫的布勒东拒绝接受共产党在团队成员创作中的影响力,导致他最终正式断绝了与超现实主义的来往。从1932年3月10日的《人道报》上看到这一消息后,他昔日的同道中人——以保罗·艾吕雅为首,便把所有罪责全部归咎于他;后来凭借爱尔莎的全力支持,他才顶住了这场暴风骤雨。他从此便可以自由自在,无须早请示晚汇报,而是在女伴欣喜的注视下做自己喜欢的事。爱尔莎从来就没待见过安德烈·布勒东,觉得他太跋扈、太专横。"爱尔莎拉贡沙"双人组合(莉莉给他俩起的外号)公开表示,不再赞同超现实主义的手段与方法，因为它们与实际过于脱节，与那个"社会主义现实主义"也过于脱节。对于社会主义现实主义，他们倒是大为赞同。对欲望的解放、对梦的形成机制、对意识与预感的作用、对无意间的写写画画的研究，让他们觉得自己从此变得曲高和寡，成了人中龙凤。超现实主义者开始大玩"精美尸体"游戏，运用偏执狂批判法，迷信催眠性睡眠和精神分析，可以这么说，他们在改善人类命运的方法上走入了歧途。此时早已不是当年阿拉贡把他研究超现实主义的书桌放进格勒奈尔街道那幢漂亮的18世纪公馆的时候了。

从此，路易·阿拉贡跟写过《捷尔任斯基的战士》的马雅可夫斯基开始了竞争。继发表在《被迫害的迫害者》中的《红色阵线》和《格勒乌万岁》之后，他又着手完成了一部诗集，题目明白无误："乌拉尔万岁"；同时还为《世界革命文学》杂志写作，这本杂志被翻译成四种文字，在好几个国家发行。路易经历了布勒东"教皇"的独裁之后，又开始不假思索地听命于共产国际的指令。1932年6月，他又一次做出了在苏联人人必做的自我批评，直至公开否认自己的过去和超现实主义的创作手法。他必须清清楚楚地表明，他写给未来的每一行字都将服务于旗帜鲜明的文学事业，服务于只有共产党才拥有的荣耀。在法国，他的选择并非湮没无闻，他一回到巴黎，曾经担任《人道报》主编并于1934年再次出任该职的保罗·瓦扬—古久列就在报社编辑部给他谋了个位置。

在苏联待了整整一年的阿拉贡怎么还能继续为这个国家的"奇迹"大唱赞歌呢？失去土地和生产手段的农民被集中到了集体农庄之中，有些人烧掉自己的收成、杀掉所有的牲口。1932—1933年，一场有史以来最严重的饥荒造成了四百万人的死亡，成群的孤儿衣衫褴褛，流落在乡村和城市街头。阿拉贡和爱尔莎目睹了这一切。因为莫斯科和列宁格勒的情况也没好到哪儿去，居民们在空荡荡的商店门前排起了长队，一排就是好几个钟头。"爱尔莎拉贡沙"清楚地看到了苏联人生活的极度匮乏已经严重到了何种程度，但对他们来说，这样的痛苦根本不值一提，只是奔向更美好未来必须经过的一个阶段。莫斯科人元气大伤，失去了一切，"但在巴黎诗人已经被晃花了的眼睛看来，他们的贫穷成了艰苦朴素的象征"[①]。多年以后，阿拉贡在《未完成的小说》中以在他看来兼具困苦与希望的描述提到了他在莫斯科逗留的这段时间，算是给出了他的一家之言：

---

① Pierre Daix, *Aragon, op. cit.*, p. 339.

我曾经领略过逼仄的拥挤，四周的墙壁从来不曾粉刷修葺

我曾经领略过合租的公寓，住户们争来抢去，似渴如饥

狭窄的过道有如一大块面包堵住了疼痛难忍的咽喉要地

臭虫肆虐，屏障林立，大呼小叫，恶语相逼

我曾经领略过经年累月的缺食少衣

一枚别针也要敝帚自珍，亲生的骨肉只好忍心抛弃

每晚的电车上，忧郁的人们疲惫至极

上车与下车之间，狂怒与粗暴宣泄着难抑的火气……

但就在此时此刻，那道强光却倏然亮起

我无从解释这样的幻景因何而至

头一遭感觉有人类的眼睛在我身上闪烁迷离

呢喃着陌生人路遇时说起的只言片语

恰似聋人用肢体在向我展示

曾几何时，有人让他懂得了音乐的妙义 [1]

路易·阿拉贡还利用在莫斯科逗留的这段漫长时光把卡尔·马克思的文章从英语翻成了法语，并到斯维尔德洛夫斯

---

[1] Louis Aragon, *Le Roman inachevé*, *op. cit.*, pp. 186-187.

克参观了最后一任沙皇和家人遭到屠杀的地方——在1932年8月8日写给乔治·萨杜尔的信中,他提到了"尼古拉跟他太太和他的小崽子们被处决的那所房子"①。住够了旅馆之后,他们充分并且过分利用了奥西普的好客之情,后者曾向莉莉抱怨他们如何举止粗俗,如何大大咧咧。阿拉贡尽可以断言他"曾经领略过合租的公寓,住户们争来抢去",以及"经年累月的缺食少衣"。但在他这位连襟的信中,那道强光却完全变成了另一回事。1933年5月20日,奥西普给莉莉这样写道:"自从爱尔莎走了以后,我们的饭钱花得少多了,因为阿拉贡夫妇很难伺候,一般的食物他们都看不上眼。"又写道:"总之他们并不缺钱,钱多得甚至都不知道该放在哪儿。他们活得很滋润,换作是我,我肯定心满意足,可惜我没这份福气。所以我告诉爱尔莎,这样的生活水平超出了我的能力范围。……她听了很不舒服,不过我不在乎。不管怎么说,他们走了我很高兴。到后来,他们变得过于嘚瑟,什么演出都去看,只要自己高兴,想来就来,想走就走,一点儿也不顾及别人。"②那个"用肢体在向我展示,曾几何时,有人让他懂得了音乐的妙义"的聋人如果还是个瞎子,那他还真没那么

---

① Georges Sadoul,《Une femme, un homme》, *Europe*, février-mars, 1967.
② Cité dans Lilly Marcou, *Elsa Triolet*, *op. cit.*, p. 140.

痛苦，除非还是个哑巴。

一回到巴黎，夫妇俩就卷入了工作的旋涡。法国的生活成本不知道要比莫斯科高出多少，他们又一次被迫超负荷工作，勉强能够收支相抵。1933年，阿拉贡开始进入《人道报》社，随后又从7月起成了《公社》的助理编辑，这是一本由革命作家与艺术家协会发行的杂志。也是在1933年，爱尔莎把路易·费迪南·塞利纳的《茫茫黑夜漫游》翻成了俄语——一年以后在苏联出版，并把马雅可夫斯基的文章翻成了法语。她还致力于把阿拉贡的新小说《巴塞尔的钟声》（1934年）改编成了俄语版本，其实这部小说就是献给她的："献给爱尔莎，没有你我恐怕一句话都写不出来。"这部反映美好年代的巨著把两位虚构主人公狄安娜和卡特琳的故事与克拉拉·蔡特金交织在了一起。克拉拉·蔡特金是著名的德国社会主义积极分子，成功逃出了纳粹的魔掌，于1933年病逝于莫斯科。克拉拉·蔡特金从不掩饰她对斯大林的所作所为有多么不赞同，但不言而喻，阿拉贡不会提及这样的话题。正如马雅可夫斯基总是把他最新写出的诗句献给莉莉一样，阿拉贡也会首先向爱尔莎朗读他的手稿。无论哪种情况，卡甘姐妹的认可都是盖在蜡封上的那枚印章和压在银器上的那枝印模。说到底，爱尔莎还是要替《关注》报做一些高级时装的报道，同时教授俄语课，以凑出月末的费用。

"爱尔莎拉贡沙"四面出击：又写作，又翻译，还要不无焦虑地评论时事的变幻。1933年1月30日，当了总理的希特勒宣告了第三帝国时代的到来。7月25日，他又宣布了一项强制绝育计划，以纯化德国人种，从此什么也阻止不了他丧心病狂的杀人计划了。1929年股票市场暴跌引发的金融崩溃对整个西方世界的经济都造成了影响。1932年，欧洲和美国共有三千万人失业。法国人的生活步入困境，到1932年4月罗斯福上台决定放弃金本位后则更加雪上加霜。法国好歹还维持着金本位制度，这样一来，法郎和法国的国民经济都增添了多重压力，但也从1934年起为人民阵线的成立提供了理想的沃土。

路易·阿拉贡和爱尔莎也算是出没巴黎文学与艺术核心圈的那些法-俄双人组合中的一对儿，在此仅举加拉与达利以及索尼亚和罗伯特·德劳内这两对为例，如果说，"爱尔莎拉贡沙"乐于与第二对儿频繁交往，那么他们对第一对儿则避之唯恐不及。"路易·阿拉贡不喜欢萨尔瓦多·达利。因为讨厌他的个性……指责他的超现实主义创作既糟糕透顶又无可救药，他玩弄色彩与词句的小儿科手法既无济于任何事也无济于任何人，尤其无济于这场给他带来光和热的革命，而他还在激情洋溢地、小肚鸡肠地宣讲着这场革命的美德，"多米尼克·博纳这样强调说，"怒火中烧的阿拉贡自封为总检察长，对达利无视社会的严重违法行为予以指控。"① 至于加拉，"爱尔莎拉贡沙"一样反感，觉得她就是一个又贪财又爱支使别人的女人，尽管达利把她形容为自己的"平衡天使"，这个称号真该让阿拉贡拿过来用在爱尔莎身上。菲利普·苏波给她起了个"疥疮"的外号，道出了大家对她的印象。

德劳内夫妇的情形则完全不同。罗伯特·德劳内给路易·阿拉贡画过肖像——虽然与超现实主义者走得很近，但并没有成为他们的一员，而南希·丘纳德则有几件与索尼亚在时尚度上"同步"的衣服。她们撞衫的一件，就是绣着几何图案的大衣，还配了一顶帽子。至于爱尔莎，从1923年起就经常到他们家做客，马雅可夫斯基也是她带到他们家的。后者在他们家公寓的墙上画过一些神秘的字符，被他们小心翼翼地保存了下来。他们彼此相处甚欢，尽管索尼亚最后因路易·阿拉贡为斯大林大唱赞歌的举动大为恼火。其实在巴黎，爱尔莎最亲密的朋友应该是克拉拉·马尔罗。两人都出身条件优越而

---

① Dominique Bona, *Gala*, Flammarion, 1995, pp. 253-254.

教养良好的犹太家庭，都做过翻译、当过记者，都梦想成为"正经"作家，两人各自的男伴都属于一点儿也不想跻身聚光灯下，只是贪婪享受阳光与氧气的那种类型。爱尔莎虽然欣赏克拉拉·马尔罗，却受不了安德烈·马尔罗。"爱伦堡夫妇与安德烈·马尔罗一起从伦敦乘船出发了。要是你碰到马尔罗，不要跟他建立什么'友情'，只是供你'个人'参考。他这人坏着呢，很'危险'"[①]，1934年5月2日，她从巴黎给莉莉这样写道。这几对如今已经成为传奇的双人组合（阿拉贡、达利、德劳内，还有马尔罗）从来不知道不温不火为何物。他们只会感情用事、率性而为，永远都是情绪战胜理智。

就在爱尔莎警告莉莉躲他远点儿的时候，安德烈·马尔罗刚刚因为《人类的命运》获得龚古尔奖，这本书讲述了1927年4月发生在上海的大屠杀如何引发中国内战。爱尔莎觉得他浮夸、自大，善于钻营，待她亲爱的克拉拉太过粗野——他后来承认，之所以娶她只是为了她的钱财，但他却因为投资不当而让她破了产。克拉拉只有借助鸦片忘掉悲伤，平复焦虑。他怎么能在认识路易丝·德维尔莫兰的当晚就让她写出一部小说，对自己的妻子却没有一点儿支持和鼓励呢？

---

① Lili Brik-Elsa Triolet, *Correspondance, op. cit.*, p. 71.

"爱尔莎把心里话说给了克拉拉，让后者听了很感动：她一直在背着阿拉贡写作，偷偷用他的打字机打出手稿，一点儿也不敢让他看见。……那是爱尔莎用法语写的第一本书。……在对方倾情相告的鼓励下，克拉拉也向对方倾诉道，她十几年来每天都在背着安德烈撰写他们共同生活的日记——写成了一本类似'全书'的东西。"① 两个地下写作者算是形成了默契。

1934年8月，出席第一届苏维埃作家大会的阿拉贡夫妇和马尔罗夫妇在莫斯科凑到了一起。众多左翼作家从世界各地赶来参会，地位尊贵的高尔基在家里接待了"爱尔莎拉贡沙"。与会者还在莉莉面前向马雅可夫斯基表达了敬意，也就是说，对阿拉贡和爱尔莎形成诱惑的所有要素已经齐备。在他们眼里，一切似乎都那么奇妙，那么美好，敢有什么别的念头，那可要当心了……阿拉贡走上讲台，对法国文化的现状做了一番描述，接着两人就去克里米亚休息，随后又到高加索去找莉莉和"凭真主意愿"。路易·阿拉贡永远闲不住，利用这段时间着手把《巴塞尔的钟声》改编成了电影剧本并获得了法国的雷诺多奖；同时全力推进下一部小说《高等住宅区》的写作进度。我们注意到，这次重回莫斯科一点儿也没有拉近

---

① Dominique Bona, *Clara Malraux*, Grasset-Le Livre de poche, 2010, p. 284.

马尔罗和"爱尔莎拉贡沙"的关系。爱尔莎受不了安德烈·马尔罗，后者对他们也是如数奉还。"马尔罗不大喜欢阿拉贡……两人政治观点决然不同。尽管阿拉贡写文章夸过他的书，但其关于共产主义战无不胜的观点还是令他恼火。他宁愿与阿拉贡和爱尔莎这对形影不离的夫妻保持一段让人啼笑皆非的距离。谈到他们俩时，他曾经这样指责克拉拉：'你总是从你的敌人当中选择朋友。'"[①]

[①] Dominique Bona, *Clara Malraux*, Grasset-Le Livre de poche, 2010, p. 326.

十四

1934年,莉莉不得不猛然睁大眼睛,以看清她曾经期望与之保持距离的现实。她一直在逃避那些足以阻碍或者束缚其自由的事物,但很快就会为自己乐在其中的盲目追求付出惨重代价。一切起始于12月1日谢尔盖·基洛夫的遇刺事件。这位首批革命者中的一员很早就开始支持斯大林,后者责成他肃清列宁格勒的一切反动势力,他则以令人生畏的热情完成了使命。两人后来产生了分歧,斯大林甚至怀疑他两面三刀,伺机篡权,但两人之间的冲突似乎表面上有所缓和。后来一名刚被开除的党员向基洛夫头部开了一枪。按斯大林的说法,此举针对的是整个国家机构,属于阴谋危害苏联政府的第一波发难。根据某些传闻,此案就是由一桩通奸引起的仇杀,因为杀人犯的妻子做过基洛夫的情妇。到今天,历史学家们还在琢磨此事。

维塔利·普里马科夫突然被捕，在监狱里蹲了十五天，我们可以尽情想象莉莉此刻的焦虑。形势如此急转直下，事先没有任何征兆，她强大的心理防线至少是出现了缺口，一向杀伐决断的布里克夫人过往不曾为什么事太过担心，现在开始尝到了害怕的滋味。仅仅1934年12月这一个月，就逮捕和处决了一大批人——大概有六千五百人之多，但"凭真主意愿"这一次却得以逃脱。他不仅获得释放，而且被任命为莫斯科军校的督学主任，随后又当上了列宁格勒地区的助理军事官。但喘息只是暂时的，他还不知道，他的自由只剩下一年半的时间，随后又回到了监狱，这一次却没能活着出来。总体上，莉莉的亲朋好友都在经历黑暗时刻，仅举她的朋友卡西米尔·马列维奇为例，他曾为《宗教滑稽剧》设计过那么别致的布景。受到停业处罚，他的学校只好关门。他的工作如此远离"社会主义现实主义"的规范——无论在本义上还是引申意义上，最终断送了他的生命。遭到彻底流放的他患了重病，他的弟子求助于莉莉，希望她可以找高层对他网开一面，让他离开苏联到欧洲的某座大城市接受治疗。但所有要求都被拒绝，几个月后，癌症于1935年夺去了他的生命。

相比之下，莉莉则幸运地重新回到了列宁格勒，这座城市凄凉的美感和半透明半乳白的灯光让所有看到它的人都会怦然心动，特别是当你坐船而来的时候。"喀琅施塔得要塞岛屿突然出现在珠光色的、星云状的迷雾之中，我不由想起，在我的俄罗斯老朋友中，有那么很少的几位，每次在茶杯中倒入牛奶时都要求达到'喀琅施塔得'的效果——装点出刚好盖住清亮茶水的淡淡奶雾，就像此刻一层光晕迷漫在北欧透明的空气之中"[①]，莱斯莉·布兰奇这样写道。1930年初，她是少有的几个被准许留在这个国家的外国人。对于莉莉，她所了如指掌的列宁格勒则与诸多美好的回忆密切相连。她的第一个沙龙就开在这里，布里克夫妇与马雅可夫斯基三人组合也是在这里和马克西姆·高尔基一起听到的"阿芙乐尔"号巡洋舰的炮声，那是对冬宫的进攻信号，是十月革命的开端，承载过很多最后被辜负了的希望。他们一起在这里拍过电影《缚于胶片》，在这里成立过共产主义者-未来主义者协会，马雅可夫斯基还在这里写下了《宗教滑稽剧》，并向她献上过《脊柱横笛》。还有1915年那一年的圣诞节，她那棵倒挂在天花板上的未来主义圣诞树。

作为公务用房，普里马科夫分到了一所小住宅，四周围

[①] Lesley Blanch, *Voyage au cœur de l'esprit*, Denoël, p. 244.

着银色的白桦树。入住以后,"小狐狸"开始鼓励他施展文学才华,一如她对马雅可夫斯基和奥西普做过的那样。在莉莉的指引下,他写出了迄今最美丽的篇章。她还在这里接待朋友们的来访,并且组织跳舞晚会,爱尔莎与上层军官跳着华尔兹。借用库尔奇奥·马拉帕尔特一本书的书名,晚会的气氛颇具《克里姆林宫舞会》的意味。白天,"凭真主意愿"忙于工作,莉莉则始终与她的朋友弗谢沃洛德·梅耶荷德形影不离,后者一直在排练柴可夫斯基的歌剧《黑桃皇后》。听着《盖尔曼咏叹调》《托姆斯基叙事曲》《丽莎和波琳二重唱》和《伯爵夫人小调》,她浑然忘记了普里马科夫被捕给她带来的打击,那位伯爵夫人年轻的时候曾被称为"莫斯科的维纳斯",这个外号本该由莉莉用到自己身上。在观看排练和每一场演出的过程中,她又获得了新生。艺术与爱情相得益彰,这样的环境让她如鱼得水。梅耶荷德对他的妻子、演员季娜伊达·赖赫(她也是诗人谢尔盖·叶赛宁的首任妻子)一往情深,因为看到她投入别人的怀抱而痛苦万状,而莉莉则向他解释自由恋爱如何难能可贵,试图平息他的痛苦。她很欣赏梅耶荷德,他是那么特立独行,虽再三遭受审查的重创却宁折不弯。他把歌舞伎戏剧的美感融入了对风格化与纯艺术的追求之中。莉莉与美丽而性感的季娜伊达也走得很近,比任何人都清楚她的欲望有多强烈，而后者比梅耶荷德足足小了二十岁。对"小狐狸"来说，魅力就是一团需要巧妙维系的火焰，尽管她从此开始对"凭真主意愿"忠贞不渝，但她依然是同代人中最有吸引力的女性之一，不管什么时候都是保养精细、仪态万方。我们又怎么能指责她面对斯大林的行刑队选择优雅作为武器的举动呢？

莉莉还利用普里马科夫的调动与她"最要好的敌人"、女诗人安娜·阿赫玛托娃重新建立了联系。尽管后者曾经对她与尼古拉·普宁的私通和她对他的提携那么心怀怨恨，但因为过于聪明，她不可能不从莉莉富于内涵且始终充满新意的谈话中有所收益。世上的完人太少，没办法一一避开身边的好坏参半者。自1912—1914年取得最初的诗坛成就之后，"白银时代之魂"早已失去了当年的光彩。革命给她带来的只有失望和痛苦，因为她自己的文字被禁止发表，只能靠投几篇翻译稿凑合活着。她的儿子列夫第一次被秘密警察逮捕时，理由是具有恐怖主义的危害倾向，但随即获释。1935年秋天，就在莉莉和普里马科夫移居列宁格勒期间，列夫再次被捕，与普宁同属一批。他们后来虽然都被释放，但这种小把戏早晚会让人精神崩溃。1938年，在经受了八天的拷打之后，她的儿子最终被送到了集中营。阿赫玛托娃感觉自己危机四伏，她的世界顿成齑粉。猜忌的气氛四处弥漫,每个人都有可能窥伺或者揭发别人,隔墙确实有耳,而且有眼。女诗人想出了一个办法,用来检查她不在时是否有人翻过她的东西:在记事本和抽屉上粘上自己的头发。如果回来时发现头发不见了,就知道有人为了害她而冒冒失失地跑来寻找过她叛变投敌的证据。所以,不言而喻,她与莉莉关于文学的对话肯定能让她获得几个小时的振作时间,何况"小狐狸"还把马雅可夫斯基对她的几首诗欣赏有加并且做出评注的消息告诉了她,并且给她看了相关诗集,以资证明。

马雅可夫斯基虽然已经去世五年,但始终是莉莉关注的焦点,以至于她决定亲笔致信斯大林,希望后者不要让诗人身后无人问津。这封信写于1935年11月24日,很可能会为她惹来责罚,让她身处险境,对她的强势性格确实是个考验,但什么都压制不了她誓将马雅可夫斯基奉为神明的意志。普里马科夫处处对莉莉加以引导,而且她还拥有来自雅科夫·阿格拉诺夫本人的另外一重强力支持。马雅可夫斯基活着时,有可能意味着一种威胁;但现在时过境迁,所以斯大林决定把他树为苏联杰出的伟大作家——让他捎带着把依然在世的高尔基羞辱了一把。消息在《真理报》上一经刊出,便在文学和艺术界引起轩然大波。

莉莉史无前例地大获成功，因为她在1936年1月1日写给爱尔莎的信中坦承，她受到了斯大林一位伙伴的接见，跟她探讨如何找出解决她所提问题的合适办法——两封信的日期本身就足以说明一切。一接到克里姆林宫的召见通知，她就跳上了"红箭"——1931年起开通的连接列宁格勒与莫斯科的列车，并在他们依然跟人合住的公寓里与奥西普以及朋友们一起大肆庆祝。我们注意到，如果说莉莉很在意让她所爱的男人们和睦相处，那么，他们现在和将来一直如她所愿。这些先生们——奥西普·布里克、普里马科夫以及瓦西里·卡塔尼扬（她未来的丈夫）热情一浪高过一浪，直到众口一词地对马雅可夫斯基的才华以及莉莉在他一生中所扮演的灵感女神角色表示深切的赞赏；彼此之间从来不曾生出嫉妒之心，都在鼓励她好好守护对他的那份记忆。没有一个人感觉自己被诗人的阴影所淹没。

莉莉的个性始终没变，就在同一封信里，她还要求妹妹给她寄"两件晚礼服……就是那种锦缎的，不要太贵的……还有能配裙子穿的鞋……裙子的面料一定要妙趣横生，鞋子也一样"[①]。她列出的清单还包括四盒香粉、三支丽兹口红、一打长筒袜，当然还有香水"姬琪"——她的最爱，在她的通

---

① Lili Brik-Elsa Triolet, *Correspondance, op. cit.*, p. 85.

信中常常都会提到。莉莉·布里克就是这样一位步步紧跟"娇兰"足迹的斗士。苏联的小学生从此开始把马雅可夫斯基的诗歌牢记于心,他的作品也开始重新出版,整卡车地销售,从而保证了我们这位女主人公从版税中获得的无比滋润的进项,而且莫斯科一座巨大的广场也改成了他的名字。从这时起,整个俄罗斯有好几条马雅可夫斯基街道,就跟法国到处都是让—饶勒斯大道一样。"不管怎么说,莉莉想要什么就能得到什么……"①

为落实斯大林的指示,莫斯科举办了一场纪念马雅可夫斯基的晚会,出席晚会的莉莉获得了完胜。致敬仪式在圆柱大厅举行,当时的苏联就以这个名字称呼这里。这里以前做过舞厅,此后则改为政治集会和官方葬礼的场所——接下来的葬礼就轮到高尔基了;但同时也举办音乐会,因为这里被认为具有全国最完美的声学效果。莉莉的所有努力都得到了回报,她与马雅可夫斯基的恋人关系得到了所有人的认可,两人的佳话正式流传给了文学后世。她还不知道自己的幸福为时多么短暂,几个月后,工会大厦里的这座豪华的"圆柱大厅"就将迎来莫斯科公审。

---
① 暗指音乐剧《该死的扬基》(1955 年上演)中那首著名歌曲《无论罗拉要什么罗拉全都能得到》。

十五

1936年是决定卡甘姐妹命运的一年，因为她们一向颠扑不破的关系开始发生逆转，莉莉该把她的君主桂冠交给爱尔莎了。在此之前，长姐在各个方面都在挤压小妹——美貌、爱情、文学界的威望、身心活力。只要有可能，莉莉甚至还会资助一下爱尔莎，这样的举动只会让"野草莓"在解除经济困难的同时加深无力感和负罪感。但到1936年，"小狐狸"即将被无情的国家机器碾得粉碎，厄运将成为她生活中的主基调；相反，爱尔莎则会将莉莉远远甩到身后，逢战必胜，连战皆捷。

"爱尔莎拉贡沙"搬到了巴黎苏迪埃尔街道一处两居室公寓，离卢浮宫和杜伊勒里花园只有几步路。逢到好天，女伴再也禁不住外出诱惑的时候，路易·阿拉贡就会躲在这里专心创作。他们的新住所太过狭小，地方不够用，经常会彼此侵占对方腾不出来的空间。他们以一如既往的高涨热情筹备了旨在捍卫文化成果的作家大会。在共产党的指导下，会议于1935年6月召开。随后，他们又开始撰写文章，四处参加政治集会，路易还完成了他的一部新小说《高等住宅区》。爱尔莎把这本献给她的书译成了俄语，正如她把纪德的剧本《罗贝尔或一般关注》译成俄语一样。开会期间，这部戏剧他们看了很多遍，到莫斯科参加高尔基葬礼时又重温了一下。她还把译文寄给了莉莉，请她推荐给各位剧院经理，并且向姐姐坦承，这份翻译活儿她干得可能不太靠谱。"我的翻译慢得出奇，不停地受到干扰；阿拉贡一早就对着电话大喊大叫，接着就开始有人走来走去。简直就是一场灾难。"[1]

1936年最初几个月，到处都能听到人民阵线的选举口号——面包、和平、自由，该党在4月的国民议会选举中获得了重大胜利。不言而喻，当人民阵线运动接受与共产党人达成的共同计划于6月份上台执政后，夫妇俩欢喜雀跃。共产党人支持由社会党首莱昂·布鲁姆组阁的新政府，但并未参与。他的改革不一而足——带薪休假、每周四十小时工作制、军备企业国有化、改变法兰西身份。尽管相比苏联的"奇迹"，

---

[1] Lili Brik-Elsa Triolet, *Correspondance, op. cit.*, p. 91.

这一切似乎仍显不足,但"爱尔莎拉贡沙"完全同意这些最新方针,因为法国已经迈出了一大步。

同样是在1936年6月,爱尔莎的导师高尔基走到了生命的尽头。他把他俩都叫到了床边,因为他对阿拉贡同样欣赏有加。年迈的作家晚景悲凉,既有对荣誉的憎恶,也曾遭受过无情的鞭笞。1933年,他就曾获颁斯大林勋章,并且于1934年当选苏联作家联盟主席,从而可以在莫斯科住进一所漂亮的公馆,但他却在1934年继基洛夫遇刺后在住所遭到暗杀。当高尔基把指派集中营犯人修建白海运河说成是对"无产阶级宿敌的成功改造"时,他得到了奖赏;但当他胆敢为审查手段的泛滥而感到遗憾时,责罚立刻劈面而至。很多人都不认为他死于肺炎,而是死于中毒(他儿子的死也具有同样疑点),因为他本想以再次流亡国外相要挟,以便到国外揭露这个国家的弊端。为了不让垂危的高尔基看到他的朋友列甫·加米涅夫究竟出了什么事,当局让人专为这位老人伪造了好几期的《真理报》,把欺骗的手段玩到了极致。加米涅夫自1933年起便担任了普希金之家(俄罗斯文学研究所)的领导职务,后因被指控意图刺杀斯大林而被捕,高尔基去世两个月后即被处决。

爱尔莎和阿拉贡先去的列宁格勒,在莉莉家耽搁了太长时间，终于没能趁高尔基在世时见到他，所以我们无从知道后者在弥留时的卧榻上到底想跟他俩说什么，以致非要让他们从国外火速赶回。他是6月18日去世的，20日，红场上就举行了国葬。安德烈·纪德为此发表了一篇悼词，他曾让阿拉贡帮着把关这篇文章，必要时加以润色。第二天，则由路易在文化公园发表讲话，向爱尔莎的导师表达敬意，面积达一百公顷的文化公园沿莫斯科河蜿蜒伸展——很快就按斯大林定下的规矩被重新命名为高尔基公园。爱尔莎非常伤心，因为这位《在底层》的作者给予她的友情和支持改变了她的一生，但她同时也为阿拉贡骄傲。眼下，他们只想到离莫斯科不远的巴尔维卡，找个专供党内干部和外国要人居住的楼堂馆所好好休息，享受一下俄罗斯的夏季。松林中矗立着一座新建成的疗养院和几处景色迷人的郊外别墅，疗养的人纷纷涌到这里，享受着里面的网球场、电影厅、象棋馆。"此时，路易·阿拉贡和爱尔莎·特里奥莱听到了一个坏消息，纪德那帮人很快要来巴尔维卡，可他俩已经在一处豪华疗养所订好位置，准备好好疗养一下。身边总有一个像纪德这么烦人的家伙盯着，他们还怎么休息？"[①]最终，总算与那位《梵蒂冈地窖》的作者相安无事，"野草莓"

---

① Jean-Luc Moreau, *Pierre Herbart*, Grasset, 2014, p. 269.

甚至还在他购买当地油画讨价还价的时候帮他翻译了几句。

我们注意到，安德烈·纪德和他的朋友、作家皮埃尔·埃尔巴尔对周围的一切并非熟视无睹。"这次旅行的挫败感来自对苏联现实最深切的一点领悟，让我们看到了这个国家的政权本质"①，埃尔巴尔这样强调。住在这所出自一位苏联托马斯·曼之手的疗养院——斯大林时代如《魔山》一般风景如画的微观天地，"爱尔莎拉贡沙"还趁机结识了另外一位名人住客库恩·贝拉。库恩·贝拉曾经在匈牙利短期领导过受到共产主义影响的政府，后来在苏联过着舒适的流亡生活，后死于在卢比扬卡的监狱。

1936年8月14日，爱尔莎和阿拉贡又回到了莫斯科，当天，普里马科夫在列宁格勒被捕。斯大林指责他叛变革命，莉莉听到消息时正在布置那座刚刚分配给将军的宽大的郊外别墅。别墅离莫斯科不远，她打算在这里守着他好好享受一下晴空万里的夏季，但她从此再没见到他。莉莉的女佣打电话通知了她，"小狐狸"万念俱灰，她的世界瞬间崩塌。她还记得奥西普进入契卡时所描述的那些被他抓进去的犯人是如何受刑的吗？他们的客人，比如鲍里斯·帕斯捷尔纳克，听他讲述那

---

① Jean-Luc Moreau, *Pierre Herbart*, Grasset, 2014, p. 275.

些酷刑时吓得目瞪口呆。"爱尔莎拉贡沙"赶来百般安慰，试图从他们认识的外交官那里求得帮助，但每个人都惊恐万状，无不反躬自省。

接二连三的逮捕行动和随之而来的公审大概会让所有人都吓得心惊肉跳、望而却步。斯大林甚至当着全国人民指责这些人，说他们祸国殃民，导致食物短缺，很多人都对此深信不疑。莫斯科公审就在圆柱大厅举行，莉莉曾在这里参加马雅可夫斯基的身后圣礼。公审现场的照片拍了无数，电台一直在转播。记者们受到鼓励，放开手脚大干一场，争相表现革命热情。

莫斯科举行过四场公审：1936年8月16日、1937年1月17日、1937年6月11日和1938年3月21日。只有1937年6月的那场"将军公审"秘而不宣。除了普里马科夫，还有罗伯特·埃德曼——防空机构首脑，奥古斯特·科尔克——军事学院首脑，鲍里斯·费尔德曼——红军行政部门首脑，以及国防委员会副主席米哈伊尔·图哈切夫斯基——"爱尔莎拉贡沙"在列宁格勒的莉莉家见过他，很欣赏他的才智。罪名很严重：恐怖主义、蓄意破坏、妄图刺杀斯大林以便由托洛茨基取而代之、私通敌国、为纳粹刺探情报……所有罪名均系伪造，而被控人则连请律师的权利都没有。经过让他们颜面扫地的拷打，他们全都承认了自己的"罪行"。维塔利·普里马科夫以非凡的坚毅经受住了最不堪忍受的凌辱，没有承认对他指控的犯罪行为，但几个月后，刽子手们把他弄成了一个废人，最终他也只能屈服——那几场"审讯"似乎就是由莉莉的前情夫阿格拉诺夫主持的。

1937年5月14日，气力耗尽的将军被折磨得面目全非，丧失了听力，对所有指责全盘承认。到6月11日，经过一场"暗箱操作"的诉讼，他被枪毙了。从收音机里听到这个消息时，莉莉难受得心脏都快停跳了。她必须以最快速度毁掉所有对她不利的文件，因为，"叛徒"的家属通常都会遭到逮捕和清除，因此她把最主要的信件和大部分私人日记都烧掉了，只留了与马雅可夫斯基的通信。多亏当初为了马雅可夫斯基给斯大林写过信，莉莉才得以幸免。斯大林亲笔在来信上做了批注，对女公民莉莉·布里克为拯救去世诗人的努力大加鼓励，从而成就了她作为未亡人不可撼动的正式地位，而其他将军的妻子或者女伴则悉数遭到处决。

幸存者及受害者的亲友们无不深居简出，溜边靠沿地谨慎生活，只要有人敲门就吓得心惊肉跳，特别是在深更半夜。莉莉有些早衰，为了忘掉痛苦而借酒浇愁。她总是一再自问，她曾经爱得最深的那个男人维塔利·普里马科夫被指控的罪名是无中生有还是确有其事。这个疑虑缓慢却坚决地吞噬着她、摧毁着她——直到二十年后的 1957 年 1 月 31 日,他才被洗清所有疑点,获得平反。自此,她唯一的乐趣就是致力于捍卫马雅可夫斯基的作品与身后名声。

Deuxième Partie 下篇

十六

1936年9月，"爱尔莎拉贡沙"离开了莫斯科，此时他们还不知道，再次踏上这片土地将是十年以后的事。"野草莓"很为自己的姐姐担心，不停地尝试激起她的好奇和欲望。她现在成了姐姐的保护人，对她充满关切之情，可惜她必须重返巴黎，回到日常生活的轨迹之中。重返巴黎的他们神经紧绷，因为法国共产党对阿拉贡十分不满，因为他的女伴居然是一个"叛徒"的"小姨子"，这个"叛徒"还是被斯大林下令逮捕的——消息的传播速度快如闪电，普里马科夫被枪毙时，对他的敌意更是有增无减。但夫妇俩的注意力很快就被西班牙内战吸引住了。这场内战开始于7月17日，军人们发动了一场政变，试图推翻民主体制，这个体制确实既不稳定又不可靠。这个国家只有一部分地区落入叛军之手，马德里政府于是开始寻求外国帮助。佛朗哥将军一心打算推行军事独裁，把国家从混乱中拯救出来，带领军队采取了一系列军事行动，并且很快得到了希特勒和墨索里尼的协助。随即，秃鹰军团的纳粹飞机便于1937年4月26日轰炸了格尔尼卡，这场屠杀催生了毕加索最著名的画作之一。

刚刚抵达法国，阿拉贡和爱尔莎就坐着卡车再次动身驶向西班牙。这场冲突之所以引起他们的牵挂，主要基于两点理由：一方面他们要捍卫民主，另一方面则要尽到共产党员的义务。因为西班牙被分成了两块截然不同的区域，一块由法西斯控制，另一块则掌握在共产党手中。"爱尔莎拉贡沙"在那里还遇到了安德烈·马尔罗以及其他反对西班牙国民军、支持共和军大业的作家——仅举海明威、聂鲁达、奥威尔和多斯·帕索斯为例。为了捍卫文化事业，他们带来了由国际作家协会搜集的捐赠物品，爱尔莎则为一家苏联杂志对事件进行采访报道。他们在西班牙期间正好赶上最为紧要的关头，因为就在1936年10月，国民军的一支特遣队兵临马德里城下，这里当时还是共和军的领地。来自全世界四面八方的作家和艺术家随即开始声讨佛朗哥，加入了由苏联共产党领导的国际纵队。从海明威的《丧钟为谁而鸣》，到乔治·贝尔纳诺斯的《月光下的大公墓》，大量书籍都提到了文艺工作者们做出的这一抉择。包括对马德里的围城做出惨痛描述的安德烈·马尔罗的《希望》,以及巴勃罗·聂鲁达(他大概已经与"爱尔莎拉贡沙"及至莉莉全都结成了密友)的《西班牙在心中》,还有乔治·奥威尔的《动物庄园》。

11月初,为了推出阿拉贡的新书,他们再次回到巴黎,《高等住宅区》于1936年12月3日荣获雷诺多奖。这部富于启蒙意义的美妙小说讲述了巴邦塔纳兄弟——爱德蒙和阿尔芒的奇遇,虽然我们在书中可以看到《巴塞尔的钟声》中某些人物的影子,但他们的好友却众口一词地认为,书中的女主人公之一卡洛塔分明借鉴了南希·丘纳德的性格特征,而且不止一星半点儿。她在作者的构思中始终留有深重的印迹,只会让爱尔莎心生不满,尽管阿拉贡深情款款地将《高等住宅区》献给了后者:"献给爱尔莎,有了你才有了现在的我,有了你我才能拨开心中的迷雾,找到真实世界的入口,这个世界我不枉活过,也不枉一死。"如同为前任所做的一样,爱尔莎把这本书翻成了俄语,译文则依然由莉莉帮助修改。我们注意到,面对苏联编辑们对她通篇译文的大删大改,"野草莓"毫不掩饰自己的愤怒与失望。翻译塞利纳和阿拉贡的作品堪称对译者智力的一场绝佳挑战,所以,看到自己的文章遭到如此大肆砍伐,她的反应也就不难理解。

几个月后，也就是当年的5月，爱尔莎被一场来势凶猛罕见的腹膜炎彻底击垮。大夫出身的阿拉贡立刻判断出了情况的严重性，她被紧急送进了医院。正如莉莉身体不适时马雅可夫斯基当即变身护理员一样，阿拉贡对爱尔莎表现出了十足的温存与奉献精神。就在外科大夫们担心他的女伴是否能活下去的那些黑暗时刻，他不仅意识到自己有多在意她，而且发现她多年来一直在暗中写作，只是不敢向他承认。先后在枫丹白露休养所和萨瓦度过的康复期让他们有机会敞开心扉进行对话，仔细回味以往的交流。他们出色地渡过了这道难关，最终变得比以往任何时候都更加振作，更加默契，随时准备投入新的战斗。

西班牙内战极大地调动了他们的积极性。阿拉贡被著名活动家莫里斯·多列士任命为《今晚》报的总编。该报创刊于1937年5月，开始为动员法国舆论支持共和军而奔走。夫妇俩还参与组织了救助西班牙儿童的一场大型晚会。他们推出了好朋友毕加索和莱热的画作，以及诸如吕西安·勒龙等大牌设计师的连衣裙，办了一次抽奖和一次拍卖会。其实，爱尔莎那天晚上吃饭时就和后者在一起，而且还穿着一件"缀有天蓝色公鸡羽毛的斗篷"[①]。在卡甘姐妹的生活中，尚武精神

---

① Lili Brik-Elsa Triolet, *Correspondance*, *op. cit.*, p. 106.

并非一定要通过短裙和征兵士官脚上的那种鞋子来体现。投身美好事业与赚点小钱凑出月末费用的机会丝毫不相排斥,她向设计师提出了建议。"我递给勒龙几款项链和一只手袋,说出了我的'想法'。手袋式样奇特,完全透明,像用玻璃做的(是一款晚会手袋),里面什么都看得见,所以装的每一样东西都要体面!比如粉盒、钱、情书什么的。我把第一款项链的'创意'卖了出去,以后我自己就不再做这样的东西了"[1],她当时这样给莉莉写道。

就在这封信里,她还向姐姐吐露了一段隐情,说得十分明白透彻:"不想要男人了。得病以后,我苍老得厉害,变得很伤感。我也不需要男人,他们也不需要我。"这封写给莉莉的信充分显示出,她是多么想通过描述自己在巴黎的生活来帮助长姐排解忧愁。被任命为《今晚》报时尚版负责人后,爱尔莎向莉莉讲述了她如何约稿,如果稿子不合意她就自己重写,讲述了如何选择搭配文字的图画和照片,如何自己动手设计版面,如何跑印刷厂排版。她对姐姐关注有加,毫不松懈地护持着她,但一直避免提及普里马科夫。爱尔莎到底觉得他是有罪还是无辜,我们始终不得而知,因为她对这个问题总是守

---

[1] Lili Brik-Elsa Triolet, *Correspondance, op. cit.*, p. 116.

口如瓶。而阿拉贡则不假思索地认可了莫斯科公审的合法性，甚至毫不掩饰自己对那些被告人妻子拒绝探望丈夫的赞赏。一个因为觉得诗人贝齐姆扬斯基奇太没党性而给作家联盟和《真理报》写信揭发其言行的人，做出这样的举动不足为奇。何况，阿拉贡还曾在一篇文章中提过这样的问题："我就想问一下，在一个社会主义社会，一名窃贼究竟应该处于什么地位！"[1]更别忘了他在《被迫害的迫害者》一书中表达过怎样的敬意："格勃乌万岁，它真正展现了唯物主义的伟大。"阿拉贡始终追求完美，他甚至开始学习这个苏维埃国家的语言，对这个国家赞不绝口，夸上了天。"你能想象吗，他现在的俄语说得绝对地道。简直太逗了！"[2]

法西斯主义势力的上升也诠释了"爱尔莎拉贡沙"态度如此坚决的原因。在他们看来，只有共产主义才能把欧洲从德国和意大利制造的危局中解救出来，不存在任何折中办法，而做出这种断言的远不止他们两个。墨索里尼的军队于1936年7月入侵埃塞俄比亚之后，希特勒表态支持，两人自此正式结盟。希特勒自己也曾于1936年3月7日派军队进入了非军事区莱茵兰，违反了《凡尔赛和约》和《洛迦诺公约》。当

---

[1] *Commerce*, avril, 1935.

[2] Lili Brik-Elsa Triolet, *Correspondance, op. cit.*, p. 118.

年11月1日，他们宣布建立"罗马-柏林轴心"，顺理成章地与日本签署了一项反共产国际的契约。1938年3月12日，轮到奥地利被德国吞并，或者说合并。法国政府的抗议软弱无力，但阿拉贡却在《今晚》报的版面上予以有力揭露。

就在1938年3月，爱尔莎当时正在负责主编《关注》杂志的时尚版，同时还在多家报纸上撰写政治文章，并为大牌设计师设计香水和配饰包装盒。她把《晚上好，特雷丝》的一段节选交给了《欧洲》杂志，这段节选发表于杂志的6月刊。这是她用法文撰写的第一本书，由德诺埃尔出版社于10月出版。如同她自《塔希提岛》之后出版的所有书籍一样，该书把她的自传和虚构情节揉在了一起。这一次，以多种化身出现的书中人物特雷丝展现的则是复杂多变的巴黎生活。该书由五部分组成——"国外生活""有梦的巴黎""我在寻找一款香水的牌子""晚上好，特雷丝"以及"戴钻石的女人"，通篇都在以迥异常人的笔法展现着无处不在的幻灭感，结尾更是达到了高潮。作者认为，只有自杀才能摆脱地球的束缚。

构成这本小说的五部短篇以清纯的文风令人耳目一新，尽管曾经得益于阿拉贡的建议，但对于一位并非以法语为母语的女作家来说，仍然不失为一部力作。爱尔莎让自己取得了连超现实主义者都无法否认的巨大飞跃，与此同时，也开始在某种启迪之下把那个焦虑而阴森的巴黎诉诸笔端。这些篇章让我们看到的是一个伤感而偏执、厌世而永难满足的女性——她的敌人到处散布的正是她的这种阿拉贡家母夜叉的形象。与她共同生活了十年之久的阿拉贡毫不掩饰对她的赞赏,在她创作的每一阶段都予以全力护持,并为此亲自介入了《欧洲》杂志的编辑工作。"阿拉贡沙别提多感动了,说我写得特别出色,跟任何人都不一样!"[1]她当时这样给莉莉写道。她的长姐、就是那个她像对阿拉贡一样无比深爱的人,也表达了同样的赞赏:"我亲爱的小爱尔莎宝贝!我看了你的书,简直难以自拔。刚看了个开头就哭得热泪滚滚。"她肯定是想到了马雅可夫斯基的自杀。"我的小爱尔莎,这本书你打算让谁帮你翻译并且出版?"[2]

可惜,《晚上好,特雷丝》一点儿也没有受到大众的欢迎。被这场失败动摇了信心的爱尔莎看谁都不顺眼,头一个就是她的编辑罗贝尔·德诺埃尔。她指责他在向读者介绍她时没有做到全力以赴。1939年2月15日,《欧洲》杂志发表了让-保罗·萨特的一则迎合评论,暂且缓解了她的痛苦,但怒气很快压倒了一切。她试图通过编辑马雅可夫斯基的纪念文集来

---

[1] Lili Brik-Elsa Triolet, *Correspondance, op. cit.*, p. 119.
[2] *Ibidem*, p. 134.

排遣失落感。1939年4月，这部文集先是以节选形式发表在加利马尔出版社的著名文学杂志《新法兰西杂志》(简称NRF)上，随后又在当年晚些时候出了全集，只是出版商由德诺埃尔改成了国际社会出版社。这是她用法文写成的第二本书，反而赢得了读者与评论界的欢心，爱尔莎最终还是取得了胜利。莉莉向她表示了祝贺，觉得她为马雅可夫斯基所画的这幅肖像十分准确。当有人向她们的母亲建议把这本书翻成俄语的时候，姐妹俩更是感到由衷的高兴。像两个女儿一样，卡甘夫人的法语也十分流利。缅怀马雅可夫斯基的共同心愿让一家三口走到了一起，忘掉了以往的委屈与怨恨。

但命运却穷追不舍，似乎专门与爱尔莎的文学生涯作对。这部向俄国诗人致敬的作品很快被警察撤下书架并捣成碎片。理由就是，在警察局一直留有案底的爱尔莎很可能被爱德华·达拉第政府视为危险的布尔什维克间谍，后者大概是在1939年9月3日开始对希特勒宣战。但关键问题不在这里。爱尔莎在孤独与默默无闻中艰苦努力了很多年，终于成就了自己的梦想：最终成为一名法语作家。此时的"野草莓"又哪里会想到，七年以后，她将成为获得龚古尔奖的首位女性呢？

十七

处于不幸之中的莉莉幸运地得到了一个名叫瓦西里·卡塔尼扬的人的无条件护持。他们早在1923年就认识了，卡塔尼扬曾是马雅可夫斯基和奥西普的朋友，在奥西普担任国民教育人民委员会造型艺术部主任期间当过他的秘书。这位文学批评家兼诗人比莉莉小十一岁，第一眼看到莉莉就迷上了她。马雅可夫斯基自杀后，回到柏林时就是他接的他们。普里马科夫被处决后，又是他奔过来守到了莉莉身旁。一切进展神速，不到一个月时间，他就和她搬进了她一直和奥西普合住的公寓。卡塔尼扬已经结婚，但在莉莉·布里克面前，一个普普通通的妻子又能有多大意义呢？他想都没想就撇下了妻子，而首任卡塔尼扬夫人对下一任不仅并不记恨，甚至毫无怨言，因为她后来还帮助莉莉整理过马雅可夫斯基的档案。

卡塔尼扬再没有离开过莉莉,直到最后娶她为妻,与她同甘远远多于共苦。他既温柔又体贴,不论白天黑夜都对她关注有加,为她免除了每天所有的烦心事,既是她的丈夫,又是她的护士和总管。卡塔尼扬自己倒是乐此不疲。从此他与之生活的可是一位传奇人物,是马雅可夫斯基的灵感女神,是广聚才俊的莫斯科沙龙的著名女主人啊。至于莉莉,她最受不了孤独,乐得有人成天守在自己身边,并且心甘情愿活在马雅可夫斯基阴影之下,甚至把职业生涯的主要精力都用于马雅可夫斯基——论文、年表、文献、剧本。但最主要的,是他阻止了她彻底沦落到酒精中毒的地步,因为莉莉在普里马科夫去世后就沉迷于酒精饮料不能自拔。

多亏卡塔尼扬,她这口气又缓了过来,好歹能做点事了。"小狐狸"开始修改《高等住宅区》的俄文译稿和校样,同时还塑了好几位好友的半身塑像,其中给马雅可夫斯基塑了两个。"你能放弃雕塑,那才真是奇了怪了!"[1]1938年5月4日,欣赏完从莫斯科寄来的作品照片,爱尔莎这样给她写道。缅怀马雅可夫斯基始终是莉莉心中挂念的核心问题,她想把他没有发表的作品全部付梓,为此参加了诗人仰慕者们组织的

---

[1] Lili Brik-Elsa Triolet, *Correspondance, op. cit.*, p. 124.

多场集会，还梦想着为他建一个陈列馆。只可惜前路障碍重重，因为马雅可夫斯基的一个姐姐柳德米拉一直对她十分反感，得知她自己本想据为情夫的卡塔尼扬今后居然要和哥哥的女顾问共同生活，便开始毫不掩饰地大光其火。长于诡计的柳德米拉到处指责莉莉对逝者施加有害影响，甚至把他逼上了自杀的绝路，而布里克夫妇的众多敌人则宁信其有。自此，莉莉发行马雅可夫斯基作品的努力遭遇到了前所未有的磨难，因为柳德米拉始终横在路上。

卡塔尼扬深情而富于安全感的陪伴以及她所参加的几场活动都不足以让她忘掉普里马科夫的惨死和笼罩在她周围的环境，因为她每天都有不同的焦虑，这种持续的恐惧对于她的心灵无异于一剂毒药。她以前的所有情人和朋友一个接一个地死去。史学家尼古拉·普宁被关进了集中营，前"卢比扬卡分子"雅科夫·阿格拉诺夫和全联盟合作银行前行长亚历山大·克拉斯诺晓科夫则在1938年遭到枪决，与几个月前那位诗人兼剧作家谢尔盖·特列季亚科夫的命运如出一辙。最糟糕的是，导演弗谢沃洛德·梅耶荷德也于1939年6月20日被捕。二十五天后的7月15日，他的妻子、演员季娜伊达·赖赫被发现在自家公寓死于血泊之中。官方说法是她家里进了贼，可是没有任何东西被偷。这样的当没人会上，一看就出自内务人民委员会之手。这个委员会的领导者此时已经换成了残忍的拉夫连季·贝利亚,他的暴虐即使在今天依然无人不晓。这位冷血的格鲁吉亚人以擅长刑讯而著名,最终成了苏联安全系统的负责人。

对莉莉来说,这一切显得太过沉重。获知季娜伊达的死讯,她难过得失去了知觉,一想到这位美丽好友遭受的苦难,就变得惊恐万状。至于弗谢沃洛德,几个月后他也遭到了杀害。卡塔尼扬竭尽全力护持着饱受痛苦折磨的莉莉,但他本人也未能幸免,因为他自己的兄弟伊凡也被枪毙了。对莉莉来说,这一连串的屠杀实在可怕。此时的她,神经脆弱得与曾经的那个莉莉判若两人——想当年,她是那么狂热、激烈,对盟友热情似火,对敌人冷若冰霜,也包括所有让她厌烦之人。如今,稍有风吹草动她就会缩回自己的壳中,听见有人敲门就吓得浑身哆嗦。就因为给斯大林写了一封信,并且被后者做了对自己有利的批注,莉莉侥幸活了下来,如今的她却不知道该转求哪尊大神。

一般来说,在苏联玩艺术很难填饱肚子,那些逃脱集中营并且幸免一死的人还得拼命干活养家糊口。在莉莉的朋友中,电影艺术家列夫·库里肖夫因为被指控奉行"崇美主义"而被迫停止创作,靠教书勉强度日。侥幸逃脱关押的帕斯捷尔纳克靠做翻译找到了安身之所。吉加·维尔托夫和谢尔盖·爱森斯坦只能根据指令拍摄电影。拍完《关于列宁的三首歌》之后，前者致力于歌颂现有体制的新闻纪录片。至于后者，斯大林为他强行指派了一名"官方督导员"，监视他的一举一动。在他拍摄的《亚历山大·聂夫斯基》（1938年）一片中，所有演员都是共产党员。罗钦可和他的妻子瓦尔瓦拉·斯捷潘诺娃出版了一系列影集，题目涉及的无一不是最新发表的最高指示——《苏联航空》《乌兹别克斯坦的十年》《第一支骑兵部队》《青春脚步》以及《红军》。别忘了那个因为《姆钦斯克县的麦克白夫人》而遭到严惩的肖斯塔科维奇，他日后沦落到只能为电影配乐的地步。曾经让莉莉的星期二沙龙福星高照的那些文化精英如今彻底群龙无首了。

在斯大林看来，是艺术就得振奋、欢快、易于解读。《真理报》日复一日地传达着他的最高指示。《姆钦斯克县的麦克白夫人》的音乐被指平庸而不够和谐，这部具有讽刺意味的作品至少过于悲观，结尾也不够"积极"。文学、绘画和电影领域也是如此，尽管其作品中的主人公们无一例外地总能面带微笑、战无不胜。就此而言，格里戈里·亚历山德罗夫那些把自己妻子柳波夫·奥尔洛娃打造成红人的音乐剧则为全国定下了基调。取名《快乐男孩》（1934年）《伏尔加-伏尔加》

（1938年）和《光明之路》的这些剧目本身就意味着社会主义现实主义的理想，剧中的一切无不体现着乐观主义，表现出生活的喜悦和高涨的热情。

一头金发的柳波夫·奥尔洛娃是列夫·托尔斯泰的一位远亲，也是斯大林最喜欢的女演员。他告诫亚历山德罗夫，对待像她这样的苏联电影明星，要报以与其身份相应的充分敬重。每个人都对其电影中的插曲耳熟能详。到1938年，就在莉莉看着好友一个接一个死去的时候，工人们听《伏尔加－伏尔加》里的歌曲《塞维奥加》却正听得兴高采烈。"美国送给俄国一艘船，船头安烟囱，船尾安桨叶，开得那叫一个慢，开得那叫一个慢！"类似的言论给了争创工作纪录的斯达汉诺夫式的工作者们以无穷的勇气。为了超越规定的进度和限额，他们以高涨的热情奋斗在矿山和工厂，以期夺得当周和当月的"先进工作者"称号。对于这样一个全力宣扬生产效率的政府，"那叫一个慢"显然在各行各业都成了最致命的敌人。

就在这种气氛中，莉莉高兴地得知爱尔莎和阿拉贡于1939年2月28日举行了婚礼。两人随后就去了纽约，他们要出席美国作家大会。让两人夫妻关系合法化的这种想法绝非什么浪漫之举，其实就是想保护身为犹太人和苏联公民的爱尔莎。成为阿拉贡夫人之后，她就取得了法国国籍，一旦遭遇逮捕，这个身份就能对她起到保护作用。而要是哪一天莉莉突然消失，"野草莓"肯定也会为她担心……谁会像她这样十多年来一直对姐姐如此关注？在最要好的朋友克拉拉·马尔罗的建议和支持下，她与特里奥莱离了婚；后者一直与她休戚与共，当即同意了她的请求。爱尔莎开始面对复杂的行政手续，但最终还是拿到了所有规定文件。这场没走宗教仪式的世俗婚姻在仅有至爱亲朋参加的情况下于一区的区政府顺利举行。

这场结合让她又升起了做母亲的渴望，只是那次莫斯科堕胎导致的不育症让她怀孕的美梦难以成真，于是爱尔莎做出了另外一种选择。"我太激动了：我准备收养一个西班牙小孩"①，1939年1月29日，就在结婚前一个月，她这样告知莉莉。但2月13日，激动却变成了梦境破灭后的醒悟，物质条件的局限遏制了她内心的冲动。"特别小的西班牙小孩我是领不走的，因为我没有保姆，也没有单独的房间……只要生活安逸，我的身体就没问题，但如果上班，难免好景不长，没准直接就把我推上手术台了。"②可惜，年龄稍大的孩子比婴儿还要稀罕，这项计划就此搁浅。

但阿拉贡夫妇还是为工作和出行忙得四脚朝天，爱尔莎

---

① Lili Brik-Elsa Triolet, *Correspondance*, *op. cit.*, p. 137.
② *Ibidem*, pp. 138-139.

只能将做母亲的心愿暂时搁置。这份心愿她始终没能彻底放下,她的小说作品中有大量段落都对此多有流露。1939年的5月、6月和7月,他们在美国会见了托马斯·曼和罗斯福——后者是在白宫见的。总统夫人埃莉诺亲自出马,以使阿拉贡夫妇这对著名的共产党作家在山姆大叔的国度得到妥善安置。眼光锋利如刀的爱尔莎后来在《白马》中写到过她在当地目睹的美国黑人的命运,这部小说是在德占期间写成的。

此时的卡甘姐妹比以往任何时候都更加默契,彼此的信件充分传递了这份动人的亲密之情。"我的小爱尔莎!咱们写起信来怎么跟恋人似的!"[1]1939年9月7日,莉莉这样指出。但战争突然打断了她们的通信,从1939年9月到1944年秋天,两人始终彼此音信全无。

---

[1] Lili Brik-Elsa Triolet, *Correspondance, op. cit.*, p. 153.

十八

苏德之间的契约,或者说纳粹德国与苏联之间的互不侵犯条约签订之前,阿拉贡夫妇从美国回到了苏联。条约是当着斯大林的面于1939年8月23日在克里姆林宫签署的。这是一份既有政治性又有经济性的条约:当签约一方与第三方发生交战时,另一方承诺保持中立,但同时要向对方供应原材料和制成品。其中还包括一些秘密条款。希特勒和斯大林这两位宿敌变成同谋,设想着如何瓜分与两国接壤的土地——斯堪的纳维亚、波兰、罗马尼亚和波罗的海国家——他们所玩的这盘强手棋还加进了盖世太保与内务人民委员会的联手合作。前者向后者承诺交回在德国的俄国流亡者,以换取那些反对法西斯的德国流亡者。此事在西方多国政府中引起了巨大的冲击波,但斯大林却要让法国和英国接受这样的事实,即他之所以这么干，是感觉到法国和英国将对德关系置于优先地位，从而损害了苏联的权益。不管怎么说，这份契约让希特勒得以于1939年9月1日从容进攻波兰，而不用担心苏联的反击。

阿拉贡在《今晚》报上向读者解释道，斯大林始终在捍卫和平，在他的努力下，战争的危险远离了苏联。他还向法国和英国提出了与苏联结盟的建议。"如果说，西方列强不战而将奥地利与捷克斯洛伐克拱手让给了希特勒，随后又不顾人民与国际志愿者的反抗而将西班牙让给了佛朗哥，那么，他们私下盘算的就是要赋予希特勒扑向苏联的手段。所以，这份契约粉碎了他们的阴谋。阿拉贡沿用的正是他多年捍卫的政治逻辑。"① 我们今天才知道，斯大林根本不是想要争取时间，推迟战争。他真心相信与希特勒结成的这个联盟，热情高涨地想要赢得对方的信任，以至于连他也针对犹太人群体规定了多项惩罚性措施。对于这些预计将威胁到莉莉的迫害手段，爱尔莎会做何反应呢？没人知道，但不难想象她有多么惶恐不安。1941年6月22日，当德国空军的飞机开始进攻苏联时，得知希特勒撕毁契约的斯大林显得格外被动。而当轴心国的四百万名士兵开始入侵这个国家，并对苏联公民施以最残酷

---

① Pierre Daix, *Aragon, op. cit.*, p. 380.

的横征暴敛时，他还在尽全力避免引起元首的不快。

法国对这份条约的签署立刻做出了反应。总理爱德华·达拉第自8月26日开始禁止共产党媒体机构的出版活动，几天后又宣布解散共产党。警察逮捕了多名共产党领导者和知名人士，阿拉贡夫妇则躲进了中立国智利的大使馆，在那里受到了诗人和外交官朋友巴勃罗·聂鲁达的接待。后者几个月前刚被任命为负责西班牙移民的领事，对阿拉贡十分欣赏。关于阿拉贡，聂鲁达在他自己的回忆录中写道，他的"至真至诚"让他"成为法国作家之林中名声最响的一个"[1]。而阿拉贡则为《西班牙在心中》作了序。这部诗集发表于1938年，以最洋溢的激情向死于佛朗哥之手的受害者表达了敬意。阿拉贡利用在智利大使馆的逗留时间鬼使神差地写完了《车顶上的旅客》，从而完成了由《巴塞尔的钟声》和《高等住宅区》开始的四部曲。这本书直到1942年12月才得以出版，而且只出了被德国审查机构删改之后的一个版本。

9月3日，法国和英国向德国宣战，阿拉贡立刻应征入伍。爱尔莎因此歇斯底里，她的偏执让他一刻不得缓解。她预想到了最坏的情况，威胁将不再等他，如果他被俘，她就再找

---

[1] Pablo Neruda, *J'avoue que j'ai vécu*, Gallimard, 1975, p. 190.

一个情人。可以这么说，诀别时的大吵大闹成了对彼此感情的一场考验。她比任何人都更清楚自己丈夫最缺什么，最放不下什么，而且知道如何择机调动他体内的恐惧机制。她相信，只要给他的激情降温，设法让他对自己俯首帖耳，自己完全能够强化他的危机意识，她的策略肯定奏效。但"野草莓"最终还是把他送到了车站，他的部队早已在此等候他的到来。在苏迪埃尔街道上的公寓里，她重又孑身一人，沮丧颓唐。

她几乎分文不剩，而且也失去了经济来源，因为她也像所有知名的共产党员一样，不能继续在报纸上发表文章了。爱尔莎知道自己的一举一动都受到警察的监视。远离了她最心爱的两个人——阿拉贡上了战场，莉莉则在莫斯科面临着更加现实的重重危机，她感到前所未有的孤独。生活似乎没有了指望，她焦虑地守着收音机，收听着与她有关的消息。但眼下，她最担心的事情还没有应验，因为这个国家正面临着一场在人们嘴里不无嘲讽意味的"奇怪战争"。实际上，从1939年9月3日到1940年5月10日，法国的土地上什么都没有，或者几乎什么都没有发生。法军耐心地守在马其诺防线背后。这是一场没有战事的战争，直到纳粹军队开始进攻荷兰、比利时和卢森堡。

此时的爱尔莎感到了从未有过的六神无主和无助，于是找了一个守护天使,这个天使就是让·保兰。保兰行为古怪,莫测高深,先后做过淘金者、巴黎东方语言文化学院马尔加什语教授,还当过"加利马尔旅"的军士长;他从1925年就开始领导《新法兰西杂志》。保兰后来成了抵抗运动的代表人物,并在德占期间与韦科尔等人一起参与创建了午夜出版社,他建议爱尔莎为他们的杂志写一些文章,无论精神上还是物质上,他的支持对她都显得弥足珍贵。当加斯东·加利马尔决定每月给阿拉贡支付一小笔薪水时,她也算稍稍松了口气,毕竟这笔小钱能让她这个阿拉贡的妻子活得多少有些尊严。但她的主要财源还是来自美国,因为一位美国出版商希望她以最快速度译出《车顶上的旅客》(这部小说在《新法兰西杂志》上也有连载)以及阿拉贡献给爱尔莎的诗歌。但恐惧无时不在,"野草莓"的担心终于得到应验,警察于1939年10月把他们的公寓搜了个底朝天,希望找到一些能够对她定罪的文件。

阿拉贡一直给她写信,如果上司准假,也能让她跟他见上一面,但她还是觉得孤单,因为很少有人敢冒险与一个犹太裔的共产党员来往,况且人们都把她比作言辞辛辣的哈尔比亚女妖,她到死都没有摆脱这样的名声。爱尔莎确实不擅妥协,也难以做到自我克制,在很多人看来,她最大的错误就在于缺少分寸感。她聪明伶俐,富有才华,教养良好,但同时却出言辛辣，脾气暴躁。至于她与莉莉如此由衷赞同的那种狂热追求优雅与美感的个人品位，则令阿拉贡的共产党同志大为不悦，纷纷离她而去。她与保兰的合作——也就是用法文写作的约定，让她每天起码有几个小时的时光可以远离焦虑与痛苦，但漫漫长夜却难熬难过，噩梦连连。阿拉贡又一次置身光明，而她却又一次索居黑暗。"奇怪战争"一结束，年过四十的他便获得了所有人的赞赏，并以勇气和决断荣任护士队队长，甚至因为到离德军坦克只有几步远的地方救护伤员而获得了金棕榈军功十字勋章和军事奖章。

爱尔莎好歹跟上了一路转移的阿拉贡，到1940年法军崩溃时，算是从比利时迁到了多尔多涅，阿拉贡在此停下了脚步。在多尔多涅，他充分展现出了强敌当前时的英勇无畏，而停战当日爬上当地那条崎岖的山路时，他则来了灵感，写出了《里贝拉克的课程或法国的欧洲》。这篇著名的文章于1941年6月发表在阿尔及尔第十四期《源泉》杂志上。"但在1940年6月25日这一天，我们有时也会浮出地狱，就像1300年复活之初的但丁与维吉尔，只有想到里贝拉克我们才能这样说：'从那儿出去我们就会重新看到星星。'"写到后面，阿拉贡又提到了环境的混乱："这里充斥着一大群形形色色的乌合之众……刚刚下车的一家一户……把床垫顶在头上……在养牲口的谷仓里……安营扎寨，还有我们师的残部，只有百分之二十的人进入了比利时……"阿拉贡还谈到了古斯塔夫·科恩的工作，这位声誉卓著的研究中世纪历史的教授因为宗教信仰问题刚被巴黎大学开除。人生被加进这样的注解，为他招来了德里厄·拉罗歇尔的猛烈申斥，而在另一个天地里，他与后者的关系又是那么近乎。德里厄·拉罗歇尔是一名狂热的反犹分子，1940年6月，他接替保兰当上了《新法兰西杂志》的头目，一丝不苟地清除了杂志的所有犹太合作者，还在杂志上发表文章对阿拉贡进行攻击。不言而喻，他的到任对爱尔莎十分不利，她再也不能享受作为他们夫妇好友的保兰提供的资助了。世事又一次让爱尔莎感受到了它的无常。

面对德国军队实施的迅雷不及掩耳的闪击战，或者说"闪电战"，法军全面崩溃。纳粹在法国领土上的突进同样引发了平民们无可名状的恐慌，当上千万人在公路上绵延不绝地逃命时，局势开始陷入混乱。1940年6月3日，德国空军的飞机轰炸了巴黎近郊，十天之后，这座人去楼空的都市被宣布为不设防城市。6月14日，德国人开进法国首都，巴黎的一切立刻被柏林化，侵略者在香榭丽舍大街列队通过。阿拉贡意识到身为犹太人与共产党员的妻子有多么危险，通过遥控操作，安排爱尔莎于6月10日动身离开了这座寄居的城市。她大概是躲进了作家朋友雷诺·德茹弗内尔居住的科雷兹城堡。时至今日，雷诺的名气还不如他父亲亨利，因为后者娶了法国作家西多妮·加布里埃尔·科莱特为妻；也不如同父异母的兄弟贝特朗——后者做过他这位知名继母的情人，并让她找到灵感，写出了小说《田间的麦穗》。他倒是与法国共产党关系密切，也是阿拉贡夫妇的忠实盟友。

爱尔莎加入了出逃的法国人流，先跑到波尔多，随后，在一位智利外交官的帮助下，又得以搭上一辆使馆汽车，最终到多尔多涅与阿拉贡会合。这对夫妇在德茹弗内尔家住了下来，庆贺着彼此的重逢，随后又迁到了卡尔卡松，在那里见到了另一位同道中人若埃·布斯凯。"一战"时脊椎挨了德国人一枪，若埃·布斯凯从此便瘫痪在床，虽然下不了地但还在写作，并且担任着一家文学杂志社的领导。他接纳了这两位一直与他保持频繁通信的朋友。这位传奇的残疾人刚刚发表了一部诗集和两本小说，虽然靠吸食鸦片减轻痛苦，但他本人充满活力，而且总能给来访者带来精神力量与鼓舞。

虽然位于卡尔卡松的住宅的百叶窗永远是关着的，这位躺在床上的诗人依然鼓励他们与恐惧和平庸进行抗争，同时盛赞友情带来的这次奇遇。布斯凯的四周堆满了画家马克斯·恩斯特、雷尼·马格里特，以及造型大师保罗·克利的书籍和油画。他始终面带微笑,深知只有经历痛苦才能理解别人并且理解自己,阿拉贡夫妇则在与他的交往中重新找到了力量。拥有如此良友,不可能不去思量生命与自由是多么值得人们为之一战。大家一致认为,就在那么多健全之人终日受困于烦恼与厌倦之时,布斯凯脸上洋溢的却永远只有对别人的关切与同情。阿拉贡就在他的床前,当着让·保兰与出版商皮埃尔·塞热尔的面高声朗读了他的《丁香与玫瑰》,就是后来成为抵抗运动代表作的那首诗歌。

> 五月还是万里无云,六月则已痛彻心扉
> 我却永远忘不了那些丁香与玫瑰
> 忘不了有多少人见春来不及春归
> ……
> 战事已止,敌人于暗夜扎下了营垒
> 今晚,我听说巴黎已经俯首面北……[①]

这首合辙押韵的十二章节诗,不啻为一声愤怒与反抗的嘶吼,响彻饱受侵略与侮辱、连国旗都被纳粹没收的法兰西。

---

① Voir Louis Aragon, *Œuvres poétiques complètes*, *op. cit.*

选择这两种花卉绝非偶然，因为丁香是法国的国花，而玫瑰则象征着爱情。"《丁香与玫瑰》巨大的反响，今天的我们已经无法想象当时的情景。诗歌刚刚取代了法国的战阵"[1]，《阿拉贡传》的作者皮埃尔·戴克斯做出了这样的概括。

---

[1] Pierre Daix, *Aragon, op. cit.*, p. 397.

十九

1941年，莉莉到了庆祝五十岁生日的年龄。"庆祝"一词其实用得并不准确，因为，就在她生日之前五个月的当年6月，纳粹侵略了苏联，人们根本无心欢庆。"巴巴罗萨"行动粗暴地终止了希特勒签过字的互不侵犯契约。"大清洗"运动不仅消灭了大量军事主官和统帅，而且还有成千上万的普通士兵，苏联红军从此落入衰败的境地。以这样的哀兵，如何抵挡得住轴心国四百万作战部队的入侵？最可恨的就是德国部队中的那些特别行动队，这些杀人别动队不仅负责清除犹太人，而且还包括政敌、茨冈人、残障人和精神病患者。这样的屠杀场面已经野蛮到了前所未有的地步。大部分党卫军部队都会在全国掘地三尺，要么列队齐射，要么朝后脑给上一枪，对有关人员予以无情的清除，但面对数量惊人的受害者群体，加之为节省如冰消雪融般飞逝的军需品，他们临时发明了很多种简易武器，比如那些布满钉尖的扫帚把。为了避免子弹回弹，他们总是把犹太婴儿抛到半空再向其开枪。

莉莉和卡塔尼扬从未感到危险如此迫近，在奥西普及其女伴的陪同下，一行四人于1941年7月25日离开了莫斯科。这座城市随即开始遭到轰炸。四个人逃出首都足有大约一千五百千米，一直逃到乌拉尔山脚下的莫洛托夫市。这座城市的名字总是与那瓶邪恶的"鸡尾酒"难脱干系，那是苏联部长会议第一副主席维亚切斯拉夫·莫洛托夫发明的一种燃烧弹。尽管这里生活条件十分糟糕，但莉莉却混迹于惊慌失措的逃兵，居然于一路出逃中写完了纪念马雅可夫斯基的一本小册子——这本书于1942年由一家小型出版社出版发行。不管做什么，也不管在哪里，莉莉最终总能把心思转到马雅可夫斯基身上，哪怕后者的母亲和姐姐们一而再，再而三地对她实施阻挠。也正因为如此，一年前庆祝诗人逝世十周年的时候，莉莉在波修瓦剧院只能坐在二楼后排，而哈尔比亚女妖般的那娘儿仨却得意地坐到了军官席。但这种笼罩着伤感与单调的外省生活还是让她觉得太过沉重，所以，到1942年秋天，一旦德国人的威胁远离了莫斯科——希特勒曾经想把这座城市夷为平地，变成湖泊，但他的计划泡汤了，她就开始向地方政府施展外交手腕，以获得准许，重返首都。莉莉宁愿在自己出生的城市忍受饥饿与恐惧，至少那里有诸多朋友和伙伴围在一起谈天说地。即使是在她最糟糕的时候，莫斯科也能给予她在其他任何地方都得不到的引导力量。

刚到莫斯科，就听说母亲因心脏病已经于2月去世的消息。当时母亲远在两个女儿遥不可及的北高加索，小住在她妹妹伊达家。伊达远没有姐姐埃琳娜那么幸运，因为她不久之后就被特别行动队杀害了。莉莉伤心至极，她刚刚失去了依然能让她回忆起自己金色童年的最后联系：三角钢琴，郊外别墅，雪橇出行，隆冬时节盛开在花瓶中的粉红色风信子，以及在慈爱而教养良好的父母陪伴下远赴巴黎、威尼斯和贝鲁特的旅行。她现在只剩下爱尔莎了，而她当时甚至不知道这个自1939年9月起就音信全无的小妹是否依然健在。

眼下，她不仅要重新安排自己的生活，还要重新修理自己的公寓，因为轰炸把所有窗户玻璃都震碎了，很多东西都损坏了。莫斯科人虽然生活艰难，但比起列宁格勒的居民却要幸运得多，因为后者从1941年9月8日到1944年1月27日被德国人整整围困了八百七十二天。一百万市民死于饥饿与寒冷，因为这里再也无法供热供电。土地冻得如此坚硬，苟活者甚至无法为死者挖刨墓穴，死尸只能堆在公墓门口。1943年春天最糟糕的情况突然出现，莫斯科人民开始受到流行性斑疹伤寒与副伤寒的袭扰。

身处莫斯科的莉莉扬起头颅，卷起袖子，变成了守护家庭的天使。每逢紧要关头，她总是很擅长扮演这样的角色。到这一刻，卡甘女士这场变了调的跳房子"竞赛"跳进地狱的时候远多于跳进天堂的时候，但莉莉总会与命运斗智斗勇。对于个中的荣辱得失，她比任何一个人都更加清楚。这个如此城市化的女人居然也开起了一小块菜园子，用以改善她们团队的日常生活。现在的她已经远不是当年那个使用娇兰香水、给来访客人上鹌鹑、找列宁格勒制靴商定制皮靴的那个莉莉了。精力充沛、魅力无穷、创意无限的年代虽已远去，但她仍然展现出了肉体与精神上的非凡勇气。曾因普里马科夫将军之死而遭受重创的莉莉患上了今人所说的创伤后应激障碍症。战争的严酷、母亲去世的噩耗、爱尔莎的杳无音信都成了加剧病情的祸因，但在卡塔尼扬忠心耿耿的鼎力支持下，置身于琐碎日常事务中的她又回到了遥远得以光年计的灵感女神与沙龙女主人的旧日时光，慢慢地重新振作起来。她甚至收养了露埃拉——被斯大林下令枪毙的前情夫亚历山大·克拉斯诺晓科夫的女儿，把自己当成了这孩子的养母。

身处法国的爱尔莎远远想象不到母亲的去世以及莉莉所遭受的种种磨难,她正在经历一生中最紧张、最纷乱的时刻。此时,她依然生活在其夫君的盛名之下。1940年9月28日,《丁香与玫瑰》在《费加罗报》发表以后,阿拉贡便成了抵抗运动的诗歌代言人,这首作品也因此而传遍全国。数百万法国人从此牢牢记住了这首诗歌,经常会像对暗号一样予以引用。为了掩盖行踪,阿拉贡夫妇不停地搬家,但还是没能逃过德国人的魔掌。1941年6月23日,他们双双被捕并被送到图尔关押了十余天。但谁都没有认出这两人,他们很快获得释放,这简直就是一场奇迹,因为抓捕他们本该成为敌人的一次重大突破,这一点不言而喻。

两人在尼斯临时歇了下脚,就在这里,他们除了遇见马蒂斯——阿拉贡写过一组作品,其中的第一部就是献给他的,还与共产党的地下组织接上了头。他们从蓝色海岸历经辗转到达了巴黎,在此过程中,阿拉贡最终成功地把分布在四十二个省的知识分子和大学生组成了一个抵抗小组。他始终游刃有余地边写作边参与抵抗运动,整个战争期间一直都在频繁发表作品。1940年4月,加利马尔出版社出版了他的《断肠集》,这部诗集汇集了他的二十首诗歌,很快就被无处不在的审查机构撤出了书店。随后,控诉纳粹于1941年10月处死人质的《殉难者的证人》又被印成传单,开始在全法国境内秘密发行——伦敦电台和莫斯科电台都播放过这部作品。几个月后,他又写出了《比眼泪更美》,这一次,则是戴高乐将军在阿尔及尔电台引用了其中的诗句。这首诗是对德里厄·拉罗歇尔的回应。1941年10月11日,后者在《新法兰西杂志》上发表文章,粗暴地攻击了阿拉贡。这首诗于1942年发表在诗集《爱尔莎的眼睛》中,关注程度远超预料。

> 我的呼吸妨碍了某些人的生计
> 怀着怎样的内疚我扰乱了他们的睡意
> 作诗的时候我有如拔掉了铜管乐器的静音器
> 音声之大足以将死人唤起
>
> 唉,不知我诗中战车的轰鸣是否打搅到你……①

阿拉贡看到了一切也听到了一切,对每一场最新发生的悲剧都用一首诗来予以谴责。他因此针对1942年8月31日法国宪兵与警察驱逐阿维尼翁新城犹太人的事件写下了《维勒讷

---

① Voir Louis Aragon, *Œuvres poétiques complètes*, *op. cit.*

沃的医生》。"是谁在寂静的暗夜中敲响房门……"[1]诗中迸发的暴怒与激愤令人讶然无语。怎么能忘记那位宁愿跳窗身亡也不想被捕受刑的女性？这些诗句在今天看来依然会令读者悲愤难耐，何况是在当时的环境之下。别忘了那支《刑场歌唱者的歌谣》，这首献给共产主义抵抗运动成员加布里埃尔·佩里的诗歌读来令人心碎，后者在瓦勒里昂山被德国人杀害。这些诗文私下里传遍了全法国，甚至传到了外国。从这时起，阿拉贡开始在法兰西各地抵抗运动成员中赢得卓越声望。

阿拉贡继续在一系列的诗歌中赞美着爱尔莎，他在诗中将对妻子所怀有的热爱与为受难中的国家献上的赤诚紧密地融为一体。诗歌就是他与纳粹强权做斗争的有力武器，而诸如1942年发表的《献给爱尔莎的赞歌》和《爱尔莎的眼睛》等诗集，用于鼓舞那些与占领者做斗争的抵抗者的士气，其作用丝毫不亚于获得成功的军事行动。这些诗集以更加亲切的方式构成了基石，路易在此之上打造了他与爱尔莎在几代后人看来都颇富传奇色彩的夫妻关系。作为一介天才的灵感女神，"野草莓"从此再无任何比莉莉逊色之处。

---

[1] Voir Louis Aragon, *Œuvres poétiques complètes*, *op. cit.*

你的眼睛在苦难中双双微启

闪现出三贤朝圣时的神奇星光……①

阿拉贡赋予了爱尔莎一双无所不能的眼眸——这双眼眸被挖苦者们说成像"被国家收养的孤儿"一般"为全国所瞩目的瞳仁"——把她捧得高高的,让她变成了一个不朽的灵魂,纵使古代和文艺复兴时期的伟大诗人再世也要夸耀一番。如果说,某些诗人在德占期间宁愿一言不发,任何作品都不发表,那么,阿拉贡和爱尔莎则选择了大声抗争,因为沉默远没有挺身而出的谴责行为来得勇敢。在他们看来,那不过是懦弱与没有担当的表现。

1942年11月8日,盟军在北非登陆,这次"火炬"行动成为第二次世界大战历史上一个决定性的转折。德国人在法国疯狂报复,他们越过停战分界线,侵入南部区域。在尼斯这样的城市,阿拉贡夫妇显然过于惹眼,只好再次开始踏上流亡之路。他们在出逃中还得到了莉迪亚·德莱克托斯卡娅的帮助,后者又是一个与一位伟大创作者关系密切的俄罗斯女性,因为她既是马蒂斯的模特、女顾问、秘书、红颜知己,

---

① Voir Louis Aragon, *Œuvres poétiques complètes*, *op. cit.*

又是他的情妇，没有这位明媚的西伯利亚金发女郎，他简直活不了。"我烦恼的时候就会画上一幅莉迪亚女士的肖像。我对她的一切无所不知"，他总是习惯于这么说。阿拉贡夫妇就在德龙省找了处破房子作为避难之所，自嘲地把这里改名为"天国"，而他们的朋友皮埃尔·塞热尔则把这里比作电影《呼啸山庄》中的一个布景。扮演凯瑟琳的爱尔莎与扮演希斯克利夫的阿拉贡就相会在这所肮脏、寒冷、老鼠成群的单间房子里。他们虽然一无所有，但总算临时有了个容身之地。当时的阿拉贡夫妇还曾得到过阿尔贝·加缪的帮助，后者为他们弄到过几份假证件。1942年，时年二十九岁的加缪刚刚发表了《局外人》。尽管因患上肺结核而体质虚弱，在得知加布里埃尔·佩里被处决的消息后，加缪还是参与了"战斗"小组（解放北方运动）的积极抵抗行动。爱尔莎和阿拉贡被共产党地下组织任命为南部区域知识分子抵抗小组负责人后，便立刻接纳了加缪。

阿拉贡夫妇把在"天国"的主要时间全都用于写作，加之1942年的冬天大雪弥漫，除了写作也干不了别的。爱尔莎很讨厌这所既别扭又阴森的小破屋，与丈夫从早到晚憋在这里，彼此腻糊得令人窒息，只能加剧她对这处藏身窝点的厌恶。1942年5月由德诺埃尔出版的短篇小说集《万分遗憾》获得意外成功，受此鼓励，"野草莓"窝在这里把在尼斯写成的一部小说又精心润色了一番。这部《白马》不仅是她最为著名的一本书，而且铁定是她最好的一部小说作品。在年轻英俊、酷爱冒险并且一刻也闲不住的主人公米歇尔·维戈的漂泊中，爱尔莎得到了某种解脱。这位主人公钟情于一切高尚而美好的事物，虽有心向往叱咤风云的人生，却始终生活在现实的荒谬与残酷之中。这本书的成就与让·乔诺的《屋顶上的轻骑兵》以及罗杰·尼麦尔的《伤心的孩子》难分伯仲。在洋溢着生命能量与想象力的篇章中，作者忘记了自己的愤怒与失落，这样的篇章同时也会让现在的读者激动万分，只有为她对法语的完美把握感佩不已的份儿。她的不懈努力结出了令人叹为观止的硕果，读到如此精彩的语句，任何人都难以想象，她用的居然不是自己的母语。

小说中，维戈是被喜好吸食鸦片的歌唱家母亲养大的，不仅通晓多国语言，而且旅游成瘾。十六岁就当上了见习水手，乘船游遍世界。他所崇拜的人只有一个，就是这个迷人、优雅，只找大牌设计师定制衣服，并且在赌场挥金如土的妈妈——"米歇尔·维戈对母亲如此忠心耿耿……容不得任何人进入自己的内心世界，那里燃烧着对母亲永不熄灭的仰慕之火"[1]。她

---

[1] Elsa Triolet, *Le Cheval blanc, op. cit.*, p. 22.

的去世令他大为震撼，他把所有遗产都花到了老英格兰（爱尔莎曾经陪同马雅可夫斯基去过这里），用于置办各种衣服和配饰，随后就去蒙马特尔的一家夜总会做了一名颇受欢迎的钢琴师兼爵士乐歌手。一旦对一座城市心生厌倦，维戈便会一言不发，拔腿就走，同时离开喜爱他的听众，随身物品只有剃须刀和牙刷。他游荡四方，各处流浪，从一个女人到另一个女人，从枫丹白露森林到利穆赞——"如此美丽的风景却怎么也留不住这位游荡者，只好任他置身局外"①。从柏林到美国，十二岁那年，他在柏林曾经与一位俄罗斯公主相会，后来爱上了她，之后到美国结了婚，随即重新回归自由之身。他的信条无非两点要义："我绝对不逛窑子，我绝对不看书……想找乐子了，我会自己创造机会，反正我有的是时间。"②

爱尔莎兼具激情与厌世情结的全部品格都集中体现在了这本分五部分展开的小说之中，她在书中就多个主题表明了自己的观点：从共产主义——"如果你相信共产主义就是把全国的钱集中起来，然后按人头均分，那么你的想法就跟文盲没什么两样"③，到精神分析——"只有对人性绝少尊重才能

---

① Elsa Triolet, *Le Cheval blanc*, *op. cit.*, p. 75.

② *Ibidem*, p. 117.

③ *Ibidem*, pp. 126-127.

投身这项运动"①,从自杀——"属于意志行为,必须拥有比保命本能更加强大的心力"②,到她自己的宗教——"像所有的犹太人一样……我也喜欢幻想,喜欢想入非非。所有不切实际的想象都能让我美梦成真……每一个犹太人都拥有植根于心灵的希望,你们怎么能以为他们真会相信什么救世主呢?……我就有这样的本事,不管再怎么难,永远充满希望"③。

但,或许是她对当时被纳粹侵占的巴黎所具有的那份柔情,才让她的表现力显得格外感人。如果说,这里的居民曾经令她屡屡失望,那么,她所寄居的这座城市的建筑与灵魂则始终能引发她的赞赏,而她也以充沛的敬意回报着这里的建筑与灵魂。爱尔莎在书中依次提到了巴黎加尼叶歌剧院在夜幕中"顾盼生辉的磷光、紫水晶般的色泽"④、德鲁奥拍卖行、蒙赫路、植物园、朗普尔迈耶(里沃利大街上曾经的茶室、如今的安吉丽娜甜品店),还有都城内的"豪华包房"⑤、荣军院草坪和协和广场。再加上卢森堡公园以及她在蒙帕纳斯频繁出入的每一处场所——"圆丘"、"丁香园"和"圆顶"咖啡馆。

---

① Elsa Triolet, *Le Cheval blanc*, *op. cit.*, p. 203.

② *Ibidem*, p. 445.

③ *Ibidem*, p. 243.

④ *Ibidem*, p. 175.

⑤ *Ibidem*, p. 255.

"巴黎的空气令人上瘾,一旦呼吸不到就会十分难受"[①],她的概述清晰准确。但这丝毫不妨碍她以浓重的笔墨去刺伤那些"自顾自的、追逐私利的、缺乏热诚的、除了过好自家小日子别无所求的、没有理想的、毫无奉献精神的"[②]法国人。与她笔下的主人公截然相反,很多法国人在第二次世界大战打响之初便溘然谢世。

《白马》同时也是一幅不同寻常的、精心绘制的人物画卷。艺术品收藏家斯坦尼斯拉斯·别连基是一个犹太恐怖分子的儿子;西蒙娜·德布雷萨克自己开了一间服装定制公司,让爱尔莎有机会对自己的爱好之一大书特书,那就是巴黎的优雅;伊丽莎白·克鲁格是一位瑞典外交官的女儿,令维戈为之心碎;玛丽娜,一位长着紫色眼睛的俄国公主,不仅拯救了沦为都市流浪儿的米歇尔·维戈,还送给他一架钢琴——"一架全新的小型斯坦韦钢琴,音色清澈,略微有点刺耳"[③];丽莉,一位出生于布鲁克林的美丽的黑人图书管理员,劝导他关注美国文学,并让他看到了居住在哈莱姆的同类们的生活遭遇——

---

① Elsa Triolet, *Le Cheval blanc, op. cit.*, p. 351.
② *Ibidem*, p. 360.
③ *Ibidem*, p. 279.

"一座监狱般的城市"①……如此众多凭空虚构的主角与真实存在的人物搅在一起——爱尔莎在书中不仅写到了阿拉贡、马雅可夫斯基和沙杜纳兄弟,而且还有安德烈·马尔罗、德里厄·拉罗歇尔、曼·雷、可可·香奈儿乃至让·科克多。

这幅世界主义题材的巨型壁画反映了当时的混乱形势,因为作者还提到了西班牙内战、吞并奥地利以及1940年的大逃亡。这部小说于1943年6月10日由德诺埃尔出版社出版,一经问世便征服了读者。以至于阿拉贡夫妇仅靠这部小说的版税就过了两年。就这样,德占时期最伟大的文学成就之一居然出自一位犹太人和共产党小说家的笔下,真是绝妙的讽刺。

---

① Elsa Triolet, *Le Cheval blanc*, *op. cit.*, p. 300.

二十

就在《万分遗憾》和《白马》让爱尔莎最终获得梦寐以求的威望与认可时，她却遭遇了夫妻之间最剧烈的一场危机，因为"天国"远没有成为彼此实现好感的世外桃源，而是变成了一袋显影剂，一种化学沉淀物，把撕开这对名人组合的裂痕暴露在了光天化日之下。这场不幸的根脉延伸出好几条分支。首先，血流成河的战争与三天两头的迁移让这对生性苦恼与忧虑的夫妻的神经变得格外脆弱。阿拉贡被1942年3月母亲的去世弄得六神无主，开始以抵抗组织的神圣法则为名，没完没了地与爱尔莎较劲。按照规定，同在一个小组的夫妻严禁住在一起，因为如此一来被捕的概率就会明显增高。不言而喻，他觉得只有自己可以继续坚持抗争，而建议她撤出战斗，专心写作。爱尔莎断然拒绝，她已经看出，他之所以提出这样的要求，并非出于保护她的意愿，而是一种大男子主义的表现，是一种渴望在战斗场面中独自绽放光彩的男人心态。她以自己可以积极参与传单的编辑与散发，同时陪他出席共产党地下组织的秘密会议为托词，回绝了他的要求。她并不打算撤退，主意已定，没有商量的余地。

最终，阿拉贡只剩下欣赏妻子才华的份儿，情不自禁地感觉自己被她的成功深深刺痛，因为他自己还在艰难地忍受着《车顶上的旅客》的失败，不过确实是在最糟糕的情况下出版的。他就喜欢把爱尔莎当作灵感女神来赞美，虽然不食人间烟火，但也从来不发一言。不过"野草莓"不愿再单纯施予灵感，而只想吸取灵感，自己创作。到最后，阿拉贡甚至开始嫉妒米歇尔·维戈，指责她居然爱上了这位笔墨打造的主人公，维戈曾伤心地指出，"从前可不像现在这样……那时的人为了帮女士捡回手套，是敢于冲入狮群的"①。米歇尔·维戈仿佛直接脱胎于"武功歌"②、艳情小说以及行吟诗歌，对阿拉贡德占时期的生活与作品都产生了影响。阿拉贡的还击同样以文学为手段，不仅以《奥雷利安》回应了《白马》，还加上了一首诗歌《没有什么幸福的爱情》，这也是他最为著名的诗歌之一。至少，所有法国

---

① Elsa Triolet, *Le Cheval blanc*, *op. cit.*, p. 387.
② 11—14 世纪流行于法国的一种数千行乃至数万行的长篇叙事诗。

人都对这首谱成乐曲并由乔治·布拉桑演唱的副歌烂熟于心:

没有什么幸福的爱情
可我俩的爱情就是如此情形

事到如今,我们能做的只有庆幸,庆幸阿拉贡因为嫉妒而获得灵感,写出了《奥雷利安》。这部小说中漂动着他对从前与南希·丘纳德频繁出入的那些场所的回忆,就像要加倍报复爱尔莎似的,因为后者受不了别人在她面前提到这个昵称为"娜娜"的女人。这是他最华丽的作品之一,他为我们奉献了一张表现爱情幻灭的绚丽的 X 光片,如同是对他们夫妻所跨越的道道难关的痛苦写照。

两人关系紧张得让爱尔莎一度考虑与阿拉贡一拍两散,但她最终还是决定留在他身边,运用那种"必须掌握的技巧,不让他的生活绊住腿脚,但要将其优雅而自如地拖在身后"[①],她在《白马》中就是这样明确表述的。他们后来无比幸运地离开"天国",躲到了里昂一个从事抵抗运动的朋友家,以卡斯特克斯先生与夫人的名字在社会上行走。"爱尔莎拉贡沙"一

---

① Elsa Triolet, *Le Cheval blanc*, op. cit., p. 368.

起为南方区域的全国作家委员会写起了章程。他们同时参与了《星报》与《德龙省武装起来》这两份地下报纸的编辑与散发工作。这对双人组合还在这里与不少作家朋友再次聚首,不仅有乔治·萨杜尔和阿尔贝·加缪,还有出版商皮埃尔·塞尔热。通宵达旦的交谈不仅内容丰富而且激情洋溢。阿拉贡兴奋狂热,爱尔莎则镇定而安静,两者之间的反差令交谈的参与者们颇感震惊。"一个是火,一个是冰",用于形容阿拉贡夫妇的外在表现倒是堪称完美,尽管我们还可以把那句专为玛丽·达古所写的美妙格言用到爱尔莎身上:"纵然冰雪万丈,难掩火热熔岩。"

"卡斯特克斯先生与夫人"出差去了好几次巴黎,每次都受到已经加入共产党的保罗·艾吕雅的接待。后者告诉他们,皇家空军的飞行员们在巴黎上空撒下了印有阿拉贡诗文的传单,后者受到了多个国家的广泛欢迎。诗歌成了阿拉贡的生活重心,1943年3月,他又发表了《玫瑰与木樨草》——向共产党的"和解"政策表达了敬意。

> 冰雹已经砸倒了麦子,
> 傻子才会再吹毛求疵,
> 傻子才会在并肩作战的关头,

还惦记争来吵去。①

听听《自由射手之歌》是怎么唱的——这是作者献给抗德游击队员的一份礼物，最后一句——"我死之处，祖国重生"②已经成为奋斗在黑暗中的战士们的一句口号，还有前面提到过的《刑场歌唱者的歌谣》。阿拉贡和保罗·艾吕雅成了抵抗运动时代非常伟大的两位诗人。

斯大林格勒战役于1943年2月2日结束，是第二次世界大战历史上另外一个决定性的转折点。这是红军对轴心国部队取得的第一场胜利，对于鼓舞苏联人民的士气意义重大，只是胜利的代价实在沉重：这座距莫斯科九百千米的城市变成了一片废墟，在长达六个月的战斗中，有二十五万平民失去了生命。德国空军一天之内扔下的炸弹就能达到一千吨，导致"烈焰如雨而下"，凶猛程度史上罕见。大火烧毁了百分之八十的民宅，迫使民众躲进了地窖和下水道。这场死人无数的战役对希特勒不啻为一次惨痛的失败。他随即明白，德国也有可能输掉战争。对于爱尔莎，胜利的消息则让她悲喜交加，因为她完全想象得出，她的同胞们因为敌人的残暴所遭受的

---

① Voir Louis Aragon, *Œuvres poétiques complètes*, *op. cit.*
② *Ibidem.*

是怎样的厄运。

就在1943年2月，爱尔莎在里昂写下了《阿维尼翁的情侣》，这部短篇被收进小说集《第一个破洞花了二百法郎》，正是这部文集让她获得了龚古尔奖。她笔下的主人公朱丽叶孤身一人，与姨妈阿丽娜一起抚养着一个加泰罗尼亚孤儿若泽。哥哥死后，朱丽叶化名罗斯·图桑加入抵抗组织，为小组内部的多名成员传递文件与金钱。爱尔莎对这一切知根知底，描写起来比任何一个人都更加分明——有影射之意的那座孤零零的农场，有冷衾湿被的寒酸旅馆，有天寒地冻时可以躲进去扎堆取暖的影院大厅，也有挤得满满的火车，乘车人只能坐到放在过道的手提箱上，每次到站停车都会吓得浑身哆嗦，生怕被德国人抓去坐牢。她为参与抵抗运动的广大女性献上的这份敬意涉及两座城市，一是里昂，二是阿维尼翁。作者毫不掩饰对前一座城市的深恶痛绝——阴暗、潮湿，一点儿也不宜居；而对后一座城市则钟爱有加，把它比作在空中熠熠放光的一架巨大的竖琴，那是彼特拉克和劳尔的城市，这两位她在书中都曾提到。

爱尔莎把这部作品交给了在德占期间成立的午夜出版社，后者出版的第一部作品就是《海的沉默》，如今已经成为战争文学的一部经典之作。就像阿拉贡一样——他有不少诗歌都用"弗朗索瓦·拉科莱尔"作为署名，这本大部头作品她并未使用本名发表，而是选择了一个笔名洛朗·达尼埃尔，以表示对达尼埃尔和洛朗·卡萨诺瓦这对共产党抵抗运动积极分子夫妻的敬重。被关进奥斯维辛集中营并于1943年死亡的达尼埃尔始终是爱尔莎绝对敬仰的榜样，也是一位具有十足勇气与献身精神的女英雄。在《阿维尼翁的情侣》中，有这样一个词组——"枪毙党"，引起了共产党员和抵抗运动成员的格外注意，他们立刻将其挂在嘴边。爱尔莎在书中明确指出，这些人一直在黑暗中投身于对德战斗，离了他们，想驾驭战后的法国根本没有可能，只可惜他们当中的很多人都已经被枪毙身亡。这个词组立刻成为他们的口令，而到法国解放时，看到巴黎墙上写着"听抵抗运动作家的话，加入'枪毙党'"，她毫不掩饰自己的惊喜与骄傲。值得一提的是，阿拉贡夫妇创作了抵抗运动著名的两句"口号"："我死之处，祖国重生"以及"枪毙党"，后面一句还被写到了1944年的党员证上。

爱尔莎当时一直秘密住在里昂，在那里写下了最富新意的短篇小说之一——《这个陌生人不是本地人，到底是谁？或是梅拉尼伯爵夫人》。讲的是一位贵族老太太死后复活的故事，但她却是从后往前活，活过来时不是躺在摇篮里，而是睡在一辆灵车里。小说既荒诞又病态的文风没有激起读者反应的一丝涟漪。加缪1942年发表的随笔《西西弗的神话》，给爱尔莎留下了格外深刻的印象。文章对这位希腊英雄每天的荒唐行为做出了充满妙趣的思考，他的生活就是永无休止地周而复始，活着完全成了一种负担，而不是什么美事。受此启发，女作家写出了足以跻身其奇异作品的几段篇章，从中又一次揭示了她自己对生活所抱的可悲而绝望的看法，她的看法固执得用什么办法都不太可能拉回来。她本人就是靠着写作、参加抵抗运动与抑郁以及随时随地的自杀企图做斗争的。但我敢打赌，如果问到自杀的动机，爱尔莎恐怕会回答，她把自己更多地看作现实主义者而不是悲观主义者。由夫妇俩的朋友亨利·马蒂斯亲自绘制插图的《这个陌生人是谁》就发表在《诗歌43》杂志上。阿尔贝·加缪立刻报以称赞，他很清楚她刚刚与他展开的对话有多么不同寻常，多么深入实质，堪称两位战时作家所享有的一项特权，也是随意性文学的一个经典范例。

1943年7月初，阿拉贡夫妇再次离开里昂，因为他们在这里太出名，太显眼。他们索性住到了德龙省最深处的一个名叫圣多那的小村子，但这样的隐居并没有让他们就此归于沉寂，因为无论是从本义还是从引申义上说，迫在眉睫的战斗始终与他们形影不离。所以，阿拉贡才在午夜出版社秘密发表了一首颠覆性的新诗《格雷万蜡像馆》。他在诗中揭露了维希政府——贝当变成了"贝托什国王"①，他不仅写到了德国人的暴行，法国警察的大搜捕、夜间搜查与抓人，还写到了开往死亡集中营的火车。

> 我在这样一个国家秉笔作诗，
> 这里总是把人拘禁于污秽干渴饥饿与沉寂，
> 母亲被人夺走儿子，
> 如同赖伐尔出任皇太子时，希律王恢复了统治。②

这些诗句将法国比作"连死人都被拆成小骨的废墟"③，被从北到南、从东到西的全国人民读诵着，评论着，熟记着。如同那些政治传单和地下出版物，抵抗运动的诗歌也在通过秘密渠道广泛传播。保罗·艾吕雅那位迷人的妻子努什——做过杂技演员、催眠师和服装模特，后来又成了超现实主义者们的灵感女神以及毕加索最宠爱的模特之一——负责在巴黎传递丈夫的诗文，而且是从他们的衣袋中取出，再放进不同的糖果盒里。阿拉贡夫妇的方式则没这么有趣，他们把印好的

---

① Voir Louis Aragon, *Œuvres poétiques complètes, op. cit.*
② *Ibidem.*
③ *Ibidem.*

一份份《德龙省武装起来》藏在水果筐底下，假装给人送货传递出去。很多人都认为，这是抵抗组织编得最好的一份报纸。当时，作家之间的友谊空前紧密。如同阿尔贝·加缪一样，罗贝尔·德斯诺斯也对《白马》十分喜爱，他给爱尔莎写信，向他们夫妇表示问候。在他们信奉超现实主义的青年时代，他不也曾经做过阿拉贡的好友吗？作为"行动"小组的成员，德斯诺斯的任务是搜集情报，同时为犹太人制作假证件，他就没有阿拉贡夫妇那么幸运了。他于1944年2月被捕，1945年6月，时年四十四岁的他死于一个刚刚获得解放的集中营。"没错，没错，我就是诗人罗贝尔·德斯诺斯"，他在死前向一位熟知他的名字与作品的捷克年轻人低声说道。

"卡斯特克斯先生与夫人"在圣多那躲了将近十八个月，摇身一变成了"安德里厄先生与夫人"，这个名字暗指的便是阿拉贡的父亲路易·安德里厄。他们出出进进，一项一项地执行着各种任务，如果工作需要，甚至还会秘密潜入巴黎。他们不仅印刷并散发报纸和传单，而且还亲自撰写——他写的是诗歌和小册子，她写的是文章和新闻报道。两人之间现在的气氛远没有之前那么紧张了，他们成功地渡过了一道新的难关，尽管不是第一道，也不是最后一道。最关键的是，他们在圣多那从收音机的隐晦用语中听到了1944年6月6日诺曼底登陆的通告："第一个破洞花了二百法郎……"这个消息在行动前夜通过电波重复了二十三遍，只有行内人才能够破解个中奥秘。爱尔莎于是把这句暗语用于所写书籍的标题，这本书让她获得了龚古尔奖。

二十一

"我总是莫名其妙地为你们担心。我不知道你们在哪儿，也不知道你们是否还活着。自从法国电台宣布你俩都成了英雄，我又重新看到了窗外的太阳"①，1944 年 11 月 21 日，莉莉在莫斯科这样给爱尔莎写道。自 1939 年 9 月以来，这是姐妹俩之间的第一封信，卡甘家的长女连珠炮般问了妹妹一堆问题。她同时把母亲的死讯和姨妈被纳粹杀害的消息告诉了妹妹。但对生活的品鉴、分享新计划的渴望以及为"爱尔莎拉贡沙"感到骄傲并对他们表示钦佩的表述成为字里行间的主基调。莉莉的信写得毫无头绪，一会儿要求爱尔莎把她要翻译的书和剧本寄给她，一会儿又为她十分赞赏的《断肠集》

---

① Lili Brik-Elsa Triolet, *Correspondance, op. cit.*, p. 157.

向阿拉贡表示祝贺，一会儿又强调说马雅可夫斯基在她的思想和日程中占有多么重要的位置，因为她和奥西普正为出版《马雅可夫斯基诗歌语言词典》而努力，而瓦西里·卡塔尼扬则准备推出一卷大部头作品《马雅可夫斯基文学年表》。能感觉出她想要追回失去时间的那份渴望，而这么多年来一直干扰她正常生活的那种焦虑与苦恼，则在这封信中被一扫而光。姐妹俩就此开启了其通信历史上最高产的一个新阶段，这个阶段直到二十六年后"野草莓"去世才告结束。

我们的两位"英雄"——爱尔莎和阿拉贡时年分别为四十八岁和四十七岁。自从诺曼底登陆的消息发布以后，他们的生活便开始变得极其动荡不安，因为这一登陆日以及1944年8月15日接踵而来的普罗旺斯登陆，招来了纳粹的疯狂报复。按照希特勒的命令，帝国军队必须坚决顶住，坚守阵地到最后一刻。于是，惩罚性的讨伐便频频而至，连圣多那也不能避免。阿拉贡夫妇只得再次离开藏身之所，另觅他处，甚至不惜栖居一处孤零零的新建农场。两位优秀的作家把自己最新写成的手稿装进点心匣埋在这里，以便万一被捕时能将其妥善保存，因为危险无处不在——不言而喻，"弗朗索瓦·拉科莱尔"和"洛朗·达尼埃尔"很可能会成为敌人最值得炫耀的猎物。一俟纳粹的威胁开始远离，他们便去了里昂，里昂人把他们高高举起，欢庆胜利。1944年9月25日，他们最终回到了巴黎。

首都是一个月前的8月25日获得的解放，德国人在蒙帕纳斯火车站签署了投降书。当天，戴高乐将军在市政厅发表了那篇著名的演讲："遭到践踏的巴黎！被蹂躏的巴黎！鲜血淋淋的巴黎！但是巴黎解放了！"阿拉贡夫妇一心支持共产党，并不喜欢他。离开多年以后，爱尔莎和阿拉贡终于回到了苏迪埃尔街道上那所被盖世太保毁得不像样的公寓里。这些都无所谓，毕竟只是物质上的损失，比这更糟糕的情况他们都经历过。就像莉莉一样，没有什么能代替他们凭借纯洁无瑕的良心和无可指摘的工作业绩活在世上的幸福感。修复他们"甜蜜的家庭"算不得什么难事，何况他们还能洗上热水澡，在杜伊勒里花园闲逛，享受初秋的美景，与侥幸逃过大屠杀的朋友们自由自在地交谈。接到他们回来的通知，这些朋友便火急火燎地赶来看望他们。

但翻身解放与和睦相处的时间毕竟短暂。好景不长，旧日重现的心心相连很快让位于各阶层民众的寻仇与报复。肃奸委员会涉及了好几千人，既有默默无闻之流，也有声名卓著之辈，人们的愤怒异常激昂。最后一批抵抗运动成员尤其群情高涨，甚至开始为指挥对象虚构罪名。那些被控"在床上通敌"的女人全都被剃光了头发，她们被就地处决的情况频频发生。

文学界也远不能免俗，作家们同样有权开出自己的黑名单。如果说，阿拉贡夫妇、保罗·艾吕雅、韦科尔（《海的沉默》的作者）以及阿尔贝·加缪受到广泛称赞，那么，所有被怀疑通敌的，乃至仅仅向敌人表示过顺从的作家，则尽数受到惩罚。萨沙·吉特里和皮埃尔·贝努瓦遭到拘禁，德里厄·拉罗歇尔自尽身亡，罗贝尔·布拉西亚克（反犹报纸《我无处不在》的主编）被枪毙，塞利纳在丹麦入狱，而阿贝尔·博纳尔（因为曾经跟奥托·阿贝茨走得很近而被人改名为"阿贝茨·博纳尔"）被剥夺公民权并被开除出法兰西学术院。艺术圈里的当事人通常因为名头太响，所以格外引人注目。在弗雷讷监狱，甚至还能碰到歌唱家与戏剧演员蒂诺·罗西，以及诸如阿列蒂或者米海伊·巴林这样的女演员——后者在电影《逃犯贝贝》中饰演的加比令人难忘，却遭到国内武装部队的殴打和强奸。

在这种极端暴力的环境中，阿拉贡参加了全国作家委员会的肃奸工作，但他更多地试图平息事态，开展对话，尽管他的敌人们总是把他妖魔化，将其看作文学界的地狱之王托尔克马达、一个更符合人们主观感受的人物、一个动辄发出雷霆之怒的斯大林主义者。爱尔莎则在品味《白马》带来的好评与财务成就的同时主要致力于实施新的文学计划。"如果不是从事写作，我相信我恐怕早就一死了之了，"1945年1月，她这样向莉莉倾诉道,"我对这项工作十分入迷,它代替了我的朋友、青春,还有很多我生命中没有的其他东西。"① 在诸多缺憾中,向无法满足的生育渴望致哀,以及相当于为如此奔放的青春敲响丧钟的对全部性生活的逐渐放弃,最终排到了前两位。写作从此将成为她的首选,从战后直到去世,二十五年间她写了不下十五本书。这是一封对莉莉两个月前来信的回信,就在这封长达六页纸的信中,爱尔莎又说起了母亲的去世,并做出了这样一种别出心裁的判断:"如此说来,死亡还真是救了她,让她免遭德国人的折磨,感谢死亡。"

就在1945年,爱尔莎因为获颁著名文学奖项龚古尔奖而得到了绝对认可。《第一个破洞花了二百法郎》是一部短篇小说集,其中只有《阿维尼翁的情侣》已经发表。这部小说集参加了评比,并于当年7月获得了1944年的奖项。自1903年该奖创立以来,她是第一位获奖的女性,其象征意义十分深远,因为法国女性同样也刚刚获得了选举权。从此她便可以与分别于1919年和1933年获此殊荣的马赛尔·普鲁斯特和安德烈·马尔罗并驾齐驱,尽管《第一个破洞花了二百法郎》并非她的最佳作品——远不如《白马》和观察极其入微的《夜

---

① Lili Brik-Elsa Triolet, *Correspondance, op. cit.*, p. 161、159.

莺在黎明停止歌唱》，后者也是她留给世人的文学遗产。

评委会成员特意做出了向一位共产党女作家致以敬意的选择，她在四部短篇小说中描写的不仅有同胞们在战争年代以及维希政府统治时期的日常生活，而且还有抵抗组织的朋友们所进行的战斗以及犹太人所遭受的迫害。"我一整天都在接受拍照、'采访'，还得跟电台对话，"7月3日，她这样向姐姐讲述道，"今天，所有报纸头版无一例外的都是我的头像，公寓里的鲜花多得让人没地方站，没地方坐。"[1] "爱尔莎拉贡沙"吃着莉莉寄来的鱼子酱庆祝获得龚古尔奖。碰巧的是，鱼子酱恰恰是在颁奖通知发布当天收到的。现在已经远不是当年人们见了爱尔莎绕道而行的时候了，她虽然受到了所有人的追捧，但对过去的一切仍念念不忘，她的记忆历久弥新，稍有触动就会提起往事。

实际上，敬意也好，奉承也罢，并没有让她失去理智，而且远不止如此。某种程度上，成功来得太晚——她已年近五十，不足以让她心旌摇荡。她天性中的悲观情绪太过执着，每每回首往昔经历，黑暗总会战胜光明，就连新写成的小说也不能幸免。《谁都不爱我》于1945年脱稿，1946年1月出版。

---

[1] Lili Brik-Elsa Triolet, *Correspondance, op. cit.*, p. 175.

女主人公燕妮·博尔杰斯是马雅可夫斯基的孪生姐姐，同他一样，她的一生也毁于荣耀。这位著名的电影演员尽管政治上"大红大紫"，但最终却将一颗子弹射向心脏，自杀身亡，临死留下一句遗言，是这样说的："谁都不爱谁。我真受不了。"① 爱尔莎在书中同样表达了她所强烈感受的孤独，尤其是被众人围绕之时，她经常会在作品和书信中提到这样的感受："这个世界只剩下转身离去时的背影。"② 对她来说，文学既是一项能调动她全部才干、全副精力的工作，同时也是一个让她苟延残喘的木筏。从此，爱尔莎只有一笔在手才能感到生命的健全。是走向成功还是陷入失败，是公事公办还是顾念私情，是拼尽全力还是精神空虚，无不视写作情形而定，写作当真成了她对人对事唯一的取舍标准。

1945 年，随着赞美之词的纷至沓来，爱尔莎成了最引人注目的巴黎女人之一，她是抵抗运动女作家，也是第一位获得龚古尔奖的女性。她四处受邀，被各种新闻合作项目拉去入伙，因为她的名字就是口碑的保证。这段时间，他们的朋友马蒂斯为她画了好几张沐浴着阳光的肖像画，充分彰显了爱尔莎的全新面貌。一时之间妻贵夫荣的阿拉贡，与妻子组成了一

---

① Elsa Triolet, *Personne ne m'aime*, La Bibliothèque française, 1946, p. 141.
② *Ibidem*, p. 118.

对美妙的作家组合,在每一条战线上都大显身手:文学生活、文化生活、政治生活。他俩不仅频繁写作书籍与文章,参加共产党和全国作家委员会的会议,而且还要出席最新推出的戏剧作品的首演,生活始终处于飞转的旋风之中。他们甚至受到第二次世界大战中的英雄将军让·德拉特尔·德塔西尼邀请,去参观法国在德国的占领区——就是沿着两国边界伸展的几片领土,当然还包括西柏林的北区。

阿拉贡比以往更加密切地关注着妻子的成功,与此同时自己却要吞下《奥雷利安》失利的苦果。这部小说于1945年春天出版,堪称20世纪法国文学写得最美妙的作品之一,却受到了不公正的冷遇,一直得不到公众的认可。不言而喻,它的造诣当然要比《第一个破洞花了二百法郎》高得多,但游戏规则就是这么冷酷无情,在编辑和书商眼里,读者永远都是对的。阿拉贡以爱尔莎的成就为他带来的自豪装点着门面,并没有把自己的失利放在心上。然而,出于奖赏他以诗歌代言抵抗运动的考虑,戴高乐将军出面推荐他进入法兰西学术院,让他获得了意料之外的敬重。但他却拒绝了"查理大帝"的好意,因为后者一直与共产党人为敌——虽然这些共产党人已经开始指责"爱尔莎拉贡沙"在德占期间并自停战以来所立下的丰功伟绩、所取得的名目繁多的成功。嫉妒与中伤开始暗中发力,而且,按照一项几乎亘古不变的规律,昨天的英雄往往会成为明日的罪人。但阿拉贡已经成为全国最有影响力的人物,始终不渝地忠诚于党的路线,其1946年7月在诗集《法兰西的狄安娜》中发表的某些诗句也表明了同样的志向:

> 我的党已经赋予我法兰西的颜色
> 我的党啊我的党,感谢你给我的谆谆告诫①

对于莉莉,1945年可没有那么温和。就在巴黎为爱尔莎欢庆的同时,她却在奥西普·布里克因为心衰而早逝中又一次经受了命运的打击。"对我来说,那种难过并不像死了一个曾经爱过的好友那么让人无法忍受,只不过是我自己也和奥西普一起死掉了"②,1945年夏初,她这样给爱尔莎写道。之所以这么说,丝毫没有当场显摆那种俄式浮夸的意思,这样的词语可以最深切地表达出她巨大的悲恸。她的心彻底碎了,不管此前还是此后,没有任何人的死亡——哪怕是马雅可夫斯基、普里马科夫或者她母亲的死——给她带来过如此深重的震撼,她甚至又一次试图从酒精中寻求解脱。她当时很受大家关心,

---

① Voir Louis Aragon, *Œuvres poétiques complètes, op. cit.*
② Lili Brik-Elsa Triolet, *Correspondance, op. cit.*, p. 168.

那些曾经光顾星期二沙龙的颇具才华的幸存者——鲍里斯·帕斯捷尔纳克、谢尔盖·爱森斯坦、内森·奥尔特曼、亚历山大·罗钦可、列夫·库里肖夫以及弗谢沃洛德·普多夫金——纷纷向死者表示敬意,但莉莉却始终郁郁寡欢。她失去了最要好的朋友,那个跟她最亲近的人,那个她曾经与之分享希望、爱的自由、工作、成功与幻灭的人,那个跟她彼此从来不曾失掉对对方的尊重与欣赏的人。在莉莉眼中,只要经过从来不曾违逆于她的、智慧超群的奥西普筛选,她所做出的抉择就会具有一份其他任何人都无法带给她的可靠性,连体贴的卡塔尼扬都不行——他当然也很出色,但若论起高度,还是要比她的亡夫稍逊一筹。

1945年9月,当爱尔莎和被莉莉戏称为"路琴卡"的阿拉贡抵达莫斯科时,她的悲痛才勉强有所缓解。他们几乎十年没有回来,作为参加抵抗运动的共产党员和著名作家受到热烈欢迎。克里姆林宫对我们这两位英雄百般奉迎,这份荣耀也波及莉莉。出于命运的讽刺,从今以后,她的角色被限定为爱尔莎的姐姐,而爱尔莎曾经在那么长的时间里一直都被称为名人莉莉·布里克的妹妹。"野草莓"带着书籍、带着"姬琪"存货——自打巴黎与莫斯科之间的信件重新开始流通以来,莉莉一直那么强烈地表达着对这款娇兰香水的渴望——

踏上了莫斯科的土地，用书中的故事和扉页上别出心裁的装饰图案款待着自己的姐姐，后者的气势难得遇到如此低下的时候。

爱尔莎向她讲述了抵抗运动的内幕、她在巴黎取得的成功，还有他们刚刚应让·德拉特尔·德塔西尼之邀在德国进行的逗留。阿拉贡夫妇甚至还参观了多瑙河畔的锡格马林根城堡，1944 年 9 月，那些最出名的通敌者中有好几位都曾躲在这里，其中包括贝当元帅、路易-费迪南·塞利纳以及在法国爱情电影中经常出演女主角的科琳娜·吕谢尔，她还跟德国空军的一名军官生了个孩子。但两姐妹始终无法就实质性问题进行沟通，因为莉莉的神经太脆弱，情绪太不稳定，内心深处的那种绝望怎么也说不出来。她们相互之间虽然极尽嘘寒问暖之能事，但彼此的对话自始至终都亲近不起来。10 月中旬，阿拉贡夫妇准备动身返回，爱尔莎对长姐的状态迟迟放心不下。她最终没能达成为自己定下的挑战目标：帮莉莉卸下包袱，赶走心魔，赋予她尽情领略重获自由的渴望，毕竟这份失而复得的自由是那么难能可贵。

二十二

爱尔莎离开莫斯科去往德国，为《法兰西文学》杂志报道纽伦堡审判，这本杂志由她的朋友让·保兰于1941年创建。1939年，当她独居巴黎、没有任何收入时，他是少有的向她伸出援手的几个朋友之一。审判自1945年11月20日至1946年10月1日在这座城市进行，希特勒曾经对这里十分珍视，将其当作他的"意识形态首都"，纳粹也曾在这里举行过多次重大集会和阅兵仪式。同盟国判决第三帝国二十四名主要负责人犯有战争罪和反人类罪，包括赫尔曼·戈林——德国空军司令，鲁道夫·赫斯——纳粹党总理府首脑，约阿希姆·冯里宾特洛甫——外交部长，以及阿尔伯特·施佩尔——元首最喜欢的建筑师，后来成为元首的装备部长。爱尔莎列席了希特勒青年团头目和维也纳总督巴尔杜尔·冯·席拉赫的证人陈述，并且毫不掩饰全体德国人让她感到的厌恶。

在她看来,他们不仅全都有罪,而且对他们的领导人打输了战争、让他们受此奇耻大辱心存抱怨。她那篇名为《法官们的华尔兹》的报道发表于1946年6月,文章充分展现了她的悲观情绪。"纽伦堡审判本可以成为打击纳粹主义的沉重武器,为精神上的去纳粹化提供无限支持。是我们自己剥夺了自己手中的这件武器,我不禁要问,这样一场审判对于去纳粹化当真有用吗?不。"[1]她确实认为敌人一直没有放弃希望,一旦时机出现就会从头再来,并且像她1948年出版的小说《废墟巡视员》所描述的那样展开攻势。

爱尔莎当时与来自二十多个国家的所有记者一起住在纽伦堡美占区一个工业家的住宅里。她在这里遇到了不少作家和记者,比如来自《法兰西晚报》的约瑟夫·凯赛尔,著有《黑羔羊与灰猎鹰》的丽贝卡·维斯特,基塔·瑟伦利——她专为阿尔伯特·施佩尔写了一本书,亚历山大·维亚莱特——他的德语专栏就他对时局所感提供了一个独特的视角,艾丽卡·曼——托马斯·曼的女儿,战时唯一一位女记者,还有漫画家鲍里斯·叶菲莫夫——马雅可夫斯基和莉莉的朋友、星

---

[1] Voir *Elsa choisie par Aragon*, Messidor, 1990, p. 281.

期二沙龙的忠实光顾者之一,以及伊利亚·爱伦堡,他正旅居巴黎,自蒙帕纳斯时代开启以来便成为阿拉贡夫妇的好友。此外还有一些特立独行的人物,比如电影艺术家约翰·福特,继执导经典电影《驿站马车》(1939年)与《愤怒的葡萄》(1940年)之后,又为政府拍摄了记录审判的影片。

每天晚上,官员、军人以及媒体从业人员都会齐聚大酒店,跳舞玩乐。德国的男人和女人都在以卖淫为生,而征服者们则没心没肺地乐享其成。这样的环境让爱尔莎看了很不舒服,因为全世界都已经知道了集中营的存在。那些令人震撼的场面也已经在审判现场公映,每天都要进行同声传译,并被译成四种书面语言——英语、法语、德语和俄语——供大家阅读的起诉内容,道出了种种足够骇人听闻的纳粹暴行。所以,她不明白为什么参与审判的人私底下会表现得那么轻松与轻率。纽伦堡军事法庭有两位法国法官,其中一位的妻子让娜·法尔科在一次庭审期间居然用铅笔为爱尔莎画了一幅惟妙惟肖的肖像画。她画的很可能是文艺复兴时期一位深陷忧郁的贵妇人。这位贵妇人的眼神绝对不是那种认为狐步舞和反人类罪能够相提并论的女性该有的眼神。这幅素描与马蒂斯同样在1946年为她所画的肖像形成了强烈的反差——在后者的画面上,爱尔莎总是面带微笑甚至容光焕发。

阿拉贡到工业家的住宅与爱尔莎会合,然后两人一起去了柏林。随着时间的推移,她后来经常会回到柏林小住一下。整座城市已成一片废墟,激发她写出了另一篇文章,发表在同一份杂志上。爱尔莎在这篇文章中对战败者的嫌恶比此前有过之而无不及,她所做出的绝对属于终审判决。"在这些世代传承的家族中,随时随地笼罩着的一种特别德国化的腐朽气息,从中又重新滋生出一种奇怪的生命,就好像在一具已有两千年历史的木乃伊裹尸布下面又发现了疥疮病毒一样。"① 阿拉贡夫妇随即又去了波兰,那里有百分之九十七的犹太群体——战前曾经是世界上最庞大的一支——被纳粹军队彻底灭除了。至于首都,则在1944年8月1日至10月2日的华沙起义之后被德国人毁掉了百分之九十。目睹如此大面积的悲惨场景,阿拉贡夫妇的心都要碎了。

因为看透了纽伦堡审判的实质,惊悉了波兰所发生的一切,同时有感于笼罩法国的复仇与阴谋气氛,回到巴黎的爱尔莎深受震动,她重新投入写作,在一部阴郁的小说《武装的幽灵》中对战后局势做出了自己的阐释。她笔下的主人公安娜-玛丽因为机缘巧合成了一名摄影记者,这份职业让作者为安

---

① *Les Lettres françaises*, 3 novembre 1945.

娜赋予了往返穿梭、频繁出差的可能性，她因此有机会参观德国的占领军队和弗雷讷监狱。安娜-玛丽看到了一切也听到了一切。她伤心地发现，从前那些狡猾的通敌者一个一个全都平安脱身，甚至成了巴黎的大型沙龙的上宾，或者把生意做得风生水起；而真正的英雄却被判处杀人罪，投入了监狱。爱尔莎顺便向我们阐述了她的个人观点："被判有罪的肃奸者从事的是一项堪称悲壮的工作。"[1] 她的书于1947年出版，因为充满无人喝彩的悲观情绪而饱受批评。在因《白马》受到热烈追捧之后，在荣获龚古尔奖之后，爱尔莎这一次却因为敢冒天下之大不韪而被大肆羞辱了一番。

阿拉贡的地位比较尴尬，在全世界都广受欢迎，在自己的国家却遭人嫉妒。"阿拉贡负有国际义务，"1946年2月25日，爱尔莎这样给莉莉写道，"现在，他在美国开始荣耀加身。那里刚刚出版了一本写他的书，是一本传记，里面写到了他的诗歌、散文……"[2] 与此同时，他却被共产党敬而远之，因为他作为伟大的抵抗运动诗人激起了人们的怨恨，就连读者也刻意跟《奥雷利安》较上了劲。他太招眼，太不听话，太独立，做出判断与发出谴责时太容易感情用事。在想出新的

---

[1] Elsa Triolet, *Les Fantômes armés*, La Bibliothèque française, 1947, p. 185.
[2] Lili Brik-Elsa Triolet, *Correspondance*, *op. cit.*, p. 193.

文学计划之前，他主要在巴黎大学和教科文组织做讲座，同时支持妻子坚持不懈地维持全国作家委员会的运转。"爱尔莎不愧为一个优秀、坚韧、勇敢的组织者，面对任何管理性或操作性工作都不会气馁，对公众的好恶拥有敏锐的嗅觉，很快就成了全国作家委员会的关键人物。即使在没有委员会主席头衔的那段时间，她也是委员会事实上的主席。阿拉贡则成了这个机构的总干事。"[1] "野草莓"事无巨细地样样操心："她在和平街道找到了一所宽敞的房子，她把这里比作带平台的谷仓，除此还得张罗家具和打字机，找人安电话。"她一点儿也没有躺到自己以前的功劳簿上止步不前，而是全身心地扑在这项计划上，丝毫不因各种障碍与消极情绪而泄气。她甚至还联系了法兰西喜剧院的团队，后者同意在她的协会于王宫花园举办集资晚会时登台演出。

德国与意大利的法西斯已经被彻底打败，阿拉贡夫妇希望看到世界和睦的局面能够从此在联合国的主持下降临人间。联合国成立于1945年，其目标其实就是要让和平永驻世界，仅此而已。但它却对1946年因共产主义在苏联红军占领的中东欧生根而爆发的"冷战"无能为力。1947年，当美国

---

[1] Pierre Daix, *Aragon*, *op. cit.*, pp. 451-452.

第三十三任总统哈里·S.杜鲁门建议对最贫穷国家提供资助，以使它们有可能摆脱斯大林及其卫星国的控制时，同盟国之间的分手就已经注定。苏联的第三任共产党总书记安德烈·日丹诺夫把世界分成了两个不可调和的阵营：一边是由美国领导的"帝国主义和反民主"的国家，另一边是由苏联率领的"民主和反帝国主义"的国家。从此，阿拉贡夫妇毅然决然地开始了与美帝国主义的斗争，这一点自不待言。

无论是爱尔莎在全国作家委员会展开的活动，还是与丈夫一起从事的政治斗争，都丝毫没有妨碍她于1948年写出了一部新的小说。人们对《武装的幽灵》一直持有对立情绪，从而对她大加冷落。于是她想出了一个办法，用笔名来混淆视听。她内心的梦想就是要再拿一次龚古尔奖，让那些贬低她的人永远把嘴闭上。一旦拿到，她就会比罗曼·加里早很多年，后者是唯一一个两次获奖的作家——分别是1956年和1975年，第二次用的名字是埃米尔·阿雅尔。作为第二次世界大战题材系列的封笔之作，《废墟巡视员》又是一部令人心碎的悲观小说。她笔下的主人公安托南·布隆德是一位从集中营逃出来的抵抗运动成员，到解放时成了"死魂灵"——爱尔莎公然引用了果戈理的作品。他所喜爱的所有人都在轰炸中丧了命，对他来说，战后的巴黎就是漂泊与孤独的同位语。于是他离开法国,到德国当上了一名"废墟巡视员"——其实就是一份在瓦砾中翻来捡去的临时性差事。甭管是什么,只要能卖钱就行。一回到巴黎,他就被一辆卡车轧死了,死得无声无息。

由于这本书是以小说形式写成的回忆录,爱尔莎就想以安托南·布隆德的名义来出版,但得知龚古尔奖评委会已经做出选择、她的策略不再有理由成立之后,她便放弃了原来的打算,此书最后是以她的真名出版的。得知曾经出版过《晚上好,特雷丝》和《白马》的那家出版社拒绝了她的手稿,爱尔莎又经受了一次失望。这次做决定的不是罗贝尔·德诺埃尔,他已于1945年12月离奇被杀,而是他被杀时就守在他身边的情妇让娜·洛维顿——一位著名的双性恋,同时被保罗·瓦莱里和让·季洛杜所深爱。她既当律师,又是小说家和出版商,喜欢使用男性笔名让·瓦利耶。[①] 她对爱尔莎的才华无动于衷,跟爱尔莎胡说什么在退稿之前甚至都没看过她写的是什么。我们只能为这两位非凡到极致的女性从来没有一起合作过而感到遗憾。让·瓦利耶是否有意避免与一位一提到名字就让人恨得咬牙切齿的共产党女作家搅在一起呢?不过,她对文学作品的嗅觉其实足够灵敏,就在同一时期,正是她出版了她

---

① 西莉亚·贝尔丹曾为她写过一部传记《一位诱惑者的画像》,由法鲁瓦出版社于2008年出版。

的朋友库尔齐奥·马拉帕尔特所著的《皮肤》(1949年)的法语译本；但她的生活方式与政治取向确实与阿拉贡夫妇正好形成两个极端。

尽管如此，《废墟巡视员》还是另寻他途[①]摆进了1948年圣诞节的书店，此时的爱尔莎刚刚过完她的五十二岁生日。与此同时，《万分遗憾》又出了一个新版本，配上了新浪漫主义画家克里斯汀·贝拉尔的素描。绰号"婴儿"的贝拉尔因为给爱尔莎·特里奥莱的作品绘制插图而得以跻身艺术圈，晚于亨利·马蒂斯，早于马克斯·恩斯特和马克·查格尔。爱尔莎对贝拉尔欣赏有加，后者甚至打算为她所写的芭蕾舞剧《只要有爱》创作布景和剧装，可惜他1949年便离开人世，这项计划未能实施。

---

① 该书由法国联合出版社出版。

二十三

在苏联，与同盟国一道的胜利让斯大林获得了国际性的信誉，并在同胞当中恢复了名望，但国家的现状实在惨不忍睹。人口损失严重——死亡人数在两千到两千五百万，德国军队破坏了大部分基础设施，以及工业设备和农业生产手段。国家虚弱不堪，了无生气，走上与"西方集团"对抗的道路后，在安德烈·日丹诺夫的带领下，那些苏联意识形态纯洁性的捍卫者们猛然刹住了重建家园的可能性。但苏联毕竟正式成为一个大国，并自1949年起拥有了原子弹，斯大林从此开始与大国领袖平起平坐。但这份成绩单不应让我们忘记这样一些可怕的数字——一千七百二十座城市被毁，两千五百万公民无家可归，百分之三十的就业人口死于战争年代。为了与美国竞争，斯大林对军费开支过度投入。这项军备竞赛让苏联公民付出了沉重代价。粮食生产就此被彻底忽略，引发了新的大饥荒。从 1950 年起，有九百万心灰意冷的农民离开农村进入了城市，城市居民的日常生活因此变得十分困难。

多亏了爱尔莎和阿拉贡建议莉莉随意支用他们在苏联收取的版税，她才得以在莫斯科摆脱困境。这一慷慨之举算是救了她，因为仅靠出售马雅可夫斯基的书已经不足以接济她的日常所需。莉莉在信中写道："我又替你们收了一大笔钱：电台的一千卢布，女性杂志的七百卢布，《阿维尼翁的情侣》的五百卢布。有了这笔收入，就能让我们什么都不用惦记地活下去啦。谢谢！"[①] 她毫不掩饰感激之情，她的快乐就来自获得收钱的许可，或者是给妹妹打电话聊天。瓦西里·卡塔尼扬把电话听筒接到了收音机上，借助这种心灵手巧的即兴扩音效果，莉莉觉得自己仿佛与爱尔莎同在一室。

战后这几年，莉莉没少努力工作。翻译妹妹的书稿——她最喜欢的就是收在《第一个破洞花了二百法郎》文集中的一部短篇小说《私生活或阿莱克西·斯拉夫斯基》，把苏联战争文学的一部经典之作——薇拉·帕诺娃的小说《武装的同伴》改编成戏剧，在电台做一组关于马雅可夫斯基的系列节目，还

---

① Lili Brik-Elsa Triolet, *Correspondance, op. cit.*, pp. 187-188.

致力于写作一部名为《入侵者》的剧本,要把一群芭蕾舞女演员、一位诗人和几位石膏工匠搬上舞台,可以说是一场"苏式"演员选拔。她把棕红色头发梳成了一条长长的辫子——一进六十岁她就开始留起这样的发型,叼着烟嘴在打字机前一坐就是几个小时。只要稍微有点空闲,她就看书,沉浸在俄罗斯的拜伦——莱蒙托夫的作品中,她感到特别愉快。尽管拥有阿拉贡夫妇提供的费用,但生活依然困难,莉莉只能有所取舍。她宁愿找个厨娘,而牺牲掉公寓的整洁。房间早已破败不堪,扶手椅面已经撕裂,窗帘烂成了碎屑,但她把几百片碎布头重新缝在一起,自己做出了窗帘,这种拼凑起来的百衲衣效果把她的情绪调动了起来。莉莉的老朋友一个接一个故去——1948年,她为爱森斯坦的去世又流了一回眼泪。但总的来说,扛过了奥西普的死带来的巨大冲击后,她的精力开始有所恢复,一点一点地戒掉了对酒精的依赖。她骨子里远没有爱尔莎那么闷闷不乐,后者从来不会掩饰自己名目繁多的不满。

"'名人阿拉贡'人又瘦,火气又大,还总是累得要死。我可不瘦,但火气也很大,也总是累得要死,"1948年5月24日,爱尔莎这样向莉莉倾诉,"所有那些想要攻击阿拉贡的人,不管是共产党、法兰西、俄罗斯,还是一帮妇道人家,全都冲我来了……"① 不到一个月后，又一场怨气冲天的凄风苦雨袭向了莫斯科。"我写了点东西，除了阿拉贡没给任何人看过……不管三七二十一，还没开口就招来一顿骂，我真是受够了！……这帮坏蛋死活接受不了我获奖的事实，变着法子想把我打入十八层地狱。"② 她看什么都不顺眼，对什么都气不过，哪怕是每天晚上看看戏，然后在《法兰西文学》上写写评论这样的美事——这份戏剧批评的差事给了她收入固定月薪的机会。

莉莉不停地安慰她，从莫斯科给她寄去各种包裹。于是，阿拉贡夫妇便用"小狐狸"选购的糖果邀请毕加索参加他们共同生活二十年的庆祝活动——莉莉当时一心想让这位西班牙画家给她和妹妹画一张画，她手里还握有一幅画家送给马雅可夫斯基的画作呢，可惜她的心愿一直没能实现。莉莉还送给妹妹一条名贵的奥伦堡披肩——在俄罗斯，其稀罕程度就相当于世界闻名的藏羚羊毛披肩。这种披肩是用喜马拉雅几种山羊长在颈下与胸部的绒毛手工织成的，一条就需要耗费两百个工时——叶卡婕琳娜二世沙皇拥有一整套收藏品。当时的爱尔莎日子过得就像最优雅的巴黎妇人一样：身着打折

---

① Lili Brik-Elsa Triolet, *Correspondance, op. cit.*, p. 253.
② *Ibidem*, p. 256.

的高级定制服装、晚装披风，每次出行都有司机接送。这位贵妇发过这样一句感慨："今天是星期天，我可不想打扰司机的主日休息。"①

但莉莉显然是在重新找回莫斯科一等一的沙龙女主人身份后才开始彻底心花怒放的。她的审美与学识水准得到了新生一代的赞赏，恰如当年令未来主义者心悦诚服一样。她骨子里就是一个很健谈的女人，只有在展示谈话技巧时她才能表现出自己最好的一面。在她坐镇的沙龙中，她比任何一个人都清楚该如何鼓励并激发大家的谈话，帮助别人理出思绪，形成见解，态度基本上还算温和。

当时，苏联的文化氛围还没有那么令人兴奋，但还是有几位特立独行的艺术家准确无误地找到了通往她的公寓的路径——仅举电影艺术家米哈依尔·卡拉托佐夫，他大概是在1958年以《雁南飞》获得了戛纳电影节的金棕榈奖，还有诗人鲍里斯·斯鲁茨基以及舞蹈家玛雅·普丽赛茨卡娅。后者出生于1925年，论岁数都可以当莉莉的女儿了，于是顺理成章地成为她的保护对象。两人都出身于很有教养的莫斯科犹太家庭，但在玛雅十三岁那年，她的父亲在"大清洗"中被

---

① Lili Brik-Elsa Triolet, *Correspondance, op. cit.*, p. 279.

处以极刑，母亲被关进了劳改营，小小年纪便与父母突然分离。这位"人民公敌"的女儿不想在浑浑噩噩中度过青春期，开始以饱满的热情学习古典芭蕾舞。无与伦比的技艺加上罕见的表演天赋，让她成了20世纪后半叶最伟大的芭蕾舞演员。莉莉一场不落地观看了她的演出，一见到她在舞台上出现就禁不住浑身震颤，渴望尽早与她结识。每次发现一位一流的艺术家时，她都会产生这样的反应。她邀请玛雅参加1949年的新年庆祝晚会，两个年龄分别是五十七岁和二十三岁的女人很快成为好友，甚至一起外出度假，并且最终住进了同一幢大楼。

作为不折不扣的导师，莉莉教玛雅学习了文学与绘画，她的谈话对年轻的舞蹈家显得弥足珍贵。就这样，从第一场晚会开始，玛雅就对尼科·皮罗斯马尼的作品产生了兴趣。后者是一位天真的格鲁吉亚画家，1918年就去世了。他在世时，莉莉对他一直很看好，手里握有他两幅作品，其中就包括他为换取一晚上住宿和一顿饭所画的那幅著名的酒馆招牌。玛雅一下子就进入了一个全新的世界，这里蕴含着丰厚的创造性，让她个人的不幸得到了缓解。莉莉的公寓成了被来宾们施了魔法的岛屿。扶手椅碎成了残片，破旧的墙壁灰头土脸，但这里毕竟还能看到毕加索和皮罗斯马尼的油画，以及镶在镜框里的罗钦可的拼贴画和女主人自己的雕塑作品。最走运的来宾还有可能看到由马雅可夫斯基、鲍里斯·帕斯捷尔纳克、安娜·阿赫玛托娃、马克西姆·高尔基、路易·阿拉贡以及爱尔莎·特里奥莱亲笔题名的首版书籍。对这里熟门熟路以后,玛雅开始在莉莉的小圈子里为大家表演舞蹈,因为后者还拥有一架三角钢琴。

所有这些艺术家都在心情激动地期待着马雅可夫斯基的灵感女神的评判。只要她认为谁拥有前途无量的才华,这位幸运的入选者无论走到哪里都会得到人们争先恐后的恭维。如果情况相反,那么惩罚也会如期而至。每个人都试着想要给她带来惊喜,对得起她的赞赏,因为一旦受到莉莉·布里克的认可,你就会被载入苏联文化的传奇史册。光临莉莉公寓的除去这些本国才俊,还有一些途经莫斯科的外国名人,比如由爱尔莎向她热情推荐的巴勃罗·聂鲁达。这位智利诗人博得了莉莉的好感。她专门为他设下晚宴,参加的还有另一位诗人谢苗·基尔萨诺夫,后来成了聂鲁达诗歌的俄语翻译,当然也翻了不少阿拉贡、艾吕雅以及布莱希特的作品。那天晚上,在做东女主人的注视下,两个男人轮番朗诵自己的诗句。在当时,这种既欢快又激发学术精神的氛围实不多见。再多说一句,莉莉完全清楚,自己的公寓布满了传声器,电话也受到了监听,当局对她每时每刻的时间安排以及与来访者的交谈内容全都了如指掌。她通常以诗歌，特别是以马雅可夫斯基作为支撑自己活下去的强大动力。1950年，纪念诗人逝世二十周年时，由列宁格勒作家组成的马雅可夫斯基之家的负责人让人把莉莉雕塑的诗人头像铸成了铜像，她也应邀参加了纪念仪式。她自己则在积极筹备一部三卷版《马雅可夫斯基全集》的出版工作，终日到莫斯科公用图书馆查找档案，以期找出以前作品中未曾出现过的内容以及老旧文学杂志介绍诗人生平的文章。但在坚强的外表下面，莉莉再一次感到了自己的脆弱。陷入失眠的她恳求爱尔莎给她寄点安眠药，并在信中向妹妹大诉衷肠："我一点心气儿都没了。不幸的是有太多人都离不开我。要不然的话……相信我，其实我想说的是……"[1] 自杀的企图成了卡甘姐妹通信内容的主旋律。爱尔莎马上回了信："是啊，我的小莉莉，真想不到，生活竟是如此丑陋……"[2]

在这些含混不清的言语掩护下——因为那个问题没有办法公开讨论，姐妹俩真正想说的是一些十分具体的事件。实际上，自1949年1月起，一场猛烈程度罕见的反犹浪潮席卷了苏联。就在一年前，以色列建立了自己的国家，并在美国

---

[1] Lili Brik-Elsa Triolet, *Correspondance, op. cit.*, p. 363.
[2] *Ibidem.*

的支持下鼓励数千名苏联犹太人向政府提出要求，准许他们移民，克里姆林宫以全国规模的反犹太复国运动做出了回应。莉莉好不容易逃过了纳粹的迫害，如今，苏联又开始指责犹太人跟着美国跑，并对他们进行频繁的逮捕与杀害。更有甚者，一个曾经毕生致力于研究马雅可夫斯基的叫作维克托·佩尔佐夫的文学评论家，居然在当局支持下出版了一本关于诗人的书籍，对布里克夫妇和诗人的犹太朋友进行了大肆羞辱。

莉莉儿时就曾经历过当局鼓励下的反犹大屠杀，后来又目睹了战争期间特别行动队的暴行……犹太人的灭顶之灾永无休止地周而复始。作为著名的共产党与抵抗运动诗人阿拉贡的妻姐，莉莉受到了一种无形的保护，正如1936年那封写给斯大林的信让她在维塔利·普里马科夫被捕时得以免遭最悲惨的厄运一样。1953年，对犹太人的迫害达到了高潮，刚刚在1951年过完六十岁生日的"小狐狸"感觉自己内心不再和谐，对世事心生厌倦，深深地被一种悲观情绪所笼罩。她战斗过，也冒险过，到了这把年纪，已经做不到时刻保持警惕了，这种烦死人的环境，这种没完没了令人失望的年月，让她的身心受到了极大的损伤。

二十四

身外巴黎的爱尔莎一如既往地求全责备，稍有不如意就会暴跳如雷。导致不满的原因多种多样，首先就是几乎不可能完成的法苏合拍史诗影片《他来自诺曼底》。电影讲述了一个真实的故事，一支反对维希政府的法国飞行中队于1942年来到苏联，先是接受苏联飞行员的培训，然后便与他们一起投入了战斗。1947年，一位制片商建议爱尔莎把这个诺曼底-涅曼歼击航空兵团的故事写成剧本。她很高兴地接受了这次全新的文学探索，毕竟可以让一段不为人知的逸事焕发光彩。她为此一干就是多年，只是越干越失落，因为巴黎与莫斯科之间的障碍日益增多。剧本一改再改，不仅要让两头都满意，还得让当年这支队伍里的成员也满意，但"冷战"气氛只会让各方变得越来越敏感，任何人对任何事或几乎任何事从来都没有表示过同意。爱尔莎还得设计对白,到后来不得不和另外两位剧作家夏尔·斯巴克和康斯坦丁·西蒙诺夫一起合作。电影直到1960年才上映,最后采用的却是斯巴克的版本,因为爱尔莎总想把苏联观点凌驾于法国品位之上,斯巴克则正相反。不过她的选择却经过了珍贵史料的充实和佐证,她是在朋友伊利亚·爱伦堡的帮助下查到那些档案的——就是苏联红军的军事报告,可惜全都无济于事了。

另外一场举步维艰的探索,就是由她执笔的芭蕾舞剧《收音机修理工》。该剧于1949—1950年演出季在爱丽舍剧院上演,想到能把古典芭蕾舞中的传统王子改成可爱的无产者,爱尔莎感到欣喜;同时,想到能与负责创作音乐的让·里维埃、与负责编舞的约翰·塔拉斯合作,她也感到十分好奇。但她也被后台人群的不专业吓得够呛:排练的次数太少,导演总是喝得醉醺醺的。首演当晚,上流人士与外交使团悉数到场,观众席上嘘声四起,而盛怒之下的玛丽-洛尔·德诺瓦耶则以这样的呐喊回应那些喝倒彩者:"不要对有情之人报以嘘声!"爱尔莎对这次批评的内在动因心知肚明,她跟莉莉也是这样倾诉的:"实际上嘘声是冲着我的名字来的。剧场里坐着一帮'弗雷讷精英'(弗雷讷是一所监狱,法国解放以后,那里关押着与德国合作的通敌者),就跟我们常说的'巴黎精英'一样(他们一听到我的名字就会恨得心惊肉跳！）。"[1]《收音机修理工》没有获得剧作者梦寐以求的成功，很快便在人们的遗忘中归于沉寂。

但爱尔莎在巴黎的日子并非只能以一连串的挫折一言以蔽之，远非如此，因为她的生活依然充满友情交往以及与文艺界人士的频频会面。她要么与时年已经七十有二的科莱特聚餐，要么与让·科克多一起参加画家克里斯汀·贝拉尔的哀悼仪式，要么在冬季自行车比赛馆组织全国作家中心集会和协会的图书销售活动，要么到毕加索府上庆祝画家荣获世界和平奖……即便离开首都，她也是为了到科西嘉岛参加她心目中的英雄、抵抗运动成员达尼埃尔·卡萨诺瓦的纪念活动，并和阿拉贡一起参观中欧那些新成立的人民民主国家——匈牙利、罗马尼亚、南斯拉夫、保加利亚。这对抵抗运动作家夫妇在这些国家无不受到隆重欢迎。

巴黎的日子还意味着几乎每天晚上与将军夫人们到剧场看戏，回到苏迪埃尔街道，再趁热写出评论文章——她就是这样不无惊喜地在《熙德》舞台上发现年轻演员杰拉尔·菲利普的。在那场图书争夺战中，爱尔莎同样投身于多家图书馆的创

---

[1] Lili Brik-Elsa Triolet, *Correspondance*, *op. cit.*, pp. 315-316.

建工作，以在全法国普及人们对共产主义书籍的阅读习惯。图书目录都是她自己编辑的，书籍也是她自己按照题目选定的。不言而喻，所选书籍当然都具有很强的政治指向性，因为她首先是一名共产主义积极分子。她应该也是在当时那种背景下翻译的《卡申少女》，一个名叫伊娜·康斯坦丁诺娃的女孩的私人日记，相当于安妮·弗兰克所写的日记，译本于1950年出版。

"爱尔莎拉贡沙"从早忙到晚，一起为拥护世界和平大会（1949年4月）通力合作。1947年，已年满五十的阿拉贡成了《法兰西文学》的幕后实权派。他在共产党担任要职，于1950年正式进入了党的中央委员会，并对斯大林做出的所有决定盲目而高调地予以支持的同时，又投入了一部六卷本大部头小说的创作之中。这部名为《共产党人》的作品讲述的是"二战"之初在法国发生的故事，头两卷已经于1949年出版。"对1940年那场失败的还原促使阿拉贡以法国乃至欧洲文风写出了最优秀的历史小说之一。他对战斗场面的把握游刃有余，而他对军队的那种理解则实属罕见"[1]，阿拉贡的朋友、传记作家皮埃尔·戴克斯给出了这样的评价。爱尔莎则始终想把她的

---

[1] Pierre Daix, *Aragon, op. cit.*, p. 467.

作品纳入史实之中，在一部新写成的小说作品《红马》中对"冷战"以及原子弹是否具备威慑作用进行了反思。书名借用了《启示录》四骑士之一的坐骑颜色，把她对这个问题的悲观态度表达得透彻至极。她在书中描写了荒芜的景色与一群惊恐而面目全非的幸存者——每生下一个孩子就添一个丑八怪，而不是什么希望或者新生的象征。该书于1953年出版，需要放到当时的具体背景中才能让我们理解作者的初衷：1950—1954年，在"冷战"引起的妄想气氛中，一股反共产主义浪潮席卷美国，参议员约瑟夫·麦卡锡主张追捕并检举所有具有"赤色"疑点的人。这场"驱巫运动"在欧洲引起了众多的追捧和热议，而爱尔莎则郑重宣告，自己就是这样的女巫之一。

阿拉贡夫妇的政治取向决定了两人的生活格局，而爱尔莎毫不掩饰她每次看到《共产党人》时有多么激动，对她的丈夫有多么景仰："通篇最引人注目的、最令人惊奇的，就是书中说到的共产党人：只有他们可以让地球摆脱恐怖、噩梦。这话说得极其坚定。……只有这份坚定才能让我们可以一直活到生命的终点。"[1] 在巴黎也许可以，可在莫斯科呢？这几行文字是1951年8月16日写给莉莉的，我们有理由搞清楚，后者看

---

[1] Lili Brik-Elsa Triolet, *Correspondance, op. cit.*, p. 378.

到这些会作何感想。爱尔莎和阿拉贡对局势一清二楚。有一句中国谚语说得好："再多的经历也是秃子捡梳子——没有用。"

远离这团旋涡的阿拉贡夫妇时常感到精疲力竭，在离首都五十多千米的圣阿努伊夫林找到维尔纳夫"磨坊"暂作偷闲之所。在巴黎，他们一直租房居住，但这一次，他们决定出手将"磨坊"买下，靠着一笔分期十二年的借款，他们于1951年7月成了这里的房主。这座货真价实的居所幽居山谷之底，不仅带有自己的花园和一片五公顷的林地，还配备了一间阁楼和一间洗衣房，建有多座小桥，爱尔莎给每座小桥都起了名字。她学过建筑，结合自己以前的知识，督促工人对所有地方进行了必要的翻修——过于昏暗的房间开了窗户，潮湿的墙壁做了清理，门框和百叶窗进行了修整，安装了中央供暖。她又一次成为一支手工艺人团队的首领——泥瓦匠、油漆工、窗户工匠、细木工匠——并和他们一起用餐。

夫妇俩转了很多古董店和跳蚤市场，为磨坊配家具，并就此把两扇肉铺案板改成了装饰艺术操作台，把塔希提独木舟上的短桨改成了照明灯具。成堆的书籍中夹杂着毕加索创作的陶瓷制品，吉塞尔·弗洛伊德、曼·雷拍摄的照片，以及费尔南·莱热的一幅拼贴画，几把马尼拉白藤编的椅子，当然还有俄罗斯的圣母像和蓝色水晶瓶——居所女主人最喜爱的颜色，它确定了室内的基本色调,连按照爱尔莎要求铺在厨房墙上的代夫特瓷砖都用的这种颜色。爱尔莎还专门咨询了一位园艺师,从他那里选购了不少鲜花和灌木,用来美化他们的隐居之地,颜色无不柔美嫩绿,如同其努力拼搏的写作生涯般生机勃勃。她还在各处放置了不少石凳、石桌,并在两棵高大的山毛榉树下选定了两人的墓穴。

"爱尔莎拉贡沙"绝对不会为举债而后悔,因为那些为他们提供保护的小山丘、那些淙淙流过他们地盘的小溪、那些每次带着收养来的不同小狗漫步走过的小径,以及周围富于浪漫气息的环境都足以抚平他们的多重伤痛。阿拉贡后来说,他为远离家乡的爱尔莎购得了"一块法国土地"。他们一到周末就会在这里会合,赶上假期,则会约上一群密友,兴致盎然地醉心于园艺与园区的养护。这里自由自在地生活着野鸡和野兔。刚一搬到这里,他们就雇用了一对保安夫妇,把他们安顿在一处翻修一新的小房子里。女的给前几任房主做过保安,没有自己的卫生间,粪堆就是她的厕所。

莉莉听到他们买下"磨坊"十分欢喜,只可惜在1951年秋天连着犯了三次心脏病。举国上下对犹太人的迫害,特别是针对她的阴谋,也就是由马雅可夫斯基官方传记作者维克托·佩尔佐夫所主导的阴谋,让她遭受了沉重打击。莉莉决定做出回应，写了三百五十页纸表达自己的看法，这封长信分别寄给了中央委员会、高尔基学院、列宁图书馆，甚至包括马雅可夫斯基博物馆。她虽然压不住火，却丝毫不失幽默风趣。"佩尔佐夫，求求你，别再给马雅可夫斯基写传记了，您还真没那两下子。"[1]这类词句本会让她付出高昂的代价。居然胆敢公然指责由政权选定的马雅可夫斯基传记作者！有好几位远没有这么过火都已经被消灭了。但人们喜欢的不就是莉莉·布里克的这种行为方式，特别是她学识上的独立见解与勇气吗？尽管如此，她最终还是被高血压击倒，再要强也只好作罢。这回得在床上好好躺上一些时日了，瓦西里·卡塔尼扬又成了护士，以非凡的忠诚守护着她。

爱尔莎对长姐的状况极度担忧，她一直在掂量莉莉的日常生活究竟被影响到了何种程度，倾尽全力地保卫着她。"我们目睹了从党的高层、外交使团、军事机构和情报部门驱逐犹太人的'大清洗'。此举也导致了依地语文化在苏联的终结，1952年8月，这一文化的主要倡导者全部遭到处决"[2]，丽莉·马尔库这样概述。就连远隔关山的爱尔莎本人也成了斯大林反犹太主义的受害者。1952年，后者以她是犹太人为由，拒绝她

---

[1] Cité dans Arcadi Vaksberg, *Lili Brik, op. cit.*, p. 263.
[2] Lilly Marcou, *Elsa Triolet, op. cit.*, p. 304.

入选拥护世界和平理事会。阿拉贡也知道了这次的制裁措施,但连起码的正式抗议都没有表示。

二十五

因为对莉莉的健康状况感到不安，阿拉贡夫妇于1952年12月赶到莫斯科与莉莉会面，陪她一起过圣诞节和新年。爱尔莎刚刚出版了一部马雅可夫斯基作品集——筛选、翻译、推介都是由她一手完成①，既为能给姐姐带来鼓舞，同时也为这个国家以创纪录的速度从德国人的破坏中恢复元气而感到欣喜。1952年10月5日在克里姆林宫召开的苏联共产党第十九次代表大会不是极力恭维斯大林只用不到十年的时间就让国家恢复原貌了吗？此番重建在国外受到广泛热议，阿拉贡夫妇对此深信不疑。可惜他们在当地的所见所闻却与苏联《真理报》上连篇累牍描述的"奇迹"相去甚远。他们看到的是一

---

① *Maïakovski. Vers et proses de 1913 à 1930*, Les éditeurs français réunis, 1952.

座笼罩着恐慌的没有灵魂的城市，莉莉的犹太朋友们无一不生活在害怕遭到逮捕的恐惧之中。1953年1月13日，当《真理报》揭出那桩臭名昭著的"白衫阴谋"时，这种兼有恨意与怨谤的气氛便达到了顶点。

这篇文章以《伪装成大学医生的凶恶的杀人间谍》为题，针对的是一群犹太大夫，指控他们谋杀苏联领导人——其中就包括"冷战"之"父"安德烈·日丹诺夫，并计划消灭更多的领导人。所有犹太人都被当成复国主义者和美国情报部门的特务。为了让他们招供，所有当事人都受到了监禁和拷打。阿拉贡夫妇亲眼看到了这场抓人行动，对他们来说，案情因法国共产党态度暧昧而显得更加复杂。"这群为英美间谍部门工作的杀人犯医生在苏联被捕后……工人阶级表示了全力欢迎"，1952年1月22日的《人道报》上出现了这样的内容。阿拉贡当时身体不适，躺在酒店的浴缸里就昏了过去。究竟是普通的劳累过度所致，还是因为了解到骇人听闻的不公正情形从而产生了信仰危机呢？到克里姆林宫参加了斯大林国际和平奖颁奖典礼后，阿拉贡内心的对立进一步加剧。那天，阿拉贡做了一场演讲，主要重点是对"人民亚父"致以热情洋溢的敬意。这场集中表达崇拜之情的演讲对于这位陷入歧途的法国作家可谓意味深长，尽管他辩称，他保证不让莉莉陷入任何险境。

此时的苏联人公开表示了对犹太人的仇恨，而且明确表示，要把他们全都流放到西伯利亚。

阿拉贡不仅失去了知觉，而且失去了记忆，而这次涉及三周以内记忆时长的健忘症则具有深远的象征意义。一到莫斯科，爱尔莎就开始亦步亦趋地重新走起当年的路径，而阿拉贡则清楚地意识到，他对这个政权曾经给予过何等的支持。到了2月，当他们返回巴黎的时候，他们的朋友皮埃尔·戴克斯去机场迎接他们，深为他俩衰弱的身体——简直成了一对老头老太太——和言语中的火气而惊讶："他们彻底释放了心中的悲苦和恼怒，我为他们言谈话语的激烈感到震惊。……爱尔莎·特里奥莱干脆当着我的面就把斯大林身边那些制造反犹恐怖的人说成'希特勒分子'，并且向我揭示了这场恐怖的严重程度。"[1]可惜，他们的斥责始终仅限于私下发发牢骚，不涉及任何正规场合。不难想象，要是著名的阿拉贡夫妇对这个问题能够理直气壮地表明自己的态度，公众舆论不知道会惊讶到什么程度。再说，心理负担已经很重的他们确实还得替日子过得像所有苏联犹太人一样朝不保夕的莉莉担惊受怕，不惜一切代价地为她提供保护。私底下，此时的爱尔莎十分

---

[1] Pierre Daix, *Aragon, op. cit.*, p. 475.

担心大姐。"白衫阴谋"成了莉莉一道过不去的坎，类似的险关在她的生活中只多不少，致使她又一次沉溺于杯中之物。

1953年3月5日，斯大林病逝，国内风向突变。他的继任者们甚至从此开始分权统治，以确保苏联的集体领导制。拉夫连季·贝利亚随即策动了一场旨在夺权的政变，却于7月被捕，并被立刻处死。这种去斯大林化的政局带来了不同于以往高压的一种相对平静，高压只会让国家陷入沉寂和恐惧。一进入4月，当局首先采取的措施之一，就是为受到迫害的那群犹太医生平反了冤案，洗刷了嫌疑。公众舆论这才得知，它曾经被已故的领导人操纵到了何种地步。"多么令人伤心欲绝呀！"[1]3月16日，关于斯大林的死，莉莉这样给爱尔莎写道。这句短短的感慨会不会是写给审查机构看的呢？莉莉毕竟亲历过对艺术与文化精英的斩草除根，亲历过反犹太人的恐怖措施，在当时的悲惨环境下失去过那么多的好友——从维塔利·普里马科夫开始，她果真会感到"伤心欲绝"吗？很难相信。但事实上，自从她11月6日在列宁格勒看过瓦西里·卡塔尼扬首部戏剧《他们都见过马雅可夫斯基》的演出后，就不再需要酒精的致幻安慰，重新拥有了充沛的精力和生活的

---

[1] Lili Brik-Elsa Triolet, *Correspondance, op. cit.*, p. 431.

品位，就像从前的莉莉又活了回来。自此，她要尽其所能恢复普里马科夫将军以往的声望和曾经遭到嘲弄的名誉，这场新的战斗将调动起她全部的力量。

在巴黎，斯大林的死被法国共产党视为一则噩耗，这些"在克里姆林宫的神圣家族面前跪倒在地并且心满意足"①的人们无法想象没有斯大林的世界会是什么样。对他们来说，1953年3月5日的这个星期四就是一个灾难性的不祥之日。特事特办：苏联大使馆随即向成群结队的同志们、向中央委员会和法国总工会的代表团敞开了大门。他们集体默哀，并为死者献上花束。六大本留言簿上写满了悼念词，按照记者和评论作家克里斯汀·米罗的说法，《圣约瑟夫受难曲》②一奏就是好几天。表现最为狂热的甚至还感谢斯大林解放了巴黎……阿拉贡率先提到"斯大林的教诲是不朽的，堪称古往今来的人杰之一……充满了名副其实的仁慈……一位真正意义上的人类拯救者，也是人类最伟大的恩人"③。

1953年3月1日，阿拉贡成了新改组的《法兰西文学》杂志社社长，决心为这位苏联领导人出一期周刊。唯一的标

---

① Christian Millau, *Paris m'a dit. Années 50, fin d'une époque*, Éditions de Fallois, 2000, p. 53.
② *Ibidem*, p. 168.
③ *Ibidem*, p. 170.

题意图十分明确：我们感谢斯大林什么。周刊于3月12日出版，浮夸无度到极致的阿拉贡甚至把他因患癌症濒临死亡的老母亲也搬了出来：可怜的妇人，垂死之际也只能从得到她充分信任的"斯大林先生"那里获取些许安慰——"'斯大林呢，斯大林怎么说？'这差不多是我从母亲嘴里听到的最后一句话"。阿拉贡还想到求助他的朋友毕加索，几年前他曾请求后者画过一只和平鸽。他建议毕加索与本期周刊合作，画一幅斯大林的肖像，放到头版。但读者看到的却是表现留着浓密胡须的年轻斯大林的木炭画，而远不是官方照片上那个年富力强的斯大林形象，于是阿拉贡遭遇到大祸。从基层到高层，从积极分子到国家领导，无不对这种大逆不道予以严厉指责，阿拉贡又一次被卷入风暴中心。其实这幅肖像并无任何亵渎神明之意，比毕加索最初的构思已经不知道强了多少，他原本想画的是赤身裸体站在云彩上的斯大林……

3月26日的期刊上登出了多封表示反对的信件。"卑鄙""侮辱""丑恶""不成体统的漫画"……必须看看爱尔莎对这个问题的分析，才能让我们明白方方面面的反响有多么强烈。皮埃尔·戴克斯回忆道："她已经接到了好几个辱骂电话，跟我说：'阿拉贡和我真是疯了，怎么想起刊发这么个东西。'爱尔莎说：'这期杂志没人会看。甚至没人会琢磨毕加索的这幅素描意味着什么。他并没把斯大林的脸画走样。对他甚至还很尊重。但是他竟然碰了斯大林，他居然敢这么干，皮埃尔，你明白吗？'"①

每个人都对这件事各执一词，从前的超现实主义同道中人布勒东通过媒体予以冷嘲热讽："我就是看到毕加索的'斯大林'……就觉得快活得不行的那些人中的一个……有人觉得，从这幅肖像中看到的反而是'滑稽戏'演员本·图尔平的形象，法国人叫他杜杜尔……"② 看到这些，阿拉贡脸都绿了。阿拉贡既要挽救他与画家的友谊，又要向党承认错误，在1953年4月2日那期杂志上就此"事件"谈了自己的想法，讲到"这样一幅画像没能唤起广大读者对伟大的斯大林的深厚感情"，试图平息事态。而"毕加索同志"尽管遭到法国共产党官方公报的谴责，却始终对这场由他那幅木炭画引发的暴风骤雨保持着沉默。他收到了双倍于阿拉贡的抗议信，人们不禁想知道，得知数百名读者退订杂志的消息后，他会做出什么样的反应。阿拉贡又一次践踏了他的自尊，并最终在4月9日的那期杂志上如此"自认其错"："当初要是能想到这幅素描会给那么多人造成这样的印象，我肯定不会发表。"

---

① Pierre Daix, *Aragon, op. cit.*, p. 479.
② *Paris-Presse-L'Intransigeant*, 22 mars 1953.

到了5月，阿拉贡因为输掉这场较量而心力交瘁，医生嘱咐他务必休够三周。阿拉贡夫妇于是隐居到他们分期买下的"磨坊"，靠菜园子里的水果和蔬菜过活。爱尔莎深为如此滞后地发现园艺的好处而惋惜，她永远都是这么理智。"可以说，我很后悔错过了大自然的美。那就是对我以往时光的一种启示。"[①] 她又是翻土，又是栽种，又是播撒，还自制喝茶时享用的果酱，又做出很多玫瑰花束，装饰这里的每个房间。无数件要做的事，件件牵扯着她的精力：给狗洗澡，做饭，还得回复迟到的来信，筹备全国作家中心下一次图书售卖事宜，再抽出空来陪阿拉贡在园子里走上两大圈。那桩"事件"爆发后，他曾经多次想到自杀，多亏妻子挡住了那些讨厌鬼，力保他俩免受世态炎凉的伤害，他的身心才在这块与世隔绝之地得到了充分的休息。只有很少几位特殊身份者才能获邀来这里用正餐或者吃点心，而且每次都是由女主人派司机到巴黎接送他们。

在刊发毕加索所画斯大林肖像引发了诸多反响后，生性悲观的爱尔莎又上了一个新的台阶，开始在"磨坊"为10月出版小说《红马》做准备，同时给《人道报》撰写庆祝马雅可夫斯基诞辰五十周年的纪念文章。但她主要忙的还是另外一位

---

① Lili Brik-Elsa Triolet, *Correspondance*, *op. cit.*, p. 438.

俄罗斯大作家安东·契诃夫的事。她翻译了他的多部著作——其中包括《樱桃园》《万尼亚舅舅》《普拉东诺夫》，还为他献上了一幅肖像画，发表于1954年。她很欣赏他的文笔，那份幻灭感中时常夹杂着几许滑稽与抒情，同时也很喜欢他笔下那些际遇坎坷的女性人物——尼娜、普罗佐罗夫姐妹、柳波夫和瓦利亚。凭着敏感与直觉，从小说译到传记，她的译本直到今天依然堪称同类作品中的典范。她对这位罹患结核病的作家的悲剧一生感同身受，后者深知自己来日无多，大限只在旦夕。她把自己关在"磨坊"里，守着所有资料静心创作，不受任何打扰。自从"毕加索事件"后，爱尔莎就开始苦于失眠，所以有意远离充满敌意的社交场，潜心于写作与园艺。但毕竟不是长久之计。到1955年秋，因为试图入睡而过量服用安眠药，爱尔莎开始整夜痉挛，并且失去知觉，四肢瘫痪。阿拉贡反应神速，立刻给一位医生打了电话，他的妻子堪堪得救。要是他们也像诸多同龄夫妻一样分室而眠，那么爱尔莎恐怕早在1955年10月就离开人世了。

二十六

1954年12月,就在广受评论界欢迎的《安东·契诃夫传》问世后不久,阿拉贡夫妇到莫斯科出席第二届苏联作家大会。阿拉贡做了一场演讲,并且因为在加利马尔出版社出了一套探讨苏联文学的丛书而格外受到关注,这套合集让他结识了很多作家和编辑。爱尔莎在《人道报》上就这次大会发表了系列报道文章,看到姐姐身心都恢复了原貌,她感到十分高兴。莉莉以一己之力执着于在根德里科夫街道创建马雅可夫斯基博物馆,此时她刚刚参加完场面盛大的庆祝马雅可夫斯基诞辰六十周年的纪念活动。在此期间,她收集了来自世界各地的剪报,充分体会到她这么多年来为拯救斯人斯作所付出的努力结出了怎样的硕果。"莉莉爱我",他在最后一封信中曾经这样请求过她。她终于可以为始终信守这四字之托而感到自豪了。

莉莉始终通过与妹妹之间的通信追踪着"磨坊"的购买与翻修进展,也想拥有自己的乡下住宅,于是向作家联盟郊外建设合作社提出了请求。她递交的材料获得通过,她很快在离莫斯科四千米的地方有了一处一边临着小河、一边挨着树林的小木屋。卡塔尼扬夫妇的收入是马雅可夫斯基的版税以及阿拉贡作品俄译本的销售所得,此外还有瓦西里的各种待遇——从一个地方到另一个地方往返之时可以享用到一名司机的周到服务。莉莉请爱尔莎把近期的所有装饰杂志都寄给她,以便从最微小的细节入手布置自己的郊外别墅,甚至包括不同的照明效果以及各种面料的选择。

莉莉很清楚她在莫斯科的公寓布满了精心掩饰起来的传声器,很早以前就已经放弃了战胜这个看不见敌人的希望,开战之前她就知道自己输定了。她出了名的坦诚或许很危险,但她也懂得如何跟那些偷听者耍花招,跟别人聊的都是文学和私事,小心地避开政治和针砭时弊的话题。这种疑虑重重的氛围令少有的几个被接纳的外国人格外惊惧。"秘密保守极严。没人知道他们睡在哪里,"1954年这一年,关于苏联领导人,英国小说家南希·米德福德在《俄罗斯之旅日记》中这样写道,"如果某位常委会成员需要坐飞机出行,飞机场就会关闭二十四小时。"[1]

英国外交官兼作家迈克尔·詹金斯就此问题给出了自己饶有趣味的观点:"在20世纪50—60年代,莫斯科到处隔墙有耳,对任何人都不能相信,哪怕是在饭馆或者剧场上厕所的时候。这种事情出现的频率如此之高,以至于我们专门在英国大使馆的地窖建了一间底层架空的小房子,用来召开秘密会议。苏联女佣无权进入,我们自己清理灰尘。这样,我们就能确定,没有人会偷听我们,不管是通过地面、墙壁还是天花板。每一次,我们都会仔细检查,确保上次会议之后,这里没有被安装传声器。不言而喻,造访莉莉·布里克的重要而具有影响力的人物的谈话肯定会令当局产生兴趣,更何况她还接待外国来访者呢。"[2]

莉莉幸运地逃脱了如此之多的厄运与悲剧,宁愿在兼有艺术欣赏与探讨交流的愉悦中自得其乐。只有人才才能入她的法眼,从年轻时起,她的这副脾气就没变过。1955年2月,莉莉冒着刺骨的严寒去听了一场音乐会,邻座惊讶地看到,著名的布里克夫人在聆听好友肖斯塔科维奇的《第一小提琴协奏曲》

---

[1] Nancy Mitford, *Journal d'un voyage en Russie (1954)* dans *Snobismes et Voyages*, Stock, 1954, p. 108.
[2] 与迈克尔·詹金斯的谈话。

时哭成了泪人。没有任何东西能够摧毁她的审美敏感性。1955年秋天，她设下晚宴招待法国演员杰拉尔·菲利普——他是来莫斯科出席第一次法国电影周活动的。这次晚宴上，作曲家罗迪翁·谢德林用莉莉家的钢琴为这位法国演员弹了几曲，作曲家在这里还结识了莉莉的朋友玛雅·普丽赛茨卡娅，后来成了她的丈夫。菲利普如此高兴，当即向他们宣布，他想录制一张唱片，由他在谢德林的钢琴伴奏中来朗诵马雅可夫斯基的诗歌。就在同一时期，莉莉还在西蒙娜·德·波伏瓦和让-保罗·萨特的陪同下观看了马雅可夫斯基所写戏剧《臭虫》的一场演出，后两位正好也在莫斯科逗留。当时莉莉身边围满了艺术家和作家，为各项计划的逐一诞生和各种协作关系的逐一建立而感到高兴，身心都达到了自己的最佳状态。她所邀来宾无一不是声望显赫之辈，这一点完全得益于她个人的影响力。她的影响力并未因时间的流逝而削弱，而是恰恰相反。无论来自本国还是外国，对于所有新晋人才，能够登门拜访并且与她结识，无异一种荣耀与恩典。"她被当成苏联最别具一格的女性，"迈克尔·詹金斯这样概述，"每个人都渴望结识这位当世传奇人物。"

斯大林死后，犹太医生们即被平反昭雪。受此鼓励，莉莉想尽了一切办法，要洗净维塔利·普里马科夫遭到嘲弄的名誉。她一次又一次向最高法院提出请求，坚持不懈地履行着名目繁多的程序，一刻不停地推动着行政机器启动再启动。经过四年的战斗，莉莉终于在1957年拿到了弥足珍贵的"平反证书"，此时的她已经准备庆祝自己的六十六岁生日了。普里马科夫被正式确认没有犯过任何一条遭人指控的罪名，从来没有当过叛徒，只是一个无辜的牺牲品。这场胜利让她的内心感受到极大的平静，她所得到的慰藉简直无以言表，因为她曾经最爱的那个男人恢复了作为首批苏联英雄的地位。在捍卫马雅可夫斯基和普里马科夫身后名誉的过程中，莉莉以行动证明了自己是多么严格地恪守着那份道义上的责任，而人们还在指责她总是率性而为。但不言而喻，这些伟人的高洁肯定会对她本人产生影响，她毕竟先后厮守过苏联神话中的两位大人物并且两度成为"寡妇"。

莉莉一边筹备着马雅可夫斯基《全集》第八卷的出版工作，一边为一部献给马雅可夫斯基的著作撰写着文章，以此继续着她的使命。这部著作最终由苏联科学院出版。为了这部著作，她同意出借几封诗人写给"小狐狸"的信件。这位"小狐狸"还在鼓励年轻导演们在苏联及国外再现马雅可夫斯基创作的戏剧。为此，她会见了游历莫斯科的英国戏剧和电影导演彼得·布鲁克，为后者在伦敦上演《臭虫》的想法而感到欢欣鼓舞。至于普里马科夫，莉莉要在他出生的那座城市为他建一座博物馆，并为此收集着各种资料——照片、信件、书籍、制服。在她的努力下，马雅可夫斯基已经在莫斯科拥有了自己的博物馆，她还打算为普里马科夫做同样的事。她生命中的这些男人当之无愧。

对于爱尔莎，20世纪50年代后半期要比此前动荡得多。与姐姐相反，她始终是一头政治动物，一名积极分子。她投身各种文学计划：为杜瓦诺献给巴黎的一部摄影著作草拟文字说明，为莫斯科的一份杂志《戏剧》撰稿，翻译马雅可夫斯基作品并且写作小说《外国人的约会》，同时还要面对1956年秋的一场重大考验——这一年，苏联的坦克攻入了匈牙利。当地居民群起反抗苏联的监护，要求结束一党制统治，像奥地利一样，获得两大集团对其中立地位的承认。然而，尼基塔·赫鲁晓夫[①]——刚刚在1956年2月的一份报告中正式点明了斯大林的荒谬，6月份的法国《世界报》登载了这份报告——担心匈牙利的做法会像滚雪球一样在苏联的卫星国中形成示范效应，于是一刻不敢耽搁地派出红军，镇压了当地的暴动，然后再从众多傀儡中找出一个，扶上这个国家的领导位置。

---

① 曾任苏联共产党中央委员会第一书记。

这次反抗始于10月23日，止于11月10日，以死亡两千五百名匈牙利人而告终，更有二十万匈牙利人逃亡到了国外——别忘了还有数千名受伤者，以及一旦恢复"平静"后即被悉数处决的全部被捕人员。各国都在予以谴责。美国《时代》杂志将暴动者评为"年度风云人物"，法国的知识分子以阿尔贝·加缪为首进行了坚决抗议，后者还发表了一封题为"匈牙利之血"的公开信。萨特同样在《斯大林的幽灵》一文中揭露了苏联红军在解放欧洲一些国家的同时犯下的暴行。萨特还在维科斯联合西蒙娜·德·波伏娃和法国诗人雅克·普莱维尔起草的请愿书上签了名。但阿拉贡夫妇却拒绝加入他们，一如阿拉贡拒绝在《法兰西文学》上对"赫鲁晓夫报告"发表评论一样。正式场合中，他只对匈牙利作家的命运感兴趣，打算给布达佩斯的新政府发一封维护这些作家利益的电报，给他们打打气……他不可能质疑克里姆林宫做出的决定，在他看来，苏联依然不可冒犯。但某些迹象表明，阿拉贡夫妇已经开始反思自己的立场。1960年末，他在加利马尔出版社出版了《未完成的小说》，这是一部诗歌体回忆录作品，书中有八首诗被利奥·费雷谱了曲。阿拉贡在书提到了第一次世界大战，他的超现实主义生涯，他对爱尔莎的爱——本书就是献给她的，他的入党誓言，以及通常挥之不去的多种多样的幻灭感。

他有这样一句诗格外引人注意：

> 一九五六年如同一把匕首
>
> 刺入我的眼睑 ①

1956 年，爱尔莎也在加利马尔出版社出版了她最具自传性质的小说《外国人的约会》。只需介绍一下她笔下的女主人公奥尔加·海勒，就能想象出她跟这个人物有多像，简直就是孪生姐妹。1953 年，也就是故事开始的时间，这位把法国选为居住地并且取了一个犹太名字的俄罗斯姑娘先是频繁出入 20 世纪 20—30 年代形成的蒙帕纳斯艺术圈，随即成了抵抗运动成员。我们这位美丽的背井离乡者就喜欢住旅馆，后来被指控为苏联间谍。她是在极优越的环境中被家庭教师教大的，经常试图自杀……所有这些与当世以及过世之人的相像之处当真只是某种纯偶然性使然吗？这其实就是爱尔莎给自己画的一幅素描像。奥尔加身边围着一批共产党员，他们一个比一个更招人喜欢，无论是男是女，而且所有人都成功逃脱了政治迫害——一个逃过了西班牙佛朗哥的迫害，另一个逃过了美

---

① Louis Aragon, *Le Roman inachevé*, *op. cit.*

国麦卡锡的迫害。在作者的意识形态准则中，有一种令人释然的清新感，没有什么可以淡化这样的清新，哪怕是1953年6月苏联在东德实施的镇压行动——这个时间也是爱尔莎展开小说情节的时间。6月16日，东柏林的工人开始罢工，以抗议工厂毫无人道地提高工作强度，因为斯达汉诺夫运动远不会获得人们的一致通过。从第二天起，数十万人便开始举行示威，抵制克里姆林宫在东德各城市发布的指令，苏联占领军很快开始干预。三百万人从东德逃到西德，促成了1961年柏林墙的修建。爱尔莎像全世界所有人一样对此一清二楚，但在《外国人的约会》中却对这次血腥镇压没有做出任何回应。不许碰我的同伴……

二十七

从 1945 年一直到 1970 年爱尔莎去世，卡甘姐妹一直维持着非常连贯的通信联系，那真正是巴黎和莫斯科之间一场从不间断的对话。除了距离遥远和不能相见，写信不仅能让她们保持一种默契，而且还可以相互激励，共同维系一种创造力。这种兼具感情与智力色彩的联系让她们实现了最主要的共享——工作，希望与激情，疑虑与厌倦，愤怒与焦虑，以及身体与心灵的痛苦。她们始终不渝地相互支持着，年轻时最仰慕的敌人变成了成年后最要好的朋友，可以敞开心扉，无话不说。团结一致最终接替了羡慕嫉妒。每给对方写一封信，她们都会互相倾诉，互通消息，互提建议，既互相分享又互相争斗。每次通信都不亚于一场参谋部的小型集会，只是这个参谋部只有两名成员。随着时间的流逝，她们从少年时代起就彼此成为对方文学参考资料库的习惯一直没变，在互通资料的过程中阐释各自的行为，表达各自的感情。手不释卷的习惯让她们为自己的人生赋予了某种意义，她们所喜爱的文章与诗歌也成了生活中的绝对准则。她们不仅经常引用马雅可夫斯基和普希金的诗、托尔斯泰的日记，而且还引用那些连法国人都不太熟知的作家言论，比如童话作家叶夫盖尼·施瓦茨、寓言作家伊凡·克雷洛夫和抒情诗人尼古拉·涅克拉索夫。[①]但这些极富教益的文学性暗示却经常会伴着某份俄式薄饼的食谱、家里宠物的消息或者某位好友生活中特别逗乐的闲话脱口而出，让她们说出口的每一句话都具备了十足的生动性和煽动力。

每当她们不互相写信的时候，每当她们不互通电话的时候，她们就会经常会面，不是在苏联就是在法国。从20世纪50年代中期起，只要收到阿拉贡夫妇的正式邀请，莉莉和卡塔尼扬就有可能在巴黎小住一段，这一点自不待言。要想从苏联出境，他们得填上成摞的表格，还得向当局提交类似由大楼管理办公室填写的"品德端正证明"这样的文件——就在同一时期，奉行正义主义的庇隆政府也在要求所有想要出国的阿根

---

① 叶甫盖尼·施瓦茨（1896—1956）、伊凡·克雷洛夫（1769—1844）和尼古拉·涅克拉索夫（1821—1878）。

廷人提供同样的文件。当时苏联的政府部门比起果戈理在《鼻子》中所描写的那些沙皇官员毫不逊色。

有了"爱尔莎拉贡沙",莉莉在巴黎就可以过上妙趣横生的日子。她可以看展览,看戏剧,在为妹妹定制服装的店铺里买东西,到"圆顶"或者"地中海"与首都的艺术与文学精英共进午餐或晚餐,比如,让·科克多、画家马克·查格尔、作曲家约瑟夫·科斯马——他把爱尔莎翻译的米哈伊·斯韦特洛夫的诗歌《石榴》谱成了曲子,还有演员西蒙娜·西涅莱和伊夫·蒙当。伊夫·蒙当反对苏联干涉匈牙利,以取消在莫斯科的演唱会相要挟。莉莉成功说服了他,不要拿普通百姓出气。最终,他还是在莫斯科唱了歌——当然,她肯定会去剧场欣赏。阿拉贡夫妇和卡塔尼扬夫妇虽然一起去了法国南方,但两姐妹之间的关系并非没有紧张的时候,爱尔莎有一封信表明了这一点。"你显然很爱我们,每次我们在一起的时候,我总会惹莉莉生气,她烦我烦得咬牙切齿……但说到爱,我们自始至终爱的只有你,这么说吧,剩下的一切都不过是过眼云烟、昙花一现、有名无实。"[1]

做长姐的在法国始终活在妹妹的阴影之中,因为阿拉贡

---

[1] Lili Brik-Elsa Triolet, *Correspondance*, op. cit., p. 682.

夫妇在巴黎已经成了一对标志性人物。莉莉很不习惯与别人分享王者的荣耀，不管从哪方面说，自己都是妹妹的客人，而且还得指望人家的慷慨过活，于是局面就变得更加复杂。作为文学界的一颗明星，爱尔莎既受人追捧又被人憎恨，有时二者兼有，但她至高无上的地位却是无可争议的。只需拿起电话，随便跟哪位大人物说上几句，就能受邀去任何地方。她要是发了话，谁都不敢视同儿戏。莉莉那么孤芳自赏，神经肯定会经常受到严峻考验，总是在恼怒与感恩之间纠结游移。所以，每次在法国小住之后，回到莫斯科的她总会感到分外幸福。每次离开巴黎的旋涡，卡塔尼扬夫妇都喜欢躲到他们的郊外别墅，以邻近树林里采来的蘑菇和野草莓大快朵颐。就像住在"磨坊"的爱尔莎一样，他们的司机也会到莫斯科接上所邀请的宾客，傍晚或者周末再把他们送回去。

在这种欢快的气氛中，莉莉就可以致力于她的新计划了——发表普里马科夫将军的作品，阅读即将翻译的剧本，同时急切盼望着来信，因为她一直热心关注着阿拉贡夫妇动荡生活中发生的每一件新鲜事。距离拉近了感情，加深了关切。只要见得不勤，也就不会失望……莉莉算是长了记性，她永远都不会逃离自己的国家，和她妹妹住到同一座城市。巴黎不可能同时容下两位卡甘，她宁愿继续承受在莫斯科会碰到的种种困难——食物问题，偷听与秘密监视，审查制度——至少还能享受到别人的崇敬，总好过去做妹妹的影子，哪怕法国的生活环境更舒适。

1957年，阿拉贡获得了斯大林和平奖，爱尔莎则从全国作家中心辞职，并出版了一部引起广泛争论的小说《纪念碑》，她在书中第一次公开谴责了生活在这个国家的艺术家们所面临的种种困境。她笔下的主人公、雕塑家柳卡，既暗指马雅可夫斯基，又隐喻一位已经去世的捷克艺术家，这位主人公也像两人一样，最后选择了自杀。斯大林画像事件则成为另一条导火索，而且是绝非可有可无的导火索。故事发生在欧洲中部一个想象中的国家，可以是东欧任何一个人民共和国——每一个国家爱尔莎都和阿拉贡一起访问过。柳卡接受了政府的一份订单，为斯大林竖一座巨大的纪念碑。可惜做出来的样子如此丑陋，以至于他要求推倒重来，因为它败坏了自己的艺术理想。他也像马雅可夫斯基一样，照着自己的心脏开了一枪，在失望中自杀身亡。小说以连载形式在《法兰西文学》发表，同时以书的形式在加利马尔出版社出版。她收到了多封充满仇恨的来信，这样一场风暴在今天看来似乎不可理喻，因为全书的笔法绝对说不上有多恶毒，即使爱尔莎最终把她捍卫如此之久的意识形态小小冒犯了一下。阿拉贡紧急驰援,写下了"《纪念碑》堪称爱尔莎·特里奥莱的杰作"[1]这样的文字,以此替她说话。只可惜言过其实,因为这部小说算不上她最好的作品,而且远远算不上。"失之东隅,收之桑榆",这部小说的发表让它的作者迈出了一大步,而且它也为爱尔莎1962年向索尔仁尼琴的《伊凡·杰尼索维奇的一天》公开致敬做了一次预演,后者的小说毫不客气地揭露了苏联劳改集中营地狱般的生活。

20世纪50年代末期以及60年代初期,爱尔莎在文学领域全面开花——既写小说、评论、传记,又做翻译,当记者。她不仅与阿拉贡组成了既让人仰慕又令人敬畏的名人夫妻,而且充分利用了自己的知名度优势,尽管她始终在书中和信中不无怨气地将她在法国的生活归结为一连串的苦役。总觉得自己不被理解、遭人排斥、看破红尘、饱受欺辱,其实她的文化和社交生活过得既滋润又优越。爱尔莎经常观看塞缪尔·贝克特和尤金-约内斯科的戏剧首演,身上永远是高级定制服装,晚饭不是去"大维富"餐厅就是去罗斯柴尔德家族的菲利普家或者宝丽娜家,还有女管家和司机随时伺候……至于住处,她则是在"磨坊"和一所双层套间之间轮流居住,套间就位于瓦

---

[1] *Elsa choisie par Aragon, op. cit.*, p. 59.

雷纳56号一座建于13世纪的漂亮公馆内。在苏迪埃尔街道住了二十五年后,夫妇俩搬到了这里。他们经常召集众多艺术家,用以恢复这里的人气,爱尔莎还在她的办公室墙壁上铺上了暗粉色的绸缎,谁进来都会为房间的精美布置大吃一惊。阿拉贡也有自己的办公室,两人总是坐在工作台前用电话沟通。这里应有尽有,甚至包括女佣和她丈夫的住所,他们长期住在这里;另外还有一套单独的一居室,是留给莉莉和卡塔尼扬以后来时小住的。而每当他们去法国南方住到画家莱热的遗孀纳迪雅·莱热家时,也总会把"磨坊"的保安夫妇带在身边。

阿拉贡和爱尔莎从此进入耳顺之年,他们的身边最终幸运地聚起了一小拨喜欢与他们结交的年轻人,他们每一个都很出色——大部分都是记者和作家,论年龄也就相当于他们的孩子,不管在巴黎还是乡下,夫妇俩都很乐于接待他们。头一个就是埃德蒙德·夏尔·鲁克斯,在这个清一色男孩的小圈子里,她是唯一一位女性;作为时任主编,她在法文版《时尚》杂志上发表了阿拉贡夫妇的多部作品。随后是皮埃尔·戴克斯——阿拉贡的传记作者,歌手吉·贝阿和让·迪图尔。迪图尔不仅在苏联与他们形影不离,而且还在多年以后为他们写了一本虽然不乏滑稽与温情但叙事却极为透彻的书——《图波列夫之旅》①。迪图尔还注意到，对投机钻营乐此不疲的爱尔莎是如何精心培植身边所有那些能往他们夫妇脸上贴金的人的。

弗朗索瓦·努里西耶也是爱尔莎小圈子的入选者，阿拉贡总是叫他"儿子"或者"孩子"；阿拉贡每次跟他谈话都会让他感到飘飘欲仙，无上荣光。他不是一直把这位前辈看作"当代最天才的作家"吗？在回忆录《缺少天赋》②中，他提到了阿拉贡"健谈而以你相称的亲切感"，"格蕾丝夫人以精湛技艺为爱尔莎设计的每一道价格不菲的折痕"，以及后者那张"如此难现宽容之色的"冷脸，还有"阿拉贡以为自己意识到了对爱尔莎的忽略，担心别人不如自己待她好，不曾想到此时风暴会突然降临"。身边亲友对他与阿拉贡这份友谊多有不解，而他对此总是有问必答："你怎么会对这个斯大林主义者中最狂热、最具危害性的人这么眷恋、这么五体投地呢？"他的回复永远一样：只是把他视为"一体"，不会区分讨厌的阿拉贡与迷人的阿拉贡。努里西耶同时也承认，他情愿小心避开与前辈之间的政治对话。"有那么不多的几次，谈到涉及他信仰的层面时，他总会让我感到伤心。我还记得他耍的那点小聪明。那天，他在列宁的文章里……发现了类似'耕者有其田'这样

---

① 由普隆出版社于2003年出版。

② François Nourissier, À défaut de génie, Gallimard,《Folio》,2000, pp. 400 -469.

的老生常谈，从而让他通过玩弄修辞学上的花招……承认了以色列对巴勒斯坦的领土所有权。"

作为好友中的好友，努里西耶长时间地思考着阿拉贡为什么会对妻子怀有那么强烈的挚爱，让人想起中世纪游吟诗人对夫人们那种超越肉体的精神之爱。阿拉贡的同性恋倾向似乎已经到了"此事人尽皆知，甚至令人生腻"的地步。20世纪20年代，他绝对做过德里厄·拉罗歇尔的情人，但没人对此知之更详，所有的假设都只是猜测。路易确实在不停地赞美着他的灵感女神，而且越来越理直气壮。继《献给爱尔莎的圣歌》和《爱尔莎的眼睛》之后，1959年，他又发表了《爱尔莎》，1963年发表了《爱尔莎的热恋人》。一年之后，他又发表了《自由属于爱尔莎的巴黎》。有人指责他表达爱情太过夸张，不太相信一个对爱情麻木不堪的人还能写出这么一大套作品。至于最主要的当事人，爱尔莎则带着如花的笑靥，"抱怨"丈夫的敬意已经压得她透不过气来，因为后者对她的赞扬已经超越了马雅可夫斯基倾力写给莉莉的全部颂词。她当真会觉得他做得过分吗？夫妇俩的另一位年轻朋友马蒂厄·加利对此心怀疑虑。1963年，在"面具与笔"广播节目制作现场听着阿拉贡大段背诵《爱尔莎的热恋人》，他在自己的《日记》中这样写道："爱尔莎独自坐在一间小屋里，眯着眼睛欣赏着这番恭维。"①

除去这些拿手好戏和优厚待遇，还要补充一点，1958年，阿拉贡发表了史诗般的小说《受难周》，很多评论家都认为，这是他写得最好的一本书。自此，夫妇俩的文学创作便与成功结下了不解之缘。他以出色的才华构想了路易十八及其随从的出逃情节。此时，拿破仑刚刚从厄尔巴岛越狱成功，试图重返巴黎，推翻王朝统治，夺回失去的政权。守在这位寨主身边的画家席里柯成了全书真正的主人公，他长时间地思考着忠于君主与忠于祖国之间的关系。可以看出，这种思考反映的恰恰是作者对自己入学誓言和捍卫斯大林的反躬自省。作品将对当时历史的完美描述与丰富得令人无法抗拒的虚构情节进行了充分结合，无愧于评论家与公众的赞赏。"小说成功获得了各界好评。作者一举被认定为伟大的法国作家并且获得了相应的待遇……阿拉贡自然在一片恭维声中乐得心花怒放"②，他的朋友弗朗索瓦·努里西耶这样写道。仅在巴黎一地，该书的日销量就达到了五百册。

正式场合中，阿拉贡一直保持着平静，仿佛这些颂扬之词预示着又一场如雨而下的乱棒打击。"这只是糖果商们的工

---

① Matthieu Galey, *Journal*, Grasset, 1987, t. I, p. 282.
② François Nourissier, *À défaut de génie*, *op. cit.*, p. 404.

间休息"①,当记者皮埃尔·杜马耶在电视上问到他对《受难周》受到的欢迎有何感想时,他不无讥讽地这样回答。书中洋溢着一股司汤达风格的气息,阿拉贡把这本书看作是对爱尔莎写得最浪漫的小说《白马》的另一番回应——这样阿拉贡就可以没完没了地与妻子继续他有关爱情与文学的热烈对话。版税相当可观,足以让他们支付巴黎双层套间的修复工程,以及"磨坊"无休无止的美化装饰。阿拉贡无法躺在功劳簿上睡大觉,他顺便又接了一个极其雄心勃勃的大活儿:《苏联与美国的平行历史》。他负责苏联部分,做了十分深入的研究,随后,有史以来第一次就斯大林的所作所为表达了自己的观点。

至于爱尔莎,从管理全国作家中心的束缚中解脱之后,便开始致力于一套三部曲的创作。涉猎过1939—1945年的冲突以及原子弹的威慑后,她开始转向更具当代特色的主题:消费社会的泛滥,始终希望把她的作品放到为同胞们殚精竭虑的背景之下,成为一名与时俱进的作家。这套题为"尼龙时代"的作品共有三卷——《赊来的玫瑰》《月亮公园》以及《灵魂》。从1959年开始出版,到1963年出齐。第一卷销量巨大,相当一批公众都领略了指甲修剪师玛蒂娜的不幸遭遇,她的家

---

① 1958年12月17日《全民读书》电视节目。

电美梦和购物癖注定只能失败——直到今天看来，结尾也显得相当过火，始终带有一种抹不掉的局促。作为一部倾向政治、抨击时弊的作品，这本现实主义小说读上去就像在看一部纪录片。如果说《受难周》是对《白马》的呼应，那么《月亮公园》则与阿拉贡休戚相关，因为爱尔莎把丈夫写给她的情书原封不动地放了进去，就好像这些信是写给书中的女主人公布朗什似的——阿拉贡在他的《空白或遗忘》中就沿用了这位主人公的名字。两人之间靠作品进行的交叉对话直到爱尔莎去世才告结束。《灵魂》是写给这个诞生了控制论的世界的，让我们看到了这个逐渐机器人化的世界是如何偏离正轨的，但本书的分量显然在于对女主人公娜塔丽所患疾病的描述。她的身上延续着作者肉体上的痛苦，自20世纪50年代末起便让她处于痛不欲生的境地。尽管写作笔法无可挑剔、精细准确，且时常悲苦至极，但时至今日，这套三部曲几乎已无人问津。当代读者更喜欢《受难周》，做出这样的选择完全在情理之中：与阿拉贡出色展现的1815年3月那段多变而混乱的时期相比，爱尔莎所描述的世界似乎已时过境迁且不够扣人心弦。

二十八

1958年，莉莉搬出斯帕索佩斯科夫斯基街道上的公寓，住进了莫斯科河边一座现代化的大楼，就位于库图佐夫斯基大道12号。她是7月26日拿到的钥匙，三天后就是马雅可夫斯基纪念碑的开幕典礼，这座纪念碑就坐落在以他的名字命名的广场之上。仪式进行时，莉莉就在现场，她终于可以为拼尽全力将这项计划坚持到底而感到庆幸了。马雅可夫斯基在很大程度上要感谢她对其后人的关照，她则要为自己灵感女神的荣耀以及因固定版税而获得的舒适生活对他心存感激。真可谓天道公允，不偏不倚。后来赫鲁晓夫决定结束这项安排，因为他觉得莉莉的待遇过于优厚，不应该再给她支付这样的款项。卡塔尼扬夫妇突然失去了这些宝贵的收入，只能靠瓦西里挣的钱和变卖公寓里的物品来应对生活——当然还可以继续指望"爱尔莎拉贡沙"的慷慨，后者的作品在苏联有大量译本，版税全都交由他们支配。但这些收入还不足以打动莉莉，她正痴迷于自己全新的生活环境——位于大楼六层的一套视野开阔的三室一厅江景房。凭窗眺望，她可以欣赏到古老的轮船在黎明的水面上缓缓滑动，听到它们在雾中鸣响的笛声。还有一件高兴事，玛雅·普丽赛茨卡娅和她的丈夫罗迪翁·谢德林也住在同一幢大楼里，两对夫妻可以随时到对方的公寓串门。而1958年这一年，正是在莉莉家的那架钢琴上，谢德林当众演奏了他的第一首交响乐。

"小狐狸"向作家和艺术家朋友们敞开了自己新巢穴的大门。诗歌朗诵、音乐晚会、玛雅献舞、占卜算命……在当时的苏联，人人都知道莉莉称得上是一位无人能及的沙龙女主人。在她的沙龙里可以遇到途经苏联的外国名人，比如巴勃罗·毕加索、勒内·克莱尔、亨利·卡蒂埃·布列松以及阿尔贝托·莫拉维亚，还有塔提亚娜·萨莫伊洛娃——1958年戛纳电影节金棕榈获奖影片《雁南飞》的主要翻译，伊娅·萨文娜——电影《带小狗的女人》（1959年）主演，该片在电影爱好者心目中可谓弥足珍贵，乐队指挥尼古拉·阿诺索夫，导演鲍里斯·巴尔纳——"要想抵制鲍里斯·巴尔纳的电影，确实得有铁石心肠"，让-吕克·戈达尔做过这样的总结，钢琴家瓦索·德维茨以及音乐剧演员柳波夫·奥尔洛娃，后者与自己的丈夫、电影艺术家格里戈里·亚历山德罗夫组成了一对非凡的夫妻。亚历山德罗夫曾经当过谢尔盖·爱森斯坦的助手和情人，与莉莉走得很近，但作为同性恋却受到苏联政府的严厉指责，最终娶了她最要好的女友兼影片主要翻译柳波夫为妻。莉莉对他俩欣赏有加，很理解他们的处境，对他们也很同情。她很清楚同性恋们面临着怎样的风险，因为他们的命运在沙俄时代就不太被看好，经常会被架到木柴上活活烧死。1934年3月7日，斯大林批准了一项法律，把他们发配到西伯利亚强制劳动五年。高尔基在他的作品《无产阶级的人道主义》中把他们比作法西斯分子，这部作品也是1934年发表的。自那之后，他们的境况不曾有过任何改变，因为同性恋者并没有享受到因"去斯大林化"带来的那几项宽松政策。

莉莉并不能就此忽略她那几位同道中人，这几位老友在1920—1930年曾经与她交往密切，如今依然健在，头一个就是鲍里斯·帕斯捷尔纳克。固然，卡甘姐妹对他曾经讽刺过已经正式成为苏联伟大诗人的马雅可夫斯基的雕像一事怀恨在心——在他看来，这才是让公众对诗人作品避而远之的最佳方式。但1958年秋天，当帕斯捷尔纳克的名誉遭到当局的损毁时，她立刻开始对他表示支持。实际上，他把自己的小说《日瓦戈医生》偷偷拿到国外，于1957年在意大利首次出版，这让他于1958年10月23日获得了诺贝尔文学奖。小说描述了从沙俄到苏联的历史进程，应赫鲁晓夫的个人之命而在莫斯科禁止发表，后者虽然没看过这部小说，却不能容忍知识分子抱有什么大鸣大放的念头。小说直到1985年才在米哈伊·戈尔巴乔夫的干预下得以出版。当时的帕斯捷尔纳克马上被指控为"反党卖国的西方资本主义代言人"，很多人都要求废除他的苏联公民权。他被驱逐出作家协会，并受到来自媒体的羞辱，大部分人都对他不理不睬——有些出于害怕，还有一些则是嫉妒他突然变成了世界名人。"绝望之下，他痛哭流涕地给莉莉打了电话，后者的声音里充满了不安：'鲍里斯，怎么了？'短短几个字道出了一切——团结、同情、怜悯与理解。"[1] 帕斯捷尔纳克拒绝领奖，为的就是保护家人并且免遭流放，因为一旦远离故土，他就无法生存。两年之后，他因患癌症去世——同时也是因为悲伤过度，莉莉一直这样断言。

以莉莉的处境，完全能够理解好友帕斯捷尔纳克内心的惶恐。就在同一时期，"文学遗产"丛书马雅可夫斯基分册得以出版，她自己也因为被怀疑对这本书施加了影响而再一次

---

[1] Arcadi Vaksberg, *Lili Brik*, *op. cit.*, p. 278.

遭到中伤——当时她曾经同意借出诗人写给她的一部分信件。这一次，她只能找阿拉贡帮忙，好让他在正式场合为自己说句话。"对我和沃洛佳来说，最关键的是，阿拉贡'刻不容缓地'在《法兰西文学》上就这部分册的普遍意义以及那些信件的特殊意义发表了自己的见解。反正是阿拉贡说的，又不是我'妹妹'说的……你很清楚，遇到这类事我从来不求人，可这次确实情况特殊。"[1] 名声显赫、没人敢碰的妹夫接受了她的请求，火速赶来驰援，可丝毫缓解不了抨击的激烈程度，莉莉又一次成为受害者。

她现在的敌人就是马雅可夫斯基唯一健在的姐姐以及某些理论家们，后者公然宣称，布里克夫人宁愿逼迫诗人自杀，也不想看到他与塔蒂亚娜·亚科夫列夫的幸福结合。只要被人提到名字，莉莉就会品尝到被记恨或者被仰慕的滋味。但要想让"桀骜不驯的莉莉"——她的朋友巴勃罗·聂鲁达在诗歌《挽歌》中以这句名言对她大加赞扬——俯首称臣，这点打击还远远不够。尽管身形摇晃，处于酒精中毒状态，但她每次都能平复如旧，如凤凰般浴火重生。她充沛的精力，她闪光的个性，她开放的内心以及对所热爱、所仰慕之人的随时付出似乎永

---

[1] Lili Brik-Elsa Triolet, *Correspondance*, *op. cit.*, p. 664.

远颠扑不破。她全力捍卫马雅可夫斯基与普里马科夫将军的身后名誉，在帕斯捷尔纳克遭受诋毁时给他打气鼓劲，进入她生活圈子的新成员在任何情况下都可以指望她的帮助。因此，当玛雅·普丽赛茨卡娅出国跳舞的请求遭到拒绝时，宁愿迎战也不想认输的莉莉最终查到了克格勃头目的电话号码，亲自为这个姑娘的案子进行辩护。女舞蹈家于是获得了出国许可。"小狐狸"有的是激情与说服力，没人能够抗拒，连斯大林都不行，当年她就曾经毫不犹豫地给后者写过信。

1961年，莉莉迎来了她的七十岁生日。她的头发比以前更红了——她的发色得益于波修瓦剧院的一位理发师。她到什么时候都衣着整洁，丝毫不像一个避不见人、深居简出的老妇人，更不是一具牙齿掉光、一身黑衣、一动不动、孤独等死的套娃。她的好奇心永无止境，不仅依然劳作不息——不懈地寻找着新的翻译活儿，以便挣出月底的生活费，还继续观赏各种表演和展览，经常旅居法国，在莫斯科和乡下住所邀朋唤友。她的健康仍不理想，经常受到脑痉挛和心脏病的折磨，头晕得浑身乏力，两腿不听使唤，痛风严重得关节都变了形，但在万般忠诚的瓦西里·卡塔尼扬的守护和照料下，她每次都能康复如初。她的原则是绝不以自己身体上的问题去麻烦别人，她的病情只说给妹妹，后者跟她一个脾气。爱尔莎鼓励姐姐无论发生什么事都不要瞒着她，不管是快乐还是伤心，得病还是健康，心情是好是糟。"求你了，在你百爪挠心的时候，把你心里的声音写给我，"当时，爱尔莎在巴黎这样请求她，"有事别怕麻烦我，当妹妹的应当应分……真正的孤单是有苦没地儿诉。你越是憋着不说就越觉得孤单。这事就是这样，是人就有可能想到死，没什么大不了的。"[1]

如果太过劳累，莉莉就会到郊外别墅歇上一阵。她在这里可以和很多艺术家聚在一起，这些人在当地都有自己的度假小屋——头一个就是她的旧情人列夫·库里肖夫。拜访者络绎不绝，因为所有人都知道，与莉莉的谈话会让他们不虚此行。不想见人的时候，她就会在屋外墙上挂一面旗子。她绝对令行禁止，任何人都不能打扰她；躲在窗帘后面偷看她的邻居和朋友们在她家门前耐心等候的样子，让莉莉觉得很好玩。但只要她感觉稍好，就会立刻动身返回首都，陶醉于文化讨论与好友相聚之中。有必要想象一下她去著名物理学家彼得·卡皮查家赴宴时的着装："我穿着我那件绣着珍珠的丝绒短披风……和尖头皮靴；甭管是最小的还是最大的，我的行头一应俱全，那效果绝对令人难忘"[2]，1960年1月，她这样给爱尔莎写道。

---

[1] Lili Brik-Elsa Triolet, *Correspondance*, *op. cit.*, p. 758.
[2] *Ibidem*, p. 762.

在当时的莫斯科，很少有哪个年过七十的女性还能穿得这么光鲜亮丽，与年轻的英格兰女性相比，莉莉可谓毫不逊色。

　　文学继续成为她生命中的最爱，她从早到晚阅读着俄语、法语和德语三种文字写的书。她始终遵循着自己的行为准则，从来不会被什么巧妙措辞所迷惑，不经她本人亲自判断，什么作家的成功都无法对她产生丝毫影响。"这本书根本一无是处"[1]，看完《你好，忧愁》之后，她这样给妹妹写道，而作者弗朗索瓦丝·萨冈正受到全世界的追捧。相反，她却毫不掩饰自己对《受难周》有多么欣赏。"你把小说念给我听的那次，我就预言过他肯定大获成功，你当时还不相信，还表示怀疑，"1959年，在一封略带幽默地纵论彼此亲情的信中，她给爱尔莎写道，"这就说明我比你聪明（仅仅是因为我年纪比你大）；可论起写书，你还是比我强多了，那也仅仅是因为我根本就没写过。"[2] 莉莉很晚才发现夏尔·克罗的作品，却为此欣喜不已，她同时还把《赊来的玫瑰》的俄译本发给波修瓦芭蕾舞团的演员们，并对塞林格的《麦田里的守望者》十分迷恋——"他就是当今的'少年'陀思妥耶夫斯基"[3]。

---

[1] Lili Brik-Elsa Triolet, *Correspondance*, *op. cit.*, p. 648.
[2] *Ibidem*, p. 704.
[3] *Ibidem*, p. 810.

就在1960年初,她还请爱尔莎向让·科克多求情,好在莫斯科上演《人类的声音》。而且,刚刚从心肌梗死中缓过来之后,她又因为心脏痉挛卧床不起,于是她又抓紧这段时间把果戈理的所有剧本都重新读了一遍。莉莉还十分关注象征文学界新希望的年轻人的创作,比如小说家瓦西里·阿西诺夫,对他1960年二十岁时发表的第一部小说《同事》非常欣赏。最后,她还以准确无误的嗅觉成为对一部作品率先做出反应的几位伯乐之一,无论在国内还是国外,这部作品都值得被永远铭记。"《新世界月刊》第十一期将发表一部十分出色的短篇小说,你一定要看!"1962年10月31日,她这样给阿拉贡写道。她指的是索尔仁尼琴发表在莫斯科一份文学杂志上的《伊凡·杰尼索维奇的一天》。文中,作者对斯大林时代一个集中营里强制劳动的营地生活条件做了冷静的描述。因为胆敢在给朋友的信中批评"人民亚父",杰尼索维奇以"反革命行动"罪被判入狱八年。索尔仁尼琴从自己的监禁生涯中获得了灵感,他的第一手材料充分展现了苏联集中营的恐怖一面:只要说你"叛国"就可以随意把你流放,动辄指控某人犯有间谍罪,在零下二十七度的室外温度下从事繁重劳动,被监管肆意侮辱,犯人之间互偷食物……只要能活着躺下,这一天就算幸运。

莉莉很清楚这种集中营的生活处境,毕竟曾经经历过那么多好友的死亡,但是直到现在,还没人敢在苏联如此明目张胆地涉及这一话题。有感于这篇文字的惊人胆识,她也像爱尔莎一样乱了方寸。"我很想承担起这部作品的翻译工作,又觉得自己力不从心,"1962年11月28日,谈到这本由朱利亚尔出版社出版的法文版小说时,她这样给爱尔莎写道,"这是一部出色的短篇小说。……伊凡·杰尼索维奇,一个那么平静、可敬的小个子,一声不吭地忍受着这样的生活,从来没有怨言。他觉得,这就是命……而我们也为他失去了生活的兴致,因为我们爱他。我的心都碎了……除了瘀血就是还没愈合的伤口……我们总觉得自己有多了不起,其实在伊凡·杰尼索维奇面前,我们都是罪人;我们虽然没造假钞票,但出于无知,假硬币的流通我们也有份儿。"[1] 看到这封信,审查官们会做出什么样的反应呢?这还真是个问题……爱尔莎在1962年12月7日版的《法兰西文学》上发表文章,就这部作品公然表明了自己的态度:"我欣喜地向这部作品的出版表示欢迎,它以宏伟的意识、以对苦难的亲历、以让我们坚信人性至善的真切悲悯,涉足于至今仍属禁地的现实。"那双著名的"爱尔莎的眼睛"终于睁开了,

---

[1] Lili Brik-Elsa Triolet, *Correspondance*, *op. cit.*, p. 1018.

至少是在正式场合睁开了,哪怕她的指责本可以比现在更加狠毒,各路评论者都注意到了这一点。

从此,卡甘姐妹开始专心致志地关注起索尔仁尼琴的写作生涯,后者于1970年获得了诺贝尔文学奖,也就是爱尔莎去世的那一年。在《古拉格群岛》中,他以更加猛烈的方式展开了同样的主题,小说被拍成微缩胶卷带出苏联,在西方出版——帮助作家打印手稿的年轻妇人随即被捕,想到有可能遭受的折磨,她选择了自杀。

二十九

对于爱尔莎来说,20世纪60年代简直成了高强度工作与剧烈病痛的同义语。她的状态缓慢而稳定地每况愈下,直到1959年夏天,她发现自己突然不能走路了。"我这两条腿疼得要命,"她向莉莉倾诉道,"我戳在马路中间,一步都动不了,差点儿死了!"[1]经过不断摸索和一连串不对症的治疗——其中还包括注气疗法,医生们最终诊断为动脉炎,或者是伴有心脏衰竭的腿部动脉炎症。爱尔莎是1961年做的手术,但治疗彻底失败,她的苦难有增无减。最后弄得阿拉贡夫妇只能在瓦雷纳街道上的公馆里沿着楼梯栏杆安一把电动扶手椅,因为她已经没有力气爬上这么多级台阶了——阿拉贡把这把扶

---

[1] Lili Brik-Elsa Triolet, *Correspondance, op. cit.*, p. 720.

手椅说成是妻子的劳斯莱斯。爱尔莎越来越频繁地隐居于"磨坊",她可以在那里相对平静地写作。

尽管重度残疾,她的创造力却比以往任何时候都更加活跃,以令人敬佩的顽强精神完成着一项又一项文学计划。创作全套"尼龙时代",再版从前的作品,编辑俄罗斯诗歌选集——她得同时选择诗文和译者,撰写文章,完成将《白马》改编成电影的计划……法兰西剧院计划上演她翻译的《万尼亚舅舅》,她一场不落地观看了排练,演出大获成功。最后,她还同意与评论家雅克·马多尔合作,后者准备为她的作品写一篇短评。可以说,现在的爱尔莎就是一位受到八方求助的六旬老妪。朱利亚尔出版社甚至建议她撰写回忆录,但她却谢绝了这项提议。

病痛不胜烦扰,继两腿之后,眼疾又开始了对她的折磨,她从此再没中止过找专科医生看病——眼科、妇科、风湿病科、耳鼻喉科。莉莉的状况也好不到哪儿去,两人吞下的药片数量多得惊人。所以她们的通信时常会变成病情通报。"我觉得特别难受……姐妹俩成了名副其实的老迈之人了……我想到了一死了之……我不管做什么都带着这个念头。……我完全凭觉悟活着,我努力控制自己,两腿拒绝前进的时候我依然努力迈步，而且我总是被来自各方各面的琐事纠缠"[1]，爱尔莎头脑十分清醒地这样概述自己的生活。这种略带病态的悲观情绪为一部篇幅不长的小说《手腕》定下了基调，小说于1962年在加利马尔出版。她笔下的主人公克拉丽丝·杜瓦尔认为自己就是被拿去耍手腕的牺牲品，作者放任萦绕脑际的念头，认为人为了活下去，为了受人敬重，就要承受考验。在她的作品中，这本小说算不上名品，但用来供读者考量作者当时的情绪与精神状态，却不失为十分灵验的"晴雨表"。

阿拉贡虽然以自己的品格力量和头顶上的光环令所有靠近他的人为之痴迷，但每当爱尔莎病痛难忍的时候，他私下里都会六神无主，爱尔莎还得不停地宽慰他。于是，她把陪他上剧院、与朋友吃饭的差事都揽到了自己身上，并且经常参加官方活动，让他觉得自己并无大碍。1962年2月，她与阿拉贡和莫里斯·多列士一起参加了夏罗纳牺牲者的葬礼，后者曾经为反对阿尔及利亚战争和法国秘密军而举行过示威。爱尔莎深知，她得不停地平复丈夫的担心，他自己也已经被责任和工作压垮了。他刚刚写完《苏联与美国的平行历史》，又要承担《法兰西文学》的领导工作，还要忙于他那套献给苏联文

---

[1] Lili Brik-Elsa Triolet, *Correspondance, op. cit.*, p. 750.

学的丛书，隔一段就得出上一本。1963年出版的《爱尔莎的热恋人》立刻被奉为经典之作，随即成为一出芭蕾舞剧的创作依据。路易在这首诗歌中继续了他与妻子已经编织了那么多年的文学与爱情对话，因为这是他对《白马》的回答，以诗作答。"男人的未来是女人"①，阿拉贡在诗中这样断言；而这句名言在稍作修改后经由让·费拉的歌声流传后世："女人是男人的未来。"

爱尔莎就是他们夫妻关系的顶梁柱，她依然能打起精神与他分庭抗礼，所以，当阿拉贡犹豫着是否要在他掌管的报纸上发一篇《日瓦戈医生》法语翻译版的书评时，她毅然进行了干预："路易，你可不能再丢人现眼啦。"②甩给他这句话后，她便要求他们的合作伙伴皮埃尔·戴克斯立刻把这篇文章束之高阁。与此同时，他们双双又渡过了一场最新出现的重大危机，也是有史以来最严峻、最沉重的危机。而阿拉贡还在没完没了地为妻子唱着赞歌——这轮赞歌直到《爱尔莎的弥撒》（1965年）才算唱完。爱尔莎被身体的病痛折磨得筋疲力尽，比以往任何时候都更加悲观，在一封多达三页的长信中跟自己的丈夫算开了总账。以往的陈年旧事全都想起

---

① Voir Louis Aragon, *Œuvres poétiques complètes*, *op. cit.*
② Pierre Daix, *Aragon*, *op. cit.*, p. 511.

来了，阿拉贡如何狂热，如何为了一句对与错大发雷霆，她跟他待在一起如何一再感到孤独，她如何伤心欲绝，两人在一起时那种奔命似的生活节奏如何把她累得全身乏力……她明显感到自己被阿拉贡的阴影所吞没，而她那份惊天动地的苦楚似乎并没有什么来由，因为阿拉贡一直不离她左右。当然，他既自恋又自私，但哪怕他给她的支持不如她所期待的那么多，人家也没有停止过对她的保护。读到这封信，英国小说家玛格丽特·德拉布尔不禁想到了婚姻的定义："一个旨在置另一半于死地的战场。"

不过，这项考验夫妻可靠性的艰苦训练远没有摧毁这对双人组合，而是给了他们一股新的力量，因为阿拉贡尽管有所动摇，还是承认了自己的"错误"，不假思索地接受了对方的指责。这场危机倒是启发他写出了《空白或遗忘》，这部小说于1967年出版，这是阿拉贡最后一部巨作，也是他与伴侣兼灵感女神的最后一轮文学对话，此前他们一直没有中断过这样的对话。他在书中毫不客气地写到了作为讲述者的若弗鲁瓦·盖弗尔如何向妻子承认自己爱情的失败，后者先是离他而去，直到很久以后才重新现身。更为重要的是，他们由此决定把两人相互交叉的作品拿到罗贝尔·拉封出版社出版，并且为每一卷——分别由毕加索、安德烈·马松、马蒂斯、贾科梅蒂和马克·查格尔绘制插图——都撰写了说明序言。他们梦想着一起流芳百世,万古长青,"两人的心思也一样,都是越来越惦记自己留给后世的形象,并且……用尽各种方法试图掩盖斯大林主义的烙印在作品中留下的痕迹"①。第一卷于1964年9月发表,而最后一卷则直到爱尔莎去世四年后的1974年才得以出版。他们双双接受电视与电台的采访,以此打造出公众眼中的传奇夫妻形象,传奇得什么都不能将他们分开,哪怕是时间。由阿涅斯·瓦尔达拍摄于1965年的纪录片《玫瑰爱尔莎》,就相当于为一座已经高达数层的塔形蛋糕又浇上了一碗锦上添花的淋面酱——剧本由阿拉贡与那位女导演合作完成。

阿拉贡夫妇曾经那么频繁地双双旅行,如今外出的次数却越来越少,因为爱尔莎的健康状况不断恶化。1964年12月到1965年1月,他们最后一次逗留苏联。卡甘姐妹一起出席了莫斯科大学为路易·阿拉贡授予名誉博士的仪式庆典。暗地里,莉莉一直受到马雅可夫斯基姐姐的骚扰,为了损坏她在诗人官方传记中的形象,并且关闭莉莉百般努力建成的博物馆,后者简直不择手段——不幸的是,后一件事让她得偿所愿。年

---

① Pierre Daix, *Aragon*, *op. cit.*, p. 516.

近七十五岁的"小狐狸"无论精神还是肉体都不复当年之勇，几十年来始终带有反犹太主义色彩的中伤与仇恨早已令她疲惫不堪，但她好歹还保持着自己的那份高傲。除去饱受诽谤，她也为爱尔莎同样日复一日的衰弱感到焦虑。爱尔莎确实已经老态龙钟，刚刚六十八岁就已经心力交瘁、面目全非了。但这位做小妹的依然能重新焕发起全部热情，在《法兰西文学》上发表文章捍卫姐姐的利益，因为在她看来，这场驱巫运动令人难以容忍。

但莉莉和爱尔莎对新文学舞台持有的兴趣仍然没有丝毫减弱，她们各自拥有看好的人才，分别竭诚支持着一位年轻的诗人。对莉莉来说，维克多·索斯诺拉无疑是最为出色的一位。这位二十五岁的列宁格勒某工厂装配工在她眼里具有一种罕见的真才实学，她每时每刻地给他以支持和友情。爱尔莎维护的则是多米尼克·特隆，还为他的第一本诗集《立体声》作了序，后者于1965年以十八岁的年纪出版了这部诗集。文学就是她俩之间一条牢不可破的纽带，爱尔莎除了把巴黎最新出版的小说和剧本——作者分别为米歇尔·布托尔、娜塔丽·萨洛特、尤金-约内斯科——寄给莉莉，还密切关注着《安娜·卡列尼娜》的电影改编进程。1967年，这部电影的上映引起了巨大的轰动。剧本由瓦西里·卡塔尼扬撰写，他俩的朋友玛雅·普丽赛茨卡娅在影片中扮演了贝特西公爵夫人，这位舞蹈明星在法国演出的时候，阿拉贡夫妇还在巴黎的家中接待过她。至于配乐，则要感谢普丽赛茨卡娅的丈夫罗迪翁·谢德林。这么说吧，创作团队都来自与布里克小集团走得最近的那个圈子。

尽管病痛缠身、日渐衰弱——也像莉莉一样大把大把地吃着法国、俄国、美国乃至匈牙利的药片，并且出什么新药都想试试，只有五十二公斤的爱尔莎却仍然不失十足的优雅风范。她对自己的穿着极其用心，每个细节都不容忽视。所以，莉莉送了她一件豹皮大衣后，她专门找了著名的巴黎皮货商雷维永，从里到外做了一番修改，因为其他国家手工艺人的活计不合她的口味。那张老妪面孔虽然残败不堪，她仍然是同代人中最时髦的巴黎妇人。即使是工作，爱尔莎也做得无可挑剔，而且节奏始终如一地十分紧张，无论是否有病：编辑由她自己翻译并推介的契诃夫《戏剧》，撰写一部新小说——1965年由加利马尔出版社出版的《绝不》，在马雅可夫斯基七十周年诞辰之际筹备纪念诗人的法国展，担任"俄罗斯当代诗人"丛书的总编并为此荣获苏联勋章……有一个令人感动的细节，爱尔莎并没有因为自己的风光就把安德烈·特里奥莱置于脑后，这位前夫住院后，她每天都诚心诚意地去看望他，为他解闷，哄他开心，尽管心里对他再无任何倾慕可言——"他的生活空洞无味，乏善可陈"[1]。昔日是特里奥莱夫人，如今是阿拉贡夫人，刀兵未动，胜负已判。

20世纪60年代下半段，"爱尔莎拉贡沙"已经成了依然健在的两位广受欢迎的国宝级人物。1966年秋天，几位伟大的法国表演家——玛德莱娜·雷诺、埃德维热·弗耶尔以及让-路易斯·巴劳特——站在舞台上面向巴黎各界名流朗诵了这两位名人组合的文章。几天之后，电视就播出了阿涅斯·瓦尔达献给爱尔莎的纪录片。9月12日，在庆祝她七十大寿的盛大晚宴上，爱尔莎收到了好友查格尔作为礼物送来的一幅水粉画，以及由费尔南·莱热的遗孀送上的画家的一幅作品。1967年2月，他俩又在好友吉·贝阿的电视节目上做了一回主宾。每次露面，公众都会被这对白发苍苍的高龄作家夫妇所打动。他们肩膀靠着肩膀，似乎是为了更好地相互支撑。

爱尔莎依然能够腾出精力密切关注政治与社会时事。"这是一个非凡的时代，不同于我们经历过的任何时期，"1968年"五月事件"期间，她这样给莉莉写道，"我们聚精会神地听着广播……每一分钟似乎都具有决定性、关键性，而且确实如

---

[1] Lili Brik-Elsa Triolet, *Correspondance, op. cit.*, p. 1107.

此。"① 阿拉贡夫妇对示威运动表示拥护。5月13日,阿拉贡通过一篇临时插入的文章正式表了态:"《法兰西文学》就是青年们不折不扣的同党。目前这种情况下,无论是事实上还是精神上,本杂志社都毫无保留地将自己与学生们划为一类。他们的事业就是我们的事业。"到了7月,爱尔莎又开始指责苏联军队的干涉终结了"布拉格之春",而此时的亚历山大·杜布切克刚刚引入了言论自由与活动自由的概念,以及对经济的某种权力下放。她很清楚,自己的信件一进莫斯科就会被审查机构读到,但仍然拒绝闭嘴,她向姐姐倾诉道:"最令人恐怖的地方非捷克斯洛伐克莫属,焦虑的情绪笼罩了那里的一切。"②

阿拉贡与妻子怀着同样的忧虑。由他主管的报刊上连续发表文章反对苏联政府,因为他们都支持布拉格的青年人和知识分子。这样的抉择——与爱尔莎因为姐姐饱受反犹运动迫害而对她表示支持的文章加在一起——注定了《法兰西文学》的败局,后者很快收到了在苏联及其卫星国不得出售及征订的禁令。打击虽然严峻,但名誉最终却完好无损。就在同一年(1968年),"爱尔莎拉贡沙"举行了结婚四十周年的庆典。根据一种十分流行的观点,他们一直保持沉默,不想激怒克里

---

① Lili Brik-Elsa Triolet, *Correspondance, op. cit.*, p. 1410.
② *Ibidem*, p. 1419.

姆林宫，为的就是保护莉莉，但后者却在写给他们的信中表现出了十足的勇气，从而挽回了他们在这件事上的所有名誉，这封信当然也逃不过秘密警察的眼睛："我亲爱的阿拉贡沙！我请求你完全不要考虑我们（我们已经老了），也不要考虑你做出的声明会不会危害到我们。做你认为该做的'一切'。我们只会为此感到高兴。这么多年来，我们大家当了这么多年白痴。从现在起不当了！"①1968年11月7日，她这样写道。

阿拉贡夫妇名气太大，莫斯科当局不好公开制裁他们，但自从爱尔莎所有俄译版书籍被从苏联的书店撤下之后，他们还是尝到了受罚的滋味。尽管如此，他们依然高举着镰刀与斧头，因为他们的传奇与党的联系太过密切，而他们也开始受困于一种两面受伤的契约关系：一方面该指责还得指责，另一方面该忠诚还得忠诚。怎么能对养活你那么多年的人恩将仇报呢？当然，他们的批评确是出自真心，并没有任何特别歹毒的恶意，而且，就因为在《法兰西文学》上发表过把持有度的抗议，他们最终还是低眉顺眼地接纳了过度严厉的惩罚。苍天做证，阿拉贡生气的时候，还是很善于表达自己的心声的……再多说一句，只要他们一"认错"，为数众多的诽谤者

---

① Lili Brik-Elsa Triolet, *Correspondance, op. cit.*, p. 1452.

立刻就会欣喜若狂,这样的局面是他俩绝对不想看到的。

爱尔莎走路越来越困难,阿拉贡夫妇情愿在瓦雷纳街道的家里接待宾客。尽管曾经反对过对捷克斯洛伐克的镇压,但他们依然是不折不扣的共产党员,而他们精致至极的生活方式令不少来宾感到惊讶,为信仰与现实之间的矛盾所震撼。"在这所极度豪华的公寓里,吃完一顿奢侈的晚餐(有莉莉寄来的鱼子酱、[苏联]使馆赠送的各种伏特加、保加利亚的白葡萄酒,还有菲利普·德罗斯柴尔德酒堡的高档波尔多),感觉自己仿佛置身于19世纪的版画之中",关于阿拉贡夫妇在1968年1月13日为东正教新年举行的晚宴,马蒂厄·加利在自己的《日记》中做了这样的叙述,"而当晚,在莫斯科,那些说出自己真实想法的作家都被当作罪犯判处了五到七年的徒刑。可我们居然对这件事只字未提!……真是滑稽……而且多少有点不够吉利。"[1] 四年前,他在同一本《日记》中对阿拉贡做过这样的评价:"他喜欢附庸风雅,这件事世人皆知。"[2] 1969年,索尔仁尼琴被苏联作家联盟开除,阿拉贡开始编辑全国作家中心的官方公报,接下来的这个问题不能不引起他的注意:"真

---

[1] Matthieu Galey, *Journal, op. cit.*, p. 380.
[2] *Ibidem*, p. 308.

的有必要把苏联的伟大作家全都当成害人精吗？"①

在瓦雷纳街道，公寓的墙壁上可以欣赏到毕加索、查格尔乃至杜尚的画作——阿拉贡夫妇手里有他那幅带胡须的蒙娜丽莎的原作。老保姆与新才俊混在了一起。为此，阿根廷电影艺术家奈丽·卡普兰特意在菲利普·苏波的陪同下到公寓参加了一次晚会，当时的她还没开始执导《海盗的未婚妻》，但刚刚以《毕加索表情》在威尼斯电影节上收获金狮奖。"爱尔莎也在，那双眼睛又蓝又冷，阿拉贡则背起了他的诗歌，那叫一个拿腔拿调，故作姿态，听得我实在忍不住要笑出声来，只好假装呛咳，连跑带颠地逃出房间躲进厕所。他当时那么自命不凡，自我感觉那么良好，那么沉醉于自己的名望，连一丁点儿的自嘲和诙谐都不带，真是挺让人吃惊的。菲利普平常也像我一样不会对谁顶礼膜拜，而且总是跟我步调一致，可那天却很不高兴。我想，他可能想起了在超现实主义肇始之初与阿拉贡共度的黄金年代，所以，对他这位相交已久的同道中人才会如此宽容，包括对他无限崇拜斯大林的表现。"奈丽·卡普兰是从布宜诺斯艾利斯和庇隆主义的统治之下逃到奉行共和制的法国的，对阿拉贡夫妇的罪行实在做不到宽大

---

① Cité dans Pierre Daix, *Aragon, op. cit.*, p. 557.

处理。阿拉贡朗读自己诗句时发出的那种音调让所有好友感到震惊，法国作家弗朗索瓦·努里西耶曾经提到过他"那种颤抖的声音，那种保持悬念的技巧……那是一种本世纪初特有的腔调，一种细微的震音，一种大提琴的媚态，他就靠那双顾盼灵动的蓝眼睛来掌控效果"①。

爱尔莎完全可以把列奥纳多·达芬奇的那句格言"执着刻苦"用作自身的写照，因为，尽管体能日渐衰弱、病痛日渐加剧，她仍然把所剩无几的气力用于工作，在生命中的最后三年每年出版一本书，同时还极其密切地关注着马雅可夫斯基致莉莉的《书信集》的法语翻译进程，该书于1969年由加利马尔出版社出版。在配有作者选定的一百三十一幅插图的小说《听与看》（1968年）中，读者们又看到了《绝不》中的主人公雷吉斯和玛德莱娜·拉朗德，他俩别提多像马雅可夫斯基和莉莉了。《付诸文字》（1969年）则让她有机会对于写作进行一番思考，这毕竟是她毕生面临的重大挑战，也是她一生的挚爱。而《夜莺在黎明停止歌唱》（1970年）则是一部讲述其逝去青春的小说，构思精巧，读来令人心碎。这三本书颇似遗嘱，既阴郁又出奇地宁静，读来感觉爱尔莎仿

---

① François Nourissier, *À défaut de génie, op. cit.*, p. 441.

佛已经去了另一个世界，其中最后一本也是她写得最成功的作品之一，媒体对该书的反响极其热烈，而且也确属实至名归。爱尔莎在书中讲述了一群朋友的故事，他们为艺术的发展做出了标志性贡献。通过他们的故事，她为自己的一生做了一次总结。最后，全书以一个漫长而美丽的星光之夜告终。夜莺在黎明时分停止了歌唱，主人公也同时告别了人世。来自评论界和公众的欢迎让爱尔莎尝到了赢得成功的喜悦。接着，她开始出现最后一次心脏不适，这一次比以往任何一次都更剧烈也更痛苦。1970年6月16日，她在阿拉贡的怀里溘然谢世。就在几天前，感觉身心疲惫到极点时，她这样给莉莉写道："我好想脱离自己的身体，跟我自己说：最后一刻了，让我安静会儿。"[①]

她终于如愿以偿了。

[①] Lili Brik-Elsa Triolet, *Correspondance*, op. cit., p. 1561.

莉莉和卡塔尼扬以创纪录的时间获得了离开莫斯科参加葬礼的许可。葬礼场面盛大,是由法国共产党安排的。当天早上,一群要好的密友齐聚瓦雷纳街道,簇拥并搀扶着阿拉贡。"我们没敢让他看到爱尔莎被抬下楼那一刻,棺材几乎是垂直顺着后楼梯抬下去的。想象得出,尸体在那具竖起来的木头盒子里肯定会滑到一端,挤压得不成样子,很可能缩成一团。而葬礼的档次放在那儿,通往二楼的小楼梯上已经铺上了平平展展的红地毯,大家不可能从这里下楼,再说不久前为爱尔莎安装的电动扶手椅轨道也让这里变得很难走"[1],弗朗索瓦·努里西耶回忆道。

---

[1] François Nourissier, *À défaut de génie*, *op. cit.*, p. 453.

送葬队伍走到了渔妇大道上的《人道报》总部。棺木摆在了报社门口。在门外的讲台上，巴勃罗·聂鲁达发表了一场十分激动人心的演讲，向勇敢的逝者表达了敬意，把她比作"蓝眼之剑"。其他人也都发了言，包括让-路易斯·巴劳特和乔治·马歇。礼兵五分钟一换，闪光灯的噼啪声响个不停。随后队伍终于开始向圣·阿努尔德墓地行进。"墓地一点儿也没有要接纳棺柩的样子（只有一个临时搭起的追思台，因为她将被抬到磨坊的花园里下葬）。趁人们匆匆忙忙安排什么事、把女神没完没了停在一边的时候，我去找了一趟阿拉贡和莉莉。刚刚又隔着窗户向她表示了哀悼，"马蒂厄·加利在《日记》中写道，"党组织（我指的是领导委员会）全体着正装，按顺序走在队列中，马歇打头。"[1]

为了给很难扛过爱妻去世这一关的阿拉贡助一臂之力，卡塔尼扬夫妇在巴黎住了整整两个月。随后夫妻俩返回莫斯科，从这时起，阿拉贡便宁愿对莉莉避而不见，因为每次见到她都会引起他对爱尔莎的过度思念；而且前者对他的事知道得太多，这对这位《真实说谎》的创作者正在为自己量身打造的新生活十分不利。他们后来又见过几面，但从前的亲密已经

---

[1] Matthieu Galey, *Journal, op. cit.*, p. 415.

烟消云散。所有目击者都注意到，作家待这位大姨子彬彬有礼，但也只是仅此而已。

甫一回家，莉莉也感到有些茫然不知所措。卡甘姐妹经常互相写信，打电话，经常在法国和苏联乃至其他国家相会。眼看活到了七十九岁这一年，长姐却突然而决然地失去了自己的妹妹。1972年8月，马雅可夫斯基最后一位姐姐柳德米拉的死则结束了长达几十年的仇恨与诽谤。莉莉没有受邀参加马雅可夫斯基诞辰八十周年的纪念典礼，这位死者最后又复了一次仇。有些传闻经久不散，由柳德米拉和她的亲信们散布的指责依然在莫斯科传播，但莉莉似乎突然想要一劳永逸地脱离这些泥淖，好好利用一下所剩无几的时间。她已年至耄耋，好歹逃过了斯大林的"大清洗"、第二次世界大战以及反犹太运动……健康状况差的时候多，好的时候少。"小狐狸"绝不会再为了那些诽谤者多耽误一分钟时间。

莉莉曾为了捍卫所爱之人进行过坚定的斗争，其结果是在自己的战斗中得以大显身手：作为20世纪伟大的苏联诗人，马雅可夫斯基的一生甚至被拍成了一部三集电视片，在苏联电视发展史上的众多成就中占有一席之地。她同样成功地找到出版社，重新出版了奥西普·布里克和维塔利·普里马科夫的作品，后者从此拥有了自己的博物馆，以及在基辅以他的名字命名的一座公园——正中央矗立着一座将军的塑像。同样是为了纪念他，列宁格勒还有一条以他的名字命名的交通要道。这样，她终于可以与过往的一切停战讲和了，只有问心无愧才能让她过好绝无仅有的这个当下。这个当下的名字就叫作谢尔盖·帕拉杰诺夫。20世纪70年代初期这段时间，以打造王者为己任的莉莉把自己的激情与热情全都投在电影艺术家谢尔盖·帕拉杰诺夫的身上，这也是她最后一位保护对象。

这位亚美尼亚裔格鲁吉亚人出生于1924年1月9日，属于多才多艺之人，他既是导演、编剧，又是音乐家、画家和舞蹈设计家。莉莉深为他的影片《被遗忘的祖先的阴影》（1964年）所打动，这部用喀尔巴阡山脉的乌克兰方言拍成的电影堪称岩石丛中的苏联版《罗密欧与朱丽叶》，既富于诗意又充满血腥。苏联当局将其译制成了俄语，帕拉杰诺夫为此大发雷霆，并予以坚决抵制。他立即被指控推行民族主义，被监禁了一段才获得释放。一般情况下，他这样的人当局都不喜欢，而诽谤他的人则把他看成一个形迹可疑、不切实际、更多具有双性恋倾向的江湖骗子。他的私生活一团糟，没给他带来什么好的口碑，因为他的第一任妻子死得极其凄惨：为了嫁给他，她放弃了自己的伊斯兰信仰，改信了东正教；新娘的父亲怒火中烧,把自己的亲生女儿推到了火车轮子底下,以洗刷她给自己家族带来的耻辱。据说他很可能还强奸过男人,反正这样的人最好离他远一些。接下来的那部超长影片《石榴的颜色》(1968年)没有产生任何助益,因为电影讲述的就是一个亚美尼亚行吟诗人如何死在格鲁吉亚的故事。莉莉很喜欢他片中那些性烈如火的人物,还有那种唯美的视觉效果,并且动辄就会将其比作中世纪祈祷书上的装饰图案。他的创作深受俄罗斯古老传说和萨满教神偶艺术的影响,在当时的苏联电影产业中独树一帜,经常会得到国外大型电影节的推介与敬重,尽管有人指责他的电影也有造作和夸大的一面。但那实际上是一种极有分寸的庸俗艺术。不管是在审美层面还是在知识层面,走进帕拉杰诺夫的世界都会让我们体验到一种强烈的感受。当《被遗忘的祖先的阴影》中的主人公死去时,那幕树皮突然脱落的场景让人怎么能够忘记?

1973年秋天,莉莉最终得以在莫斯科与他结识。她不仅请他吃饭,还经常与他见面,而且一谈就是几个小时,彼此相见恨晚。如同英国诗人罗伯特·格拉夫斯形容的那样,那可真是一种"友人之间的一见钟情"。但就在1973年12月17日,这位电影艺术家却遭到逮捕,因为当局指责他作恶多端:发表倾向于乌克兰民族主义者的演讲,非法买卖圣像与艺术品，强奸多名男性——包括一名当政要人的儿子，后者最后很可能为此自尽……所有罪名都是假的，或几乎都是假的。1974年春天，他被判处在乌克兰条件最糟糕的集中营之一跟一大群杀人犯一起从事五年强制劳动。莉莉吓坏了，在自己能力范围内想尽各种办法为他提供帮助，无论国内还是国外。她经常给他寄包裹、写信。帕拉杰诺夫后来说到，她在信中一直在劝他不要自杀，也不要陷入精神错乱。莉莉还指望利用国际上的抗议为帕拉杰诺夫出力——她的援助委员会聚焦了众多声望卓著的艺术家，诸如弗朗索瓦·特吕弗、阿仑·雷乃、路易斯·布努埃尔、卢奇诺·维斯康蒂、费德里科·费里尼以及让-吕克·戈达尔，为的就是能请动阿拉贡，让他亲自出马。

她当时准备飞一趟巴黎，举行一场会面，这场会面让她生命中的最后三年明显变得平和了许多。"第一次见她是1975年，在莫斯科机场，她正在候机，准备飞巴黎，"装饰设计师雅克·格朗热回忆道，"我们是从东京飞来的，有一小时时间中转。我们这群人包括伊夫·圣洛朗、皮埃尔·贝尔热、弗朗索瓦-马里·巴尼耶和我。其实我已经对法国那些古怪的老妇人司空见惯，比如玛丽-洛尔·德诺瓦耶以及玛德莱娜·卡斯坦因，但我永远忘不了见到她的那一幕。那天，一头红发的莉莉梳着长长的辫子，身上穿的是波琳·罗斯柴尔德送给她的一件绿色貂皮大衣,后者跟她妹妹爱尔莎和阿拉贡走得很近。伊夫对她的出现如此着迷,便要几年前曾经在阿拉贡夫妇亲友中接触过莉莉的皮埃尔请她过来加入我们,因为他想认识她想得要死。整个飞行过程中我们就一直没有分开过。她说我们国家的语言说得十分完美,而且那么聪慧,那么令人无法抗拒,我们很快就跟她形同莫逆。此后,伊夫和皮埃尔对她表现得极为慷慨,数次邀请卡塔尼扬夫妇前往巴黎。他们为她在雅典娜广场酒店提供了一个套间,并配备了一辆带司机的汽车,还把朱丽特·格蕾科、弗朗索瓦丝·萨冈以及让娜·莫罗等既值得结识又富于才气的一众人等介绍给她。"从在谢列梅捷沃机场候机室看到她那一刻起,这个同性恋的唯美主义四人组合就被这位非凡的老妇人吸引住了。"她别有一番优雅,"皮埃尔·贝尔热讲得很明确,"灰蒙蒙的人群行色匆匆,只有她一副气定神闲的贵族派头,走得不慌不忙。"[1]

每次来巴黎小住,伊夫·圣洛朗和皮埃尔·贝尔热都想不出究竟该做些什么才能让她开心。于是他们便动员有钱的朋友使劲给她送礼,因为她这辈子没少经历磨难。"伊夫跟我说过,她聪明过人,但很穷,还说我们都应该厚待她,因为

---

[1] Pierre Bergé, *Les jours s'en vont et je demeure, op. cit.*, p. 105.

她是从人间地狱走过来的，"伊莲娜·罗莎讲述道，"我本想送她一身爱马仕的羊绒两件套，但还是情愿先到广场酒店见她一面，了解一下她的品位，问问她的喜好，我觉得这样可能更礼貌些。她神色傲慢地接待了我，语气生硬、毫不客气地告诉我：'我已经有一件黑色的貂皮大衣了，还有一件绿色的，我还想要件白色的！'我很快就离开了，后来，让人到酒店放下了……一身羊绒两件套。"①

夏洛特·阿约②还记得她与莉莉的会面，这次会面更有意思。"伊夫和贝尔热建议我好好招待一下她，于是我就在位于德拉贡街道的家里请她吃饭。知道她喜欢不循常理，我把她和另一位很有名的莉莉安排在了一起，就是沃尔皮伯爵夫人。"伯爵夫人的父亲是奥兰的一位拉比，她先是嫁给了巴黎一位珠宝商拉克罗什，随后又与沃尔皮伯爵上演了一部威尼斯版的《后街》，一直充当伯爵的地下情人，直到他夫人去世。于是夫妇俩各自又结了一次婚，因为衷心拥护墨索里尼，战后被迫通过外交渠道流亡瑞士，后来却若无其事地返回威尼斯。"她们两个，一个是共产党，一个是法西斯，"夏洛特·阿约接着

---

① 伊莲娜·罗莎（1921—2011）：灵感女神、企业家、文艺活动赞助人、沙龙女主人，以优雅著称的出名美女。
② 作为建筑师埃米尔·阿约的妻子、朱丽叶·格雷克的姐姐，夏洛特·阿约被认为是全巴黎最聪慧、最活泼的女性。

说道，"结果，她们沟通得非常畅快，嘴角挂着微笑，各自热烈而坚定地捍卫着自己的信仰，丝毫没有彼此争斗的意思。莉莉赞不绝口地夸耀着'卓越的斯大林'！那天的晚宴特别风趣，特别滑稽。按照她们的体形，我直接给这场晚饭起了个名字叫'总督夫人与牙签'。"沃尔皮夫人肉感而丰满，全身戴满无价珠宝，体现的是尊贵的威尼斯共和国的奢华；布里克夫人年过八十，瘦得吓人，用彩色毛线扎着长辫子，拎着一块大手绢当包袱皮，玩的则是俄罗斯的套路——这样的装束在巴黎名流中不可能不惹人注目，她却自得其乐。但不管怎么说，莉莉并没有给那位高级定制设计师身边的所有女性都留下深刻印象。对于被伊夫视为孪生姐妹和红颜知己的贝蒂·卡特鲁来说，莉莉就像只"小小的灰耗子"。这样的评价对于年近八十五岁却仍自视为魅力难以抗拒的莉莉来说不啻为当头一棒。

她漫长一生中的每一个枝节——包括灵感女神的地位、与知名人士的友谊、屡试不爽的嗅觉以及非凡的勇气——都让她在法国人眼中具有了非同一般的高度，更何况1976年在巴黎还举办了一场纪念马雅可夫斯基的展览，莉莉也由此吸引了媒体的全部注意力。"那是一位独一无二的女性，没有任何人可以与之相提并论，"今天，雅克·格朗热做出了这样的概述，"与她一起度过的每分每秒都是那么令人兴奋，我们带她看展览、看戏，她对每一件事的反应都富于激情，从来不会厌倦，永远充满好奇。她还介绍我们认识了弗拉基米尔·霍洛维茨，后者就住在十七区。一天晚上，他坐在钢琴前，为我们弹了几曲。那种美好时刻真是令人难忘。感谢莉莉让我得到了这样难得的享受。她的表达总是那么恰到好处。有一次，伊夫带了一条法国斗牛犬，这条小狗还没有名字，她一见就喊道：'这不就是一个农夫吗！'说得伊夫那叫一个高兴，当时就给小狗取了这个名字，后来又有了农夫二世、农夫三世和农夫四世。农夫一世还被安迪·沃霍尔画了下来，莉莉也是在巴黎认识后者的。"皮埃尔·贝尔热把这场会面的内幕告诉了我们，他们就是在一次午宴上认识的，当时这位美国画家和阿拉贡都在场。"'别听莉莉的，'他跟我说，'她就会撒谎。'他大概是因为名声太响而感到害怕，我指的是莉莉的名声。其实他错了，莉莉太爱他们，不可能说出任何惹他们不高兴的话来。她经常坐在他身边，目光柔和地看着他，握着他的手，跟他咕哝几句俄语。他嘴上什么都不说，心里却憋着火。"[1] 1976年11月11日，为了庆祝莉莉的八十五岁生日，伊夫·圣洛朗在马克西姆为她举办了一次盛大的晚宴。不用说，晚宴上的莉莉从

---

[1] Pierre Bergé, *Les jours s'en vont et je demeure*, op. cit., p. 91.

头到脚都穿着由他设计的服装。更重要的是，阿拉贡、伊夫·圣洛朗乃至弗朗索瓦丝·萨岗全都公开捍卫帕拉杰诺夫并且加入了她的援助委员会。像以往一样，莉莉很善于把可用与可爱结合在一起。

她的新朋友们开始到苏联对她进行回访。"我们拎着装满衣服和配饰的箱子到她家，"雅克·格朗热讲道，"莉莉打开箱子，像个小姑娘似的欢呼起来：'我要变成莫斯科最美的女人啦！'在她自己原汁原味的世界里看到的她非常动人。她的公寓和她的郊外别墅全都那么迷人，她的品位让人想起玛丽-洛尔·德诺瓦耶的习惯。屋子里面满满当当，稀罕物与大路货构成了一锅大杂烩，罗钦可的拼贴画以及毕加索和莱热的作品与俄罗斯手工艺品——麦穗、木头鸟——还有装在画框里的普通明信片全都混在一起。我们一聊就是几个小时，有一天，她拿自己和妹妹做起了比较。'爱尔莎做什么都成功，她拥有了所有的成就与辉煌，而我收获的是爱情。'我认为她说的绝对是大实话，因为，不论是奥西普·布里克、马雅可夫斯基、普里马科夫，还是性情温和、对她敬重有加的卡塔尼扬，无不热切地深爱着她。在苏联，她比在巴黎更加庄重也更加焦急。她最操心的就是如何把帕拉杰诺夫从关押他的集中营里救出来，她多次跟我们说起这事，一想到他可能遭受的虐待就担心不已，总觉得以后会还他一个公道。但她一转眼就能回复幽默。'莉莉，我们在酒店房间说话会被监听吗？'刚到第一天我就问她。'一——字—不—落！'她这样回答我，同时发出一阵大笑。'如果你们有什么不痛快，哪怕有一点不如意，只管大声说出来，明天一早，就跟出现奇迹一样，所有问题都解决了！'她和弗朗索瓦-马里·巴尼耶处得特别投缘，真可以说得上是一种柏拉图式的恋爱，而且彼此的默契很能打动人心。"1975年12月4日，年轻的巴尼耶在《世界报》上发表了献给莉莉的文章，其中的默契昭然若揭。

"人们从四面八方赶来看她，"皮埃尔·贝尔热写道，"有专门致力于马雅可夫斯基的研究员，有作家，有艺术家……还有外国朋友。"① 外国友人就包括亨利·卡蒂埃·布列松和他的妻子玛蒂娜·弗兰克。"我丈夫从20世纪30年代起就与阿拉贡熟识，而且已经通过后者认识了莉莉，还曾经在瓦雷纳街道把我介绍给阿拉贡和爱尔莎。1976年，我们向莉莉提出建议，在巴黎和莫斯科给她拍些照片，她当即同意。她为我们摆了一个又一个姿势，我们也得以就所有那些令我们赞叹的俄罗斯作家和艺术家向她提问了很长时间——马雅可夫斯基，

---

① Pierre Bergé, *Les jours s'en vont et je demeure, op. cit.*, p. 105.

当然,还有爱森斯坦、马列维奇、亚历山德拉·埃克斯特、安娜·阿赫玛托娃、肖斯塔科维奇、帕斯捷尔纳克……她让我们听得凝神屏气。可是,正说到罗钦可时,她的神态突然变了。她给我们拿来了好几幅精美的拼贴画,换成现在,这些合成摄影作品早成文物了。她让我们偷偷带出国外,不是为了变卖,而是为了藏起来。她明显感觉到了威胁,觉得身处险境。我们宁愿回绝她的厚礼,因为我没有勇气对抗令人生畏的苏联海关,只要怀疑可能有夹层,他们能把整只箱子全部拆掉!包裹胶卷时,我意识到,我已经把这位曾经逃过那么多悲剧的老妇人的那份焦急印到了底片上。她还向我们倾诉了她有多牵挂帕拉杰诺夫的命运,告诉我们她不想在他释放前死掉。"将近六十年来,每一位苏联公民都有点像童话故事中蓝胡子的最后一个女人,每时每刻都会受到威胁。这场神经战、这种持久的偏执让莉莉付出了沉重的代价。在玛蒂娜·弗兰克的镜头前,她就像个老仙女,因为找不到魔棒而伤心不已。

经历了那么多喧嚣与较量,莉莉似乎把所有的战斧都埋了起来——唯一例外的就是能让她捍卫帕拉杰诺夫的利器。她的情绪中再无任何好斗成分,冷嘲热讽代之以漠不关心,接下来的这个片断就诠释了这一点。她的朋友皮埃尔·贝尔热与她的老对手塔蒂亚娜·亚科夫列夫走得也很近,后者已经在纽约与作为康泰纳仕集团艺术总监的第二任丈夫住了很多年。一天，他在塔蒂亚娜面前说起了莉莉，于是对方便请他向莉莉递个口信。最后，她又变了主意，把口信换成了一块白手绢，其实就是一面停战与和平的白旗。"莉莉告诉我：'替我谢谢塔蒂亚娜，告诉她我明白她的意思了。'"① "小狐狸"本该龇出獠牙，做出一番辛辣的品评，但在谢世前夕，她却给出了她自己格外柔和的一份评述。令人更加意外的是，她给塔蒂亚娜写信，告诉后者，自己手中有她写给马雅可夫斯基的所有信件。她该拿这些信怎么办？塔蒂亚娜立刻回信，让她把信都烧了。莉莉如法照办，马雅可夫斯基的两位灵感女神最终握手言和，尽释前嫌。

1977年，在阿拉贡的帮助下，帕拉杰诺夫于刑满前一年获释。八十岁的阿拉贡第一次获得苏联政府颁发的人民友谊勋章，莉莉恳求他接受这份殊荣，并争取与利奥尼德·勃列日涅夫举行一场私人会谈，向后者为她的保护对象申冤——她很清楚帕拉杰诺夫每天所受的精神侮辱和身体责罚。阿拉贡名气太大，提出这样的请求让人无法拒绝。勃列日涅夫在波修瓦的住所接见了他，并且同意释放帕拉杰诺夫。阿拉贡

---

① Pierre Bergé, *Les jours s'en vont et je demeure*, op. cit., p. 107.

的请求与来自国外的持久压力同时起到了作用，援助委员会的呼吁始终声势不减。1977年12月30日，那位电影艺术家在被关押了四年零十一天后终于获释。他失去了一切，无法离境也无法再拍电影。莉莉与他会面，两人一待就是几个小时，聊得异常兴奋，只是她的兴奋为时不长，因为她在1978年5月12日摔倒在地，折断了股骨颈。年近八十七岁的她拒绝外科治疗。得知自己全身瘫痪、失去了肢体运动的所有可能性，觉得承受不了这样的结果后，莉莉于8月4日服下大剂量巴比妥自杀。死前她没忘给瓦西里·卡塔尼扬留下书信，向他倾诉了自己的所有爱意。8月7日，帕拉杰诺夫参加了她的葬礼，但阿拉贡没来，他认为没有必要为此离开巴黎。她的骨灰撒在了她曾经深爱的那片莫斯科郊区，她的遗嘱就是这么写的。

跋

爱尔莎去世后,阿拉贡采取了一种让朋友们大感困惑而且很不踏实的姿态。他开始高声大气地表现自己的同性恋倾向,从精神到肉体都发生了突变——马蒂厄·加利在他的《日记》里记下了"他在装束上的惊人变化(彩色蝴蝶结、花衬衣、麂皮夹克衫、皮大衣、长头发)"①。从前那个永远一丝不苟穿着灰色法兰绒上衣的稳重的阿拉贡与如今这个穿着粉红色晚礼服被一群年轻人围在中间到夜总会晃荡的路易形成了巨大的反差。"爱尔莎死后我给他照过相,那是我一生中拍得最差的几组照片之一。他总想跟身边的男孩子们说笑,注意力根本集中不起来。我没有办法跟他对话",玛蒂娜·弗兰克回忆道。

---

① Matthieu Galey, *Journal, op. cit.*, p. 496.

在他的传记作者和好友皮埃尔·戴克斯看来,他之所以变成这样,究其原因就是鳏居所致。"爱尔莎让他的生活趋于严谨,把一个喜怒无常的野小子变成了无人能及的散文家,把写诗能手变成了伟大的作家。作为嫁妆,她带给他的是条理……纪律,总之,是思维的连贯性……她在文学创作上拥有一种魔鬼般的聪慧,任何作品看第一遍就能找出结构中的错误与不足。"[1] 失去了爱尔莎——既是妻子、知己、文学总监,又是这对共同生活四十二年的夫妻中的顶梁柱,阿拉贡便失去了方向,陷入了迷茫。他虽然继续写作,出席会议,而且一直在向逝者表达着敬意,还在1976年把她的文学档案捐给了法国国家科学研究院,但生活中的力线已经随着其灵感女神消失了。1982年12月24日,路易·阿拉贡死在了他们位于巴黎的漂亮公馆里,夫妻俩被合葬于"磨坊"的花园之中。

墓碑上刻着爱尔莎的这样一句话:"当我们最终并排而卧时,我们俩的书会携起手来,把我们甘苦与共地联系在一起,让我们一起走向未来,走向那个属于你也属于我的梦想与关切。在死亡的帮助下,人们或许会一试再试,并最终比战争

---

[1] Pierre Daix, *Aragon, op. cit.*, pp. 560-561.

更加成功地将死去的我们与活着的我们分开：死人是无法自卫的。于是，我们相互交叉的书籍开始登场，白纸黑字，手牵着手，阻止人们把我们两个强行分开。"

参考书目

..

Aragon (Louis) et Triolet (Elsa), *Œuvres romanesques croisées*, Robert Laffont, 1964-1974, 42 vol.
—, *Le Temps traversé. Correspondance avec Jean Paulhan (1920-1964)*, Gallimard, 1994.
Bartillat (Christian de), *Clara Malraux. Biographie-témoignage*, Perrin, 1985.
Bérard (Ewa), *La Vie tumultueuse d'Ilya Ehrenbourg, juif, russe et soviétique*, Ramsay, 1991.
Bergé (Pierre), *Les jours s'en vont je demeure*, Gallimard, 2003.
Bona (Dominique), *Clara Malraux*, Grasset, 2010.
—, *Gala*, Flammarion, 1995.
Bouchardeau (Huguette), *Elsa Triolet, écrivain*, Flammarion, 2000.
Bougnoux (Daniel), *Aragon. La confusion des genres*, Gallimard, 2012.
Brik (Lili), *Avec Maïakovski*, entretien avec Carlo Benedetti, Éditions du Sorbier, 1980.
—, *Correspondance avec Elsa Triolet (1921-1970)*, Gallimard, 1999.
Broué (Pierre), *Les Procès de Moscou*, Julliard, 1964.
Castor (Louis-Géraud) et Huybrechts (Willy), *Eyre de Lanux, une décoratrice américaine à Paris*, Éditions Norma, 2013.

Charters (Ann et Samuel), *I Love, The Story of Vladimir Mayakovski and Lili Brik*, Strauss, Farrar & Giroux, 1979.
Chentalinski (Vitali), *La Parole ressuscitée. Dans les archives littéraires du K.G.B.*, Robert Laffont, 1993.
Chisholm (Anne), *Nancy Cunard*, Olivier Orban, 1980.
Chklovski (Victor), *Zoo. Lettres qui ne parlent pas d'amour ou la Troisième Héloïse*, Gallimard, 1963.
Clébert (Jean-Paul), *Dictionnaire du surréalisme*, Seuil, 1996.
Conquest (Robert), *Staline*, Odile Jacob, 1999.
Crémieux (Francis) et Ristat (Jean), *Avec Aragon, 1970-1982*, Gallimard, 2003.
Cunard (Nancy), *These Were the Hours*, Feffer & Simons, 1969.
Daix (Pierre), *Aragon*, Tallandier, 2004.
–, *Avec Elsa Triolet 1945-1971*, Gallimard, 2010.
Desanti (Dominique), *Les Clés d'Elsa*, Ramsay, 1983.
–, *Sonia Delaunay*, Ramsay, 1988.
–, *Elsa Triolet-Louis Aragon. Le couple ambigu*, Belfond, 1994.
Duhamel (Marcel), *Raconte pas ta vie*, Mercure de France, 1972.
Dutourd (Jean), *Les Voyageurs du Tupolev*, Plon, 2003.
Ehrenbourg (Ilya), *Les Gens, les années, la vie*, Parangon, 2008.
Fenstein (Elaine), *Anna of all the Russias*, Phoenix, 2006.
Follet (Lionel) et Ruiz (Édouard), *Aragon. De dada au surréalisme. Papiers inédits 1917-1931*, « Cahiers de la Pléiade », Gallimard, 2000.
Frioux (Claude), *Maïakovski par lui-même*, Seuil, 1961.
Galey (Matthieu), *Journal*, t. I et II, Grasset, 1987 et 1989.
Halter (Marek), *Le Fou et les Rois*, Albin Michel, 1976.
Hulin (Pierre), *Elsa et Aragon. Souvenirs croisés*, Ramsay, 1997.
Jakobson (Roman), *La Génération qui a gaspillé ses poètes*, Allia, 2001.
Jangfeldt (Bengt), *Maïakovski*, Albin Michel, 2010.

Juquin (Pierre), *Aragon. Un destin français*, t. I (1897-1939) et t. II (1939-1982), La Martinière, 2012 et 2013.

Khan-Magomedov (Selim Romanovitch), *Alexandre Rodtchenko*, Philippe Sers Éditeur, 1987.

Kupferman (Fred), *Au pays des soviets, le voyage français en Union soviétique 1913-1939*, Tallandier, 2007.

Lavrentev (Aleksandr), *Aleksandr M. Rodchenko and Varvara F. Stepanova : The Future Is Our Only Goal*, Prestel Publishing, 1991.

–, *Rodtchenko. Photographies 1924-1954*, Gründ, 1995.

Lestrohan (Patrice), *Aragon*, Riveneuve éditions, 2010.

Mackinnon (Lachlan), *The Lives of Elsa Triolet*, Chatto & Windus, 1992.

Maïakovski (Vladimir), *À pleine voix. Anthologie poétique 1915-1930*, trad. Christian David, Gallimard, 2005.

–, *Lettres à Lili Brik (1917-1930)*, trad. Andrée Robel, Gallimard, 1969.

Marcadé (Jean-Claude), *Malevitch*, Casterman, 1990.

Marcou (Lilly), *Elsa Triolet*, Plon, 1994.

Millau (Christian), *Paris m'a dit*, Éditions de Fallois, 2000.

Monas (Sydney) et Greene Krupala (Jennifer), *The Diaries of Nikolay Punin 1904-1953*, University of Texas Press, 1999.

Morand (Paul), *Nouvelles complètes*, Gallimard, coll. « Bibliothèque de la Pléiade », 1992, t. I.

Moreau (Jean-Luc), *Pierre Herbart*, Grasset, 2014.

Neruda (Pablo), *J'avoue que j'ai vécu*, Gallimard, 1975.

Nourissier (François), *À défaut de génie*, Gallimard, 2000.

Pasternak (Boris), *Sauf-conduit*, Gallimard, 1989.

Plessis-Gray (Francine du), *Them*, Penguin, 2005.

Rayfield (Donald), *Stalin and his Hangmen*, Random House, 2004.

Ripellino (Angelo Maria), *Maïakovski et le théâtre russe d'avant-garde*, L'Arche, 1965.

Seghers (Colette), *Pierre Seghers*, Robert Laffont, 1981.

Serra (Maurizio), *Les Frères séparés : Drieu la Rochelle, Aragon, Malraux face à l'histoire*, La Table ronde, 2008.
Thom (Françoise), *Beria. Le Janus du Kremlin*, Cerf, 2013.
Tsikounas (Myriam), *Les Origines du cinéma soviétique*, Cerf, 1992.
Vaksberg (Arcadi), *Le Mystère Gorki*, Albin Michel, 1997.
–, *Lili Brik*, Albin Michel, 1999.
–, *Staline et les Juifs*, Robert Laffont, 2003.
Werth (Nicolas), *La Terreur et le Désarroi. Staline et son système*, Perrin, 2007.
Wullschläger (Jackie), *Chagall*, Gallimard, 2012.